国家自然科学基金项目（52065021）
江西省基金及人才培养计划项目（20213BCJL22040,S2021GDKX1442）
江西省自然基金重点项目（20242BAB26086）
中国国家铁路集团有限公司科技开发重点项目（N2023G021）

联合资助

钢轨打磨目标廓形智能优化设计方法及其应用

林凤涛 ◎ 著

西南交通大学出版社

·成 都·

图书在版编目（CIP）数据

钢轨打磨目标廓形智能优化设计方法及其应用 / 林凤涛著. -- 成都：西南交通大学出版社，2024.11.
ISBN 978-7-5774-0204-8

Ⅰ. U216.65

中国国家版本馆 CIP 数据核字第 2024CF5438 号

Ganggui Damo Mubiao Kuoxing Zhineng Youhua Sheji Fangfa Jiqi Yingyong
钢轨打磨目标廓形智能优化设计方法及其应用

林凤涛　著

策 划 编 辑	罗在伟
责 任 编 辑	罗在伟
封 面 设 计	原谋书装
出 版 发 行	西南交通大学出版社
	（四川省成都市金牛区二环路北一段 111 号
	西南交通大学创新大厦 21 楼）
营销部电话	028-87600564　028-87600533
邮 政 编 码	610031
网　　　址	http://www.xnjdcbs.com
印　　　刷	成都勤德印务有限公司
成 品 尺 寸	170 mm × 230 mm
印　　　张	12.25
字　　　数	202 千
版　　　次	2024 年 11 月第 1 版
印　　　次	2024 年 11 月第 1 次
书　　　号	ISBN 978-7-5774-0204-8
定　　　价	58.00 元

图书如有印装质量问题　本社负责退换
版权所有　盗版必究　举报电话：028-87600562

前言

PREFACE

铁路运输作为国民经济的大动脉,其安全性和可靠性至关重要。钢轨作为铁路轨道的核心部分,长期承受着列车的动态载荷以及各种复杂的应力作用,不可避免地会出现磨耗等病害。随着铁路技术的不断进步,铁路运营速度的提升和运量不断增加,钢轨磨耗对铁路运营的影响愈发显著,不仅影响列车的运行品质和安全性,还增加了铁路维护成本。因此,如何有效地通过钢轨打磨对钢轨进行高效维护,优化钢轨廓形,延长服役寿命,成为了铁路工程领域亟待解决的关键问题。

本书系统阐述了钢轨打磨技术的发展背景、现状及其在铁路行业中的广泛应用。随着我国铁路网络的快速扩展,尤其是高铁和重载铁路的大规模服役,钢轨及道岔的磨损与维护问题日益突出。本书着重探讨了通过智能优化设计方法提升钢轨打磨技术的有效性,确保铁路系统的高效、安全和稳定运行。

首先,本书介绍了钢轨及道岔在长期运营过程中面临的磨损问题,列车的高速运行和重载运输导致钢轨表面产生波磨、侧磨、疲劳裂纹等病害,影响铁路的运行质量与安全。钢轨打磨技术成为解决这些问题的关键手段。打磨通过去除表层缺陷、恢复钢轨的原始廓形,不仅可以有效延长钢轨的使用寿命,还能改善列车运行的平稳性,减少噪音和振动。打磨技术的应用大幅提升了钢轨的耐久性,使得钢轨系统得以保持长时间的稳定运营。

本书详细介绍了多种钢轨廓形的分析方法和优化策略,包括最小二乘法、加权平均法和弗雷歇距离法等。这些方法通过对钢轨磨耗数据的计算与分析,选取出最具代表性的钢轨廓形,为后续的打磨优化设计提供数据支持。能够有效评估不同线路、不同使用场景下的钢轨磨损状况,确保优化后的廓形能够最大程度地降低磨损。

在钢轨打磨廓形的智能优化设计方面,书中提出了通过遗传算法、粒子群算法等先进算法优化钢轨打磨廓形的方案。廓形设计中不单追求恢复原始廓形,还要考虑优化轮轨接触几何形状,减小轮轨间的接触应力,以延缓钢轨的磨耗。通过对钢轨实际运行数据的采集与分析,优化后的廓形设计可以有效提高列车的运行稳定性，并减少轮轨作用力对钢轨的破坏，显著延长钢轨使用寿命。

此外，本书还深入分析了钢轨打磨廓形对列车动力学性能的影响。打磨后的钢轨廓形可以显著改善列车运行的平稳性、轮轨力、脱轨系数以及轮重减载率等关键指标。通过优化设计，打磨后的钢轨能够更好地与列车轮对接触，降低列车运行中的横向冲击，提升行车安全性。书中结合大量的实际数据，展示了经过优化设计的钢轨廓形在不同运行条件下的表现，证明了智能优化设计的有效性。

针对道岔区的打磨优化设计，本书也进行了详尽的梳理和分析。道岔作为列车换线的重要设备，承受着比普通钢轨更高的轮轨冲击力，特别是在转辙器区和辙叉区，这些区域的磨损尤为严重。通过优化道岔区钢轨廓形，不仅可以提高列车通过道岔时的稳定性，还能有效减少轮轨磨耗，延长道岔的使用寿命。本书通过多种优化算法和仿真技术，提出了多种适用于道岔区的打磨廓形优化方案，并对优化效果进行了实验证明。

在研究过程中，作者始终坚持理论与实际相结合的原则。书中通过大量的实际案例分析，展示本书所提出的理论方法在不同线路条件下的应用效果。希望读者能够通过这些案例，更好地理解和应用书中的知识，提高解决实际工程问题的能力。

钢轨打磨技术在未来还有很大的发展空间。随着科技的不断进步，智能化将成为钢轨打磨技术的重要发展方向。期待通过传感器技术、人工智能算法等手段，实现钢轨打磨过程的智能化控制和监测。同时，高精度和个性化的打磨需求也将不断增加。铁路科技工作者需要不断完善钢轨廓形的优化设计方法，提高打磨精度和效果，以满足不同线路条件和列车类型的个性化需求。

本书由华东交通大学林凤涛教授编写，衷心希望这本书能够为钢轨打磨技术领域的研究人员提供新的理论方法和研究思路，为铁路工程技术人员提供实用的技术指导和操作手册。通过广大行业工作者的共同努力，钢轨打磨技术将不断向前发展，为铁路运输的高效、安全运行做出更大的贡献。

鉴于作者水平有限，书中难免存在疏漏与不妥之处，敬请广大读者批评指正。

著 者

2024 年 7 月

目 录

CONTENTS

第1章　绪　论……………………………………………001
　　1.1　研究背景及意义………………………………002
　　1.2　钢轨廓形与钢轨打磨…………………………005
　　1.3　钢轨打磨及廓形设计研究现状………………010

第2章　钢轨磨耗代表廓形分析方法……………………027
　　2.1　钢轨型面分析…………………………………028
　　2.2　钢轨代表廓形选取算法………………………029
　　2.3　钢轨代表廓形的评价方法……………………034
　　2.4　曲线钢轨廓形计算实例………………………036

第3章　钢轨型面参数描述方法…………………………039
　　3.1　钢轨廓形构成元素分析………………………040
　　3.2　圆弧参数的钢轨廓形描述方法………………040
　　3.3　钢轨廓形三次NURBS描述方法………………045

第4章　直线段钢轨打磨廓形优化设计…………………057
　　4.1　基本设计原则…………………………………058
　　4.2　设计变量确认…………………………………058
　　4.3　目标函数………………………………………059
　　4.4　约束函数………………………………………059
　　4.5　基于改进遗传算法的钢轨廓形优化计算……061
　　4.6　钢轨打磨廓形优化设计流程…………………064
　　4.7　钢轨打磨廓形对机车车辆动力学性能的影响…066

第 5 章　曲线段钢轨廓形 NURBS 设计方法 ……………………071
　　5.1　曲线区钢轨廓形 …………………………………………072
　　5.2　曲线区钢轨打磨目标廓形优化模型 ……………………077

第 6 章　曲线段钢轨廓形圆弧设计方法 ………………………091
　　6.1　选取圆弧参数的自变量 …………………………………092
　　6.2　优化模型建立 ……………………………………………095
　　6.3　约束函数建立 ……………………………………………096
　　6.4　改进粒子群算法的钢轨廓形优化计算 …………………097
　　6.5　钢轨廓形优化结果分析 …………………………………103
　　6.6　钢轨非对称打磨型面性能对比分析 ……………………106
　　6.7　曲线区钢轨优化设计廓形仿真分析 ……………………110
　　6.8　曲线区钢轨优化设计廓形磨耗分析 ……………………113
　　6.9　轮轨静态接触分析 ………………………………………114
　　6.10　轮轨接触应力计算结果分析 …………………………116

第 7 章　道岔区钢轨打磨廓形优化设计 ………………………127
　　7.1　转辙区钢轨打磨廓形优化设计 …………………………128
　　7.2　转辙器区轮岔接触规律 …………………………………138
　　7.3　辙叉区钢轨打磨廓形优化设计 …………………………142
　　7.4　道岔优化廓形对比分析 …………………………………152
　　7.5　动力学响应影响因素分析 ………………………………158

第 8 章　钢轨打磨模式设计 ……………………………………165
　　8.1　单打磨石磨削作用几何简化 ……………………………166
　　8.2　多打磨石对磨耗轨型面打磨模式研究 …………………172
　　8.3　钢轨打磨结果分析 ………………………………………176
　　8.4　本章小结 …………………………………………………180

参考文献 ……………………………………………………………181

第1章

绪 论

1.1 研究背景及意义

铁路建设在我国社会政治、经济和文化的发展中扮演着至关重要的角色，其影响力无法替代，是我国经济发展的主要推动力，也是科技进步的重要驱动力。截至2023年底，我国铁路运营总里程为15.9万千米，其中高铁里程达到了4.5万千米，预计到2027年，全国铁路营业里程将达到17万千米左右，其中高铁5.3万千米左右，彰显了我国铁路事业的蓬勃发展。

我国铁道线路服役规模现已超过了15万千米，高铁里程也已占全国铁路网里程的20%，全国80%以上的大城市都被高速铁路覆盖[1-2]。随着铁路运营速度不断的提升，列车在高速运行时的平稳性、安全性的要求也在不断增加，那么如何在全国铁路不断提速的大背景下，保证列车运行时的安全和稳定，是当前铁路行业需要不断研究的主要方向之一。基于高速铁路的快速发展，高速铁路道岔作为高速列车跨轨运行的关键设备，在铁路系统中应用越来越广泛，同时道岔也被列为高速铁路三个核心技术之一。道岔除了在列车换线较多使用外，在进出车站以及编组站上也有大量应用。

重载铁路由于其运输成本低、运输量大、运输效率高等特点，使得其在漫长历史时期内一直占据着物资运输的主导地位。随着我国重载线路建设技术的逐渐发展，我国重载线路由以前的7千吨级，发展成现在的2万吨级，其物资运输能力得到了大大的提高。我国通过新建大能力、高标准的重载列车运输专线和配套改造既有线路两种途径来缓和重载铁路运能和运量的矛盾[3-4]。

道岔作为使错综复杂的高铁线路保持井然有序的关键部分，也是决定了列车运行时速度和安全性下限的主要因素。在确保列车运营过程中能在各个道岔区域顺畅进行线路变更的同时，道岔区还需要在列车高速通过时、通过总轴重不断增加时仍可以保证与列车相互作用的平稳性、安全性、舒适度以及在较低频率的维护保养下有一个较长的使用寿命。由于道岔结构的特殊性，在实际铁路运行过程中，道岔区的轮轨冲击远大于普通线路钢轨。作为列车变道过渡的重要组成部分，道岔的转辙器区和辙叉区钢轨所承受的荷载远大于基本轨所承受的荷载，因此转辙器区和辙叉区也是道岔中最脆弱的两个部位。

随着货运列车载重量的增大、车辆编组的加长以及行车速度的提升,会使轮轨的磨损速率大大地提高。由于重载铁路的轮轨载荷较大,因此钢轨磨耗成为钢轨磨损的主要形式,过度磨耗钢轨的维护策略直接影响轮轨匹配关系,同时影响钢轨维护成本[5]。重载线路在运输的过程中,轮轨磨耗产生的实质是轮轨之间的相互作用。我国重载铁路建设多数是为了对煤炭、矿石以及其他自然资源的运输,而这些自然资源大多集中在山区,这就使得重载铁路中的弯道在总线路中的占比达到了 1/3,且大多数线路的弯曲半径为 500～800 m,这些因素导致轮轨在运行中产生很大的非正常磨耗。同时,轮轨磨损直接改变了轮轨之间的接触状态,严重影响了后续列车的安全性和稳定性。据统计,重载货运线路的曲线部分轨道平均使用寿命约为 5 年,每年更换曲线部分的钢轨成本超过 10 亿元[6]。

目前对线路维护主要有以下两种方式:一是对伤损的钢轨直接进行更换;二是对磨损钢轨进行打磨,使其型面恢复至原始状态。对损伤钢轨进行更换的费用较高,且需要花费较长的天窗期,给铁路线路的运行带来巨大的麻烦,因此各国都普遍采用第二种方式对钢轨进行维护。通过打磨来获取一个合理的轮轨型面,降低轮轨间的作用力。因此,不少国内外学者为了实现最佳的钢轨打磨型面,对钢轨打磨技术进行了大量的研究,积累了许多的技术经验。钢轨打磨技术包括对钢轨廓形数据采集技术、钢轨打磨目标廓形设计以及钢轨打磨模式研究等方面[7]。

铁路线路根据运输对象的不同,可以分为客运专线、货运专线和客货混跑线路。客货混跑线路与单一运输模式的高速铁路或重载铁路具有明显差异,线路上既通行旅客列车,也通行货物列车。我国客车和货车在结构性能、轴重及速度方面存在明显的差异,所以对客货混跑线路参数的要求更高。2013 年颁布的《铁路主要技术政策》仍然将 160 km/h 的快速货车作为我国铁路货车发展的主要方向之一,并且要求在我国经济比较发达、客运量较大的平原和丘陵地区修建客运为主的客货混跑快速铁路。客货混跑铁路与传统的客运线路和重载货运线路不同,其对线路的参数要求和修建标准都远高于单独的客运线路和货运线路[8]。

钢轨作为轨道结构的重要组成部分，来往车辆产生的动态载荷，以及长期行驶产生的应力集中，导致钢轨在服役期间出现如图 1-1 所示的轮轨侧面磨耗、轨角裂纹、波磨磨损、轨头压溃、剥离掉块、轨顶擦伤等一系列病害。轮轨关系的恶化不仅影响列车运行品质，而且还影响行车安全和商业运营成本[9]。

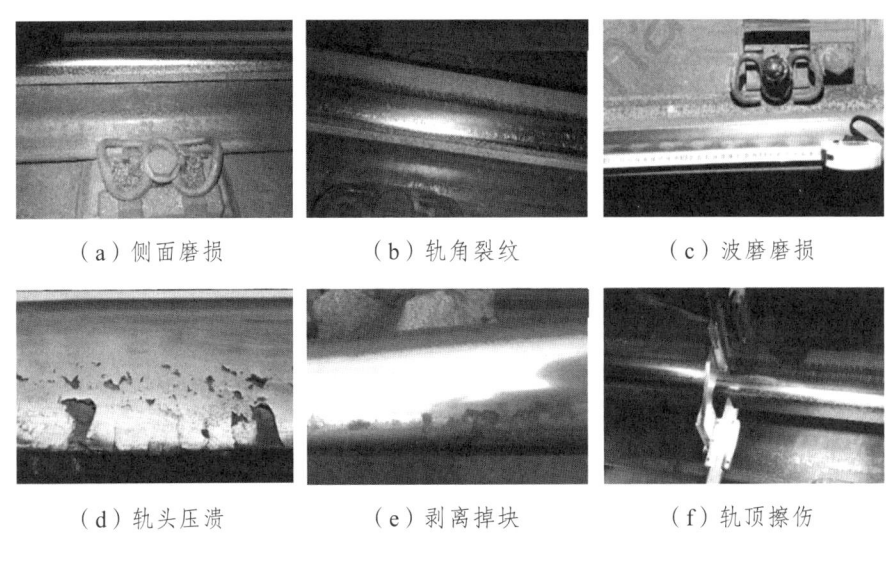

（a）侧面磨损　　　（b）轨角裂纹　　　（c）波磨磨损

（d）轨头压溃　　　（e）剥离掉块　　　（f）轨顶擦伤

图 1-1　钢轨的病害类型

调查发现，我国列车运行时的轮轨接触点都偏向内轨角，不在钢轨和车轮的接触理想区域，若轮轨之间的接触发生在内轨角处，接触状态易由单点接触变为两点接触[10]。轮轨接触转化为两点接触不仅会产生异常磨耗，而且使得服役钢轨提前出现上述病害伤损现象，对于维持服役轨道系统状态良好，降低列车行驶造成的轮轨冲击，延长钢轨服役寿命等均造成影响，严重威胁列车运行安全性。针对这种复杂的轮轨匹配关系，则需对钢轨廓形进行修整理，而调整钢轨廓形最有效的手段之一就是进行钢轨打磨，钢轨打磨的目的在于消除会使钢轨发生病害和伤损的影响因素，控制钢轨损伤的发展，并通过合理的设计钢轨打磨目标廓形，使得轮轨关系的匹配问题得到改善。

钢轨打磨是目前为止铁路养护最有效的措施之一。钢轨打磨可以有效控制轮轨接触，提前预防钢轨病害的产生，保证线路质量[11]。新建设的铁路运用打磨技术可以去除钢轨生产和运输过程中产生的微小表面缺陷、锈蚀等；与此同时，打磨技术还可以消除滚动接触疲劳产生的疲劳伤损、波磨，抑制裂纹的产生，控制磨耗，获得巨大的经济利益。钢轨打磨主要分为以下几类：

（1）是以获得良好轨道型面和去除新轨道表面锈蚀为目的的预打磨。

（2）是以消除钢轨表面严重伤损为目的修理性打磨。

（3）是以控制滚动接触疲劳发展，防止裂纹产生和发展为目的的预防性打磨。

（4）是以控制轮径差、提高曲线通过性能为目的的非对称性打磨。

随着钢轨打磨技术不断发展，目前的打磨方式已经从单一的消除钢轨伤损的方式逐渐发展到以控制伤损发展过程和优化轮轨接触特征为目标的钢轨廓形打磨技术。

1.2 钢轨廓形与钢轨打磨

国内外的专家和学者对钢轨打磨的类型、方式和钢轨打磨的廓形进行了大量的研究和实验，形成了较为完整的打磨理论体系和成熟的打磨方法。钢轨打磨主要是为了解决钢轨损伤，比如说钢轨波磨、剥离、压溃等；去除轮轨滚动接触疲劳和裂纹，以控制钢轨损伤，减小轮轨磨耗；消除新钢轨在加工过程中产生的细微损伤；获得良好的目标廓形，以达到良好的轮轨接触；降低车辆与轨道的噪声和振动，改善旅客的乘车舒适度[12]。

1.2.1 铁路典型钢轨廓形

依据国家标准《铁路用热轧钢轨》[GB/T 2585—2021]规定，我国钢轨轨型包括 38 kg/m、43 kg/m、50 kg/m、60 kg/m、75 kg/m，并简称为 38、43、50、60、75 钢轨，其中 60 kg/m、75 kg/m 新轨头廓形钢轨简称 60N、75N 钢轨，且 60 kg/m、75 kg/m 的钢轨在实际中被广泛使用。

60 钢轨主要用于客运线路，60N 钢轨是在 60 钢轨的基础上设计用于高速铁路的新轨头廓形，75 和 75N 钢轨则主要用于重载货运线路，在大秦线使用最广。上述钢轨断面尺寸如图 1-2 所示。

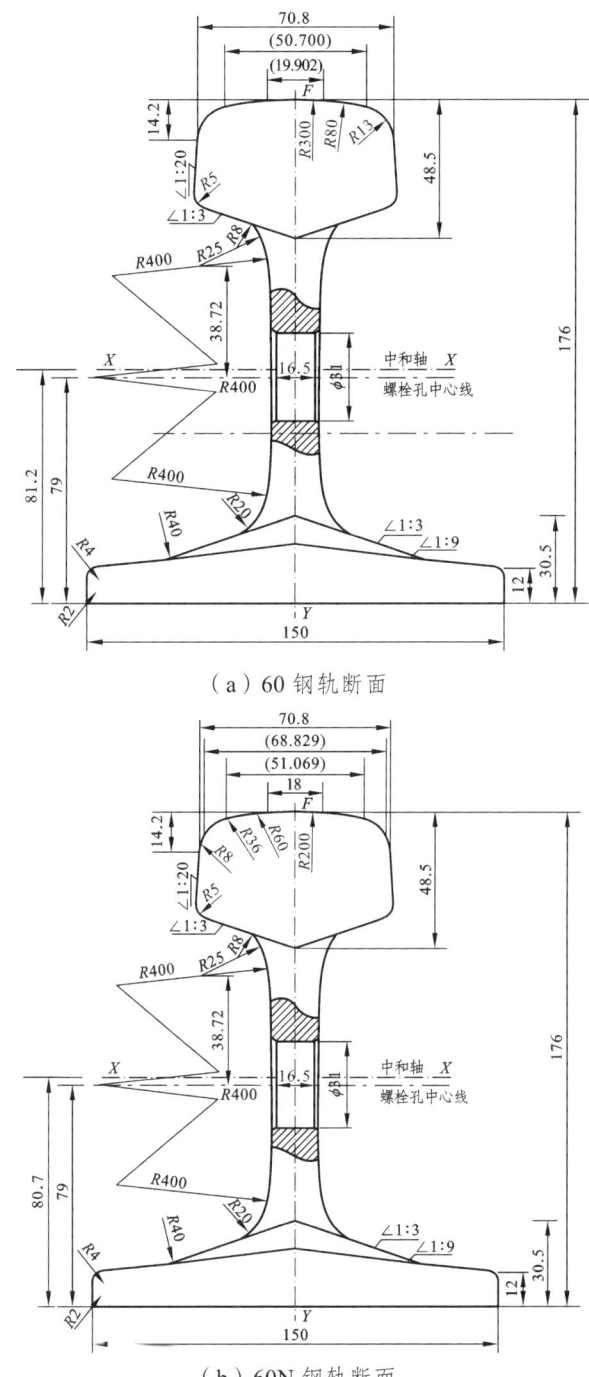

(a) 60 钢轨断面

(b) 60N 钢轨断面

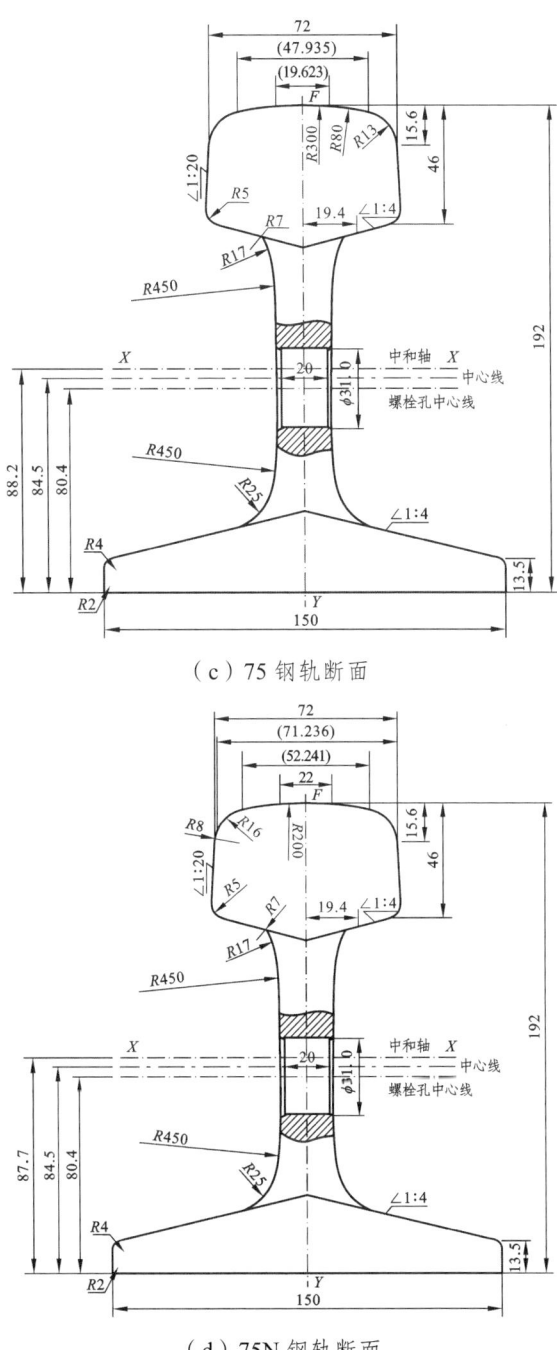

（c）75 钢轨断面

（d）75N 钢轨断面

图 1-2 钢轨断面尺寸

1.2.2 钢轨打磨技术

钢轨廓形维护中，钢轨打磨是最有效和最常用的方法。钢轨打磨是指利用打磨设备上的磨具高速旋转磨削钢轨表面，以消除轨面上的各类缺陷，减小车轮与钢轨间的应力集中，改善轮轨接触关系和控制轮轨磨耗的发展。根据打磨磨头数量和类型的不同，钢轨打磨可划分为单磨头打磨、多磨头打磨和砂带打磨等；根据打磨设备尺寸的不同，可将其划分为大机打磨和小机打磨；根据打磨目的的不同，可将其分为预打磨、预防性打磨和修理性打磨。预打磨是指线路开通前对新钢轨进行打磨，主要目的是消除钢轨表面的脱碳层和各种缺陷，同时提高钢轨焊接接头的平顺性；预防性打磨是指对钢轨定期进行周期性的打磨，主要目的是及时修复轨头廓形，预防疲劳裂纹、波磨等磨耗损伤的产生和进一步发展；修理性打磨是对已经产生缺陷的钢轨进行打磨，以去除钢轨表面疲劳裂纹、波磨等磨耗损伤。目前，对于普速、高速和重载线路钢轨的打磨均主要采用"预防性打磨为主、修理性打磨为辅"的原则。

钢轨打磨根据动力来源不同可分为主动打磨和被动打磨，如图 1-3 所示。主动打磨的动力由旋转电机提供，在载荷作用下利用砂轮端面进行钢轨表层打磨。打磨过程中调节打磨头偏转角度 α，可实现对钢轨的包络式打磨，达到清除轨顶疲劳裂纹、去除纵向波磨、修复轨头廓形的目的。被动打磨利用砂轮圆周面进行打磨，钢轨打磨车行驶时拉动砂轮在钢轨表面被动旋转，从而实现对轨面的打磨，由于打磨过程无须额外的动力系统，故打磨装置体积小、速度快，但一次钢轨打磨量较小。

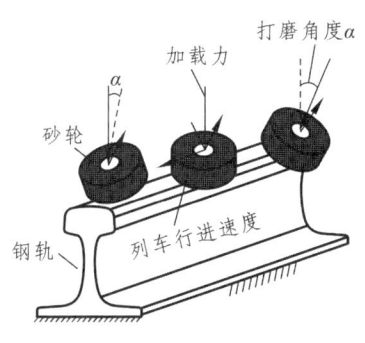

（a）主动打磨

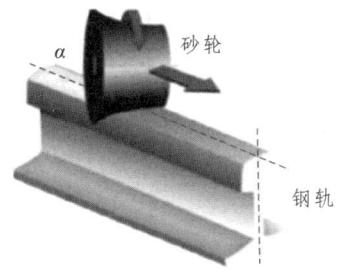

（b）被动打磨

图 1-3　打磨方式

钢轨打磨的原理可以概括为以下几个方面：

（1）控制侧磨的原理是通过打磨实现钢轨目标廓形，保证轮轨在轨面中央接触或共形接触，使轮轨间的作用力均匀分布，降低侧向力作用，减少轮缘对钢轨侧面的冲击和车辆的横向摆动。

（2）控制疲劳的原理是通过打磨钢轨表面使疲劳在轻微时被消除。

（3）控制波磨的原理是通过打磨钢轨轨顶及侧面，清除塑性变形区域，实现原有的目标廓形。

钢轨的打磨廓面如图 1-4 所示。

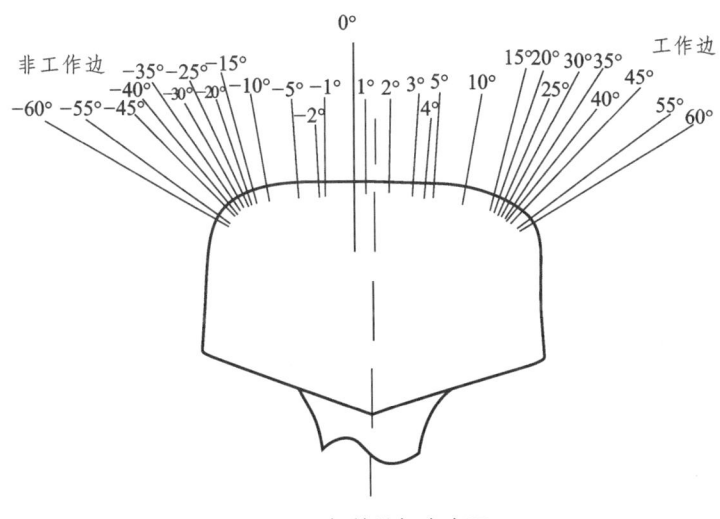

图 1-4　钢轨的打磨廓面

钢轨打磨常常采用磨削方式进行，依据砂轮形状与工件砂轮运动形式的不同，常见的磨削作业有平面、外圆和内圆磨削方法，钢轨打磨属于平面磨削。根据普通砂轮磨削机理，钢轨打磨属于切入磨削，砂轮磨削工件产生磨削力，如图 1-5 所示。砂轮对钢轨的总磨削力分为切向力 F 和径向力 F_a 两部分，钢轨打磨时 F_a 远远小于 F。

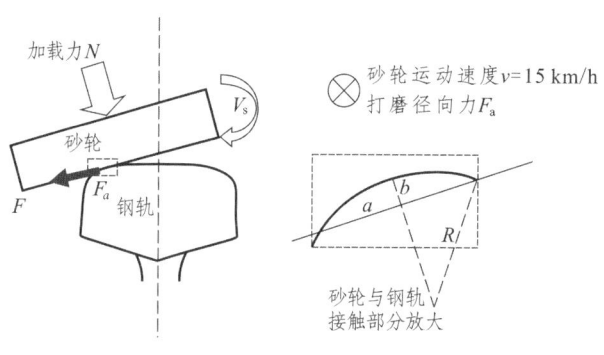

图 1-5　钢轨打磨分析图

1.3　钢轨打磨及廓形设计研究现状

1.3.1　钢轨打磨研究现状

根据钢轨打磨技术的不同原理，我国将打磨技术分为砂轮打磨技术、铣磨复合技术、砂带打磨技术，如图 1-6 所示[13-17]。钢轨砂轮打磨技术[18]是利用砂轮对钢轨表层进行材料去除以实现目标廓型的技术；钢轨铣磨复合技术[19]由铣削与磨削两部分组成，铣削工序采用带有特定材料与形状的刀粒的铣刀盘完成，磨削采用打磨砂轮完成以获得光滑表面；砂带打磨技术[20]利用柔性砂带对钢轨进行高速磨削去除钢轨表面材料。

钢轨打磨技术开始于 20 世纪 50~60 年代，经历这么多年的发展，已从刚开始消除钢轨波磨这一工况，趋向消除更多的钢轨病害，形成丰富的理论研究与试验研究。国外将钢轨打磨方法分为修理性打磨、维护性打磨，预防性打磨三种。目前许多铁路公司，将三种方法交叉使用，但是以预防性打磨为主[21]。下面介绍一些国外钢轨打磨技术的发展。

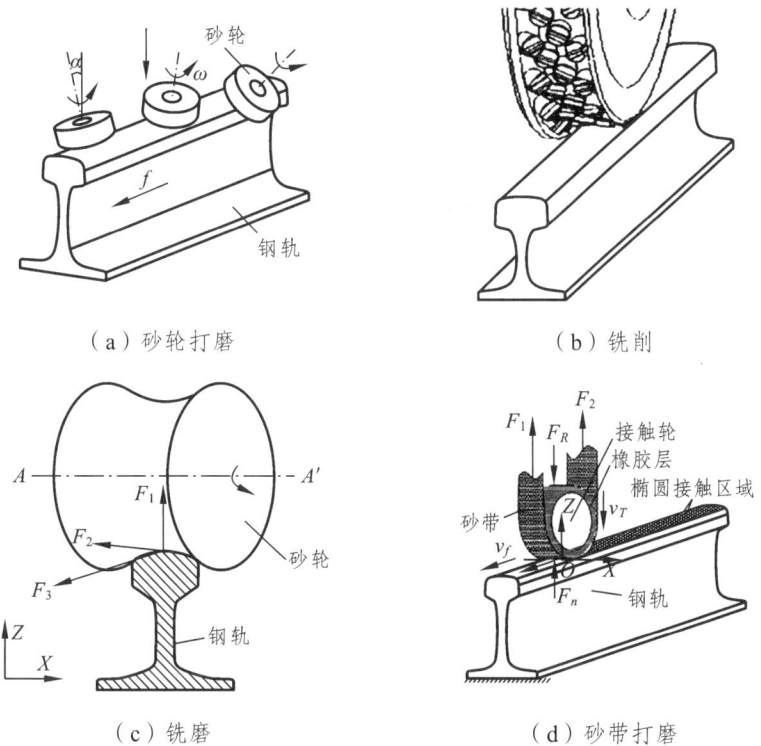

(a)砂轮打磨　　　　　　　　(b)铣削

(c)铣磨　　　　　　　　(d)砂带打磨

图 1-6　钢轨打磨技术

澳大利亚在 20 世纪 70 年代针对曲线段钢轨采取预打磨的方式,通过采取对上股轨道和下股轨道进行不同钢轨打磨廓形的非对称打磨方式,增大了车轮滚动圆半径差,达到减小钢轨表面磨耗和外轨侧面磨耗的效果。经过实验验证,钢轨使用寿命延长了 70% 以上,计划换轨周期缩短了 30% 以上。非对称钢轨打磨方式如图 1-7 所示[22]。

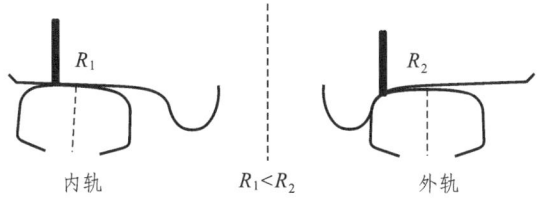

图 1-7　非对称钢轨打磨示意图

欧洲铁路工业联盟（UNIFE）学者利用有限元理论、材料力学理论和钢轨材料断裂实验等对钢轨表面裂纹和伤损形成和发展机理及其规律进行客观的理论分析，并且分析了抗疲劳特性[23]。借助理论分析和现场积累的相关经验，详细分析了在轮轨接触应力的交替作用下，对钢轨裂纹和钢轨伤损形成的影响。

加拿大学者在 20 世纪末期也开展了关于钢轨打磨策略的研究，针对不同线路条件和相应的轮轨匹配关系提出了 8 套打磨模板，其中包含有 1 种直线段的钢轨打磨廓形，4 个曲线段外轨打磨廓形和 3 种曲线段内轨打磨廓形[24, 25]。不同打磨廓形有不同的应用工况，这是对打磨方案极大的改进，通过这种方式有效改善了轮轨接触状态，减小了钢轨磨耗。

日本高速铁路新干线在运营过程中，钢轨滚动接触疲劳和表面损伤相对来说比较严重[26]。这使得列车在运行过程中安全性和平稳性降低，轮轨噪声增大。对新干线采用了消除疲劳损伤打磨和预防性打磨两种打磨方式。经过打磨测试之后，得到合理的钢轨打磨廓形和打磨周期可以降低钢轨表面伤损概率的结论。经过连续多年的控制与整治之后，可以减少钢轨表面缺陷，并且使钢轨状态一直维持在较高的水平。

美国铁路公司研究钢轨打磨时间起步较早，提出了维持轮轨关系最佳的方法之一是钢轨打磨。大多数铁路公司认为钢轨打磨是消除钢轨波磨等钢轨病害的有效且高效的方法。通过建立预防性打磨与矫正性打磨对比试验，发现预防性打磨试验结果更符合实际运营需要，降低了钢轨磨耗速率。现在，美国铁路公司已经成体系地建立了预防性打磨系统[27-30]。

德国作为欧洲的铁路强国，出现了西门子等行业巨头，也是较早涉足钢轨打磨的国家之一。德国依据收集到的钢轨缺陷报告，分析后得出延长钢轨服役寿命的方法是钢轨打磨，经测试与试验对比后，发现采样钢轨打磨的方法维护钢轨可以有效地延长钢轨服役寿命[31, 32]。

对钢轨打磨的分类标准较多，如郭福安[33]、雷晓燕[34]、金学松[35]等学者对钢轨打磨方式进行总结与优化设计。按照打磨方法分为表面打磨和外形打磨，按照打磨目的分为修理性打磨、保养性打磨、预防性打磨，如表 1-1 所示。

表 1-1　钢轨型面打磨技术分类

分类标准	打磨类型	特点
打磨区域	表面打磨	修复钢轨表面已有缺陷
	外形打磨	依据目标型面对钢轨优化打磨
打磨目的	保养性打磨	为使钢轨达到较好的轮轨接触几何状态
	修理性打磨	为去除钢轨病害，修复性打磨
	预防性打磨	以控制钢轨接触疲劳为目的，打磨萌生阶段的钢轨裂纹

钢轨打磨标准是轨道维护中的重要工作之一，其目的是消除轨道变形，恢复轨道几何标准，保证列车行驶的安全和平稳。参考《高速铁路钢轨快速打磨管理办法》(TG/GW 216—2018)和《高速铁路钢轨打磨管理办法》(铁总运[2014]357号)，在《城市轨道交通钢轨打磨维修技术规范》(DB34/T 3964—2021)中对线路打磨维修进行规定，预打磨以消除轨顶面脱碳层，改善轮轨关系为目的，道岔打磨以确保轨头廓形为主，打磨量可适当减小。当钢轨出现轻微病害或波磨时，应进行预防性打磨。当钢轨发生需打磨处理的病害时，应结合磨耗测量周期，检查钢轨表面状态，必要时进行周期性打磨。当预防性打磨不能恢复钢轨状态，应进行修理性打磨，钢轨修理性打磨应先消除病害，再修正轨头廓形。

钢轨应严格按照目标廓形进行打磨，同一线路打磨的目标廓形原则上应保持一致。打磨后需达到以下要求：

（1）确定光带修形后轨头达到目标廓形。

（2）波磨地段钢轨打磨后应消除波磨。

（3）擦伤钢轨打磨后轨面硬度不高于邻近母材轨面硬度 50 HB。

（4）钢轨鱼鳞纹应消除。

道岔打磨区域包括岔区、道岔间夹直线和站内正线，应使用小机打磨"限打区"及"跳打区"，确保道岔打磨贯通，道岔与夹直线或站内正线应贯通打磨。道岔两端区间线路的钢轨打磨，宜在道岔打磨前完成。道岔预打磨及预防性打磨时，道岔与其两端线路的钢轨打磨重叠区域不应小于 10 m。道岔打磨应严格控制打磨量，并且打磨量做好顺坡。

打磨进行验收时，打磨面粗糙度不应大于 10 μm，钢轨顶面平直度 1 m 范围内允许偏差为 0 ~ +0.2 mm，前后光带顺接无明显突变，光带应基本居中，钢轨打磨后应无肥边、无疲劳裂纹、无连续发蓝带，波磨打磨满足验收标准。

1.3.2　钢轨打磨廓形优化设计研究现状

目前，轮轨减缓磨耗措施主要有以下几种方式：钢轨打磨廓形优化、车轮镟修廓形的优化、改善车辆轨道系统结构参数和动力性能降低轮轨动力相互作用、轮轨间添加润滑剂、改善车轮和钢轨的材料属性等[36, 37]。其中效果最为明显、操作相对简单的方式是对列车车轮和钢轨廓形的优化设计，各国学者和研究单位都对这种方式进行了深入研究。经过研究发现，列车的运行状态和动力学性能与车轮和钢轨外形的几何形状息息相关，而且设置合理的钢轨打磨廓形可以保障在运行过程中轮轨接触状态良好，有效延长钢轨使用寿命[38]。

对于钢轨廓形的优化，国外学者很早就开始了相关研究。R.Smallwood[39]通过相关研究发现，轮轨间的接触应力对于钢轨滚动接触疲劳和裂纹的萌生与发展影响较大，且钢轨滚动接触疲劳和裂纹均对钢轨的使用寿命和列车的平稳安全运行有较大负面影响，于是基于轮轨间的接触应力变化规律提出了一种以减小接触应力为目标的钢轨型面优化办法，对钢轨进行优化。研究结果表明，通过优化钢轨外轨型面，轮轨之间最大接触应力约降低了 50%。Magel.E[40]等人对前人的研究进行了总结，提出了抗磨耗、抗疲劳、抵抗波浪形磨损的发展、最佳稳定性和降低噪声六个方面来对优化的钢轨型面进行评价，通过研究对比发现钢轨打磨后，有效延长了钢轨的使用寿命。2002 年，Magel E 和 Kalousek J[41]分别以轮轨接触理论、滚动接触理论和轮轨蠕滑理论作为理论基础，认为轮轨蠕滑是曲线段钢轨磨耗的主要成因，进而基于滚动圆半径差提出优化曲线段钢轨打磨廓形。经过对比优化前后的结果，发现优化的钢轨廓形可以有效地抑制曲线段轮轨蠕滑现象，从而有效地延缓滚动接触疲劳的产生。Persson I[42]则在优化的过程中使用了遗传算法，采用对赌轮盘选择法对遗传算法的优化结果进行评选。优化结果表明，钢轨型面优化可以解决钢轨在运行过程中产生的滚动接触疲劳、轮轨噪声、轮轨磨耗等问题，匹配性能也得到一定的提升。随着技术的不断进步，在 2013 年，Ha-Young Choi[43]提出了以钢轨磨耗指数为目标函数，以轮轨动力学性能为约束条件的非对称钢轨型面优化设计方法，有效地解决了城市轨道交通中的曲线段过度磨耗问题。

在钢轨廓形优化方面，我国学者也做出了巨大贡献。崔大宾等人[44,45]在完成车轮型面优化的基础上，基于以上优化经验，提出了一种新的钢轨型面优化方法，此方法是基于轮轨接触法相间隙来设计的，以三维非赫兹理论为指导，分别以减小轮轨接触法向间隙、增大轮轨间的接触面积和提高轮轨接触共形度为优化目标，对 CN60 钢轨型面进行优化，结果发现设计的钢轨廓形可以有效降低轮轨的接触应力，降低轮轨磨耗与滚动接触疲劳为新铺设钢轨的预打磨提供指导。肖杰灵[46]以客货混跑线路的钢轨为研究对象，通过建立"车辆-轨道动力学"模型对客货混跑线路进行仿真计算，基于钢轨廓形优化理论和轮轨接触状态研究指出非对称打磨的优越性，并且通过数值仿真分析验证了理论的准确性。周骏等人[47]通过实验，得到的曲线线路的磨耗数据。基于实测数据，通过 Matlab 软件，采用接触角曲线反推法，对动力学模型中的 CN60 钢轨进行优化求解，得到优化的钢轨廓形。中国铁道科学研究院贾晋中博士等人对轮轨接触点进行静态分析，使用动力学软件对优化后的钢轨型面进行优化分析，并将设计得到的钢轨打磨型面应用在朔黄重载铁路的小半径曲线段，有效解决了钢轨侧磨问题。周清跃等人[48]针对铁路轮轨因不匹配出现疲劳伤损，通过优化发生轮轨接触的轨头顶面和轨距角侧部位，设计了钢轨打磨设计廓形 60D 和钢轨廓形 60N 经大机打磨后，进行实测试验，结果表面优化廓形可减少蛇形运动，减小轮轨接触应力，提高车辆的运行安全性，并且建议可将打磨钢轨廓形系列化，形成统一的钢轨轨头廓形。钱瑶等人[49]针对我国正在使用的CHN60和周清跃教授设计的60N、60D钢轨廓形，采用迹线法分别与LMA车轮进行匹配分析，并建立动力学模型，通过仿真分析了车辆的动力学性能。周亮节等人[50]基于钢轨型面优化理论优化出了一种适用于预防性打磨的钢轨廓形，通过建立动力学模型，使用Contact数值程序进行计算，计算结果表明，采用优化后的钢轨廓形后，车辆动力学性能良好且满足国家标准的要求。毛鑫等人[51]对曲线段钢轨进行优化，提出了一种基于反推法的曲线钢轨廓形设计方法，优化结果表明，钢轨打磨廓形可以优化轮轨动力学性能。任娟娟等人[52]基于武广线现场实测所得钢轨磨耗数据，建立轮轨有限元接触模型对不同钢轨打磨廓形进行轮轨接触分析。张继恩[53]为了解决在我国神朔铁路线上小半径曲线工况下钢轨严重疲劳损伤的病害，计算和设计出了适合神朔铁路线的钢轨廓形，经过大量实验表明，设计的钢轨打磨廓形可以有效地减小轮轨接触应力和蠕滑力，提高车辆曲线通过性能。李怡然等人[54]针对我国某小半径曲线钢轨型面进行优化设计，同时建立了机车、客车、货车三种动力学模型进行验证，计算结果表明，钢轨优化之后外轨横向力、轮轴横向力明显降低。陈步琛等人[55]则提出了一种基于逆向反推方法的铁路钢轨打磨廓形的设计方法，以优化轮径差函数为目标，从直线平稳性、曲线通过性和轮轨接触方面对廓形进行评价，结果发现除了直线平稳性，其余性能都有所改善。王军平等人[56-59]提出了钢轨个性化打磨方案，通过调研车辆与钢轨的运行情况，依据轮轨蠕滑最小化与轮轨耦合接触理论计算出优化打磨廓形，并与实际廓形进行对比，按照最小原则进行不同区段的个性化打磨，结果表明，个性化打磨廓形可以改善轮轨关系，提高列车动力学性能，减缓钢轨磨耗。吴磊等人[60-62]考虑建立目标廓形打磨量的计算方法，综合轮轨磨耗指数、轮轨接触应力与打磨量，采样Matlab遗传算法和Simpack动力学软件求解优化廓形，同时考虑上述因素得出优化后的廓形磨耗指数、轮轨接触应力、打磨量均减少，若只考虑一个因素，其他因素变化不大，不能使廓形最优且影响钢轨的服役状态与寿命。林凤涛等人[63-68]基于非均匀有理B样条曲线算法设计钢轨打磨目标廓形，从而可减缓钢轨的磨耗，延长钢轨的使用寿命，建立了轮轨型面曲线的三次 NURBS 描述方法，得到经济性钢轨打磨廓形，基于 Frechet 距离法对磨损钢轨的轮廓数据进行分析，得到磨耗钢轨打磨廓形。肖乾等人[69]依据调研得到的客货车车轮数据和多种钢轨打磨廓形，从微观与宏观的角度去分析不同车轮与不同钢轨廓形的轮轨匹配性能，筛选出最优的钢轨打磨廓形，得到轮轨接触角与蠕滑率的关系，以及轮轨接触角的变化可以作为优化廓形的一个依据。翟婉明[70]为研究钢轨侧磨，提出了基于轮轨接触应力与车轮滚动圆的设计准则，并进行非对称打磨试验，结果表明，优化廓形可以减缓钢轨侧磨，减少轮轨接触应力。王文健等人[71]对钢轨打磨廓形的设计方法进行了总结，根据实测数据结合现场情况设计出新的钢轨打磨廓形，主要是将轮轨接触点的位置移动到轨顶中心区域，远离轨距角位置，并把此廓形应用于广深线钢轨打磨中，取得良好的效果。郭俊等人[72-73]研究了非对称打磨技术，通过数值分析模型，证明非对称打磨可有效地减小轮轨接触点的应力，使优化后的廓形拥有更好的轮轨匹配性能，防止生成钢轨疲劳裂纹。郭战伟教授[74]对不同钢轨的轮径差进行研究，发现钢轨打磨可以减小轮轨蠕滑，改善轮轨接触关系，与实测数据对比后得出钢轨打磨后平均侧磨减少 50%，钢轨通过总重提高 60%以上的结论。

根据国内外各专家对轮轨型面优化的研究综述来看，无论是钢轨廓形的优化还是车轮型面的改进，都是通过调整车轮踏面、轮缘的几何型面或者钢轨轨头的廓形，然后得到良好的轮轨匹配性能和轮轨接触特性。合理的轮轨型面可以降低轮轨间的接触应力，提高钢轨的运行寿命。

1.3.3 道岔打磨廓形优化设计研究现状

列车在道岔区运行时轮轨关系非常复杂，而且列车在道岔运行过程中横向及垂向冲击较大，这将加速道岔区钢轨异常磨耗损伤速率，影响道岔的使用寿命。

道岔区的轮轨接触特性将直接影响道岔钢轨的道岔磨耗特征，通过优化道岔区钢轨廓形，可以改善列车过岔的动力学特性，从而减缓轮轨磨耗，最终达到延长高道岔区钢轨构件服役周期的目的。

国内外专家学者对道岔钢轨型面优化进行了大量的研究工作并提出了许多有效的方法。Palsson[75]建立了以降低接触压力和降低轮轨接触的能量耗散为优化目标,以遗传算法为寻优算法的转辙器区钢轨廓形多目标优化算法,通过该优化方法获得的钢轨优化廓形能有效改善车辆过岔的动力学特性。Wan等人[76]提出了一种适用于道岔区心轨变断面的特点的廓形多目标优化设计方法,该方法的目标函数采用组合加权,并通过多点逼近法求解在不同权重系数集的折中解,获得了能够提升列车过岔动力学性能的道岔钢轨廓形。Bjorn A Palsson等人[77]采用遗传优化算法,以道岔轮轨几何关系参数为变量,同时考虑列车过岔的动力学性能,以接触压力最小值和降低磨耗预测为目标函数进行优化,旨在寻求优化道岔区域轮轨交互作用,降低磨耗,提高运行效率并延长道岔使用寿命,在遗传优化算法的框架下,通过不断迭代,逐渐确定最优的道岔轮轨几何关系参数,以实现目标优化函数的最小值。Bjorn A 等[78]人提出了道岔钢轨剖面几何形状优化方法,在确定一个给定位置上所需要的轨距和横向力之后,通过对其进行最小二乘拟合获得沿纵向方向的轮轨接触点坐标,对给定廓形和轨底宽条件下的最小轮轨的垂向力进行分析比较,确定了一个最优方案以满足最大载荷要求。Ping 等人[79]通过二次序列降低 RRD,对道岔转辙器区域尖轨进行了优化,保证车辆在道岔上的直向高速行驶,优化后列车过岔稳定性强,但这种方法仅对转辙器区域内某一断面进行了优化。C. Wan 等人[80]对道岔辙叉区的不连续性进行研究,通过分析局部的道岔辙叉区廓形、降低值和车轮廓形对轮轨通过性能的影响。结果表明,辙叉区心轨降低值和车轮廓形是影响辙叉区轮轨接触的最主要的因素。Chang Wan 等人[81]通过参数化 B 样条线来表示辙叉区横截面和纵向高度廓形来定义辙叉区几何模型。采用多点近似法(Multipoint Approximation Method)来求解轮轨接触过程中的道岔辙叉区优化问题。Nielsen 等人[82]提出了一种铁路道岔钢轨累积损伤的数值预测方法。基于动态车辆-轨道相互作用的模拟以及每个轮轨接触条件的离散化,通过滑动磨损的 Archard 模型计算钢轨磨损分布,分析发现,磨损是尖轨轨距侧的主要损坏机制，而尖轨和基本轨顶部的 RCF 风险较高。为了准确预测给定轮轨材料组合和交通条件下的钢轨寿命，需要通过现场测量对该方法进行校准。

国内学者也开展了卓有成效的研究。张鹏飞等人[83]通过现场实测道岔模型，将道岔及车轮模型参数化表达为函数，改变轮对横移量使其达到最高共形度，通过 Matlab 优化出最优廓形。王军平等人[84,85]首先研究钢轨磨耗损伤等与轮轨接触状态之间的关系，通过分析曲线上的侧磨问题与两点接触的关系，通过调节外轨轨面半径大于曲线上名义滚动圆半径，调整接触状态形式，使其变成贴合两点接触从而改善轮轨接触几何关系，消除轨距面处的接触点跳跃线性。后来，王军平[86]又基于实际线路中打磨实例存在的问题，通过设计的打磨廓形建立动力学模型进行验证。基于以上的结论，他开始进行钢轨打磨设计，把钢轨分成几个区域，通过选择其中局部区域作为设计目标，通过动力学参数优化出优化廓形。陈迪来等人[87]为解决道岔转辙器区钢轨易发生侧磨、服役期短等难题，提出将滚动圆半径 RDD 曲线与轮轨匹配接触点分布密度和宽度作为主要目标函数，以轮轨间隙最小值作为边界条件，采用欧拉积分方法对微分方程进行计算，由此得到转辙器区钢轨打磨后目标廓形。宗聪聪等人[88]对转辙器区廓形进行优化设计，以轮轨接触面积最大为设计目标，引入轮轨接触几何匹配点分布密度作为约束条件，获得道岔转辙器区的尖轨段的优化廓形，结果表明，优化后的轮轨几何关系有了很大改善，提高与改善了车辆过岔时的安全性和平稳性。林凤涛等[89-90]研究磨耗车轮通过道岔辙叉区的轮轨相互作用特性及控制摩擦因数减缓轮轨磨耗的措施，基于迹线法原理和 NURBS 曲线理论，优化设计 18 号道岔辙叉区钢轨打磨廓形，降低了岔区轮轨表面滚动疲劳因子，延长了辙叉区钢轨的使用寿命。后来，林凤涛[91-92]又建立缓和曲线及恒定半径曲线段的磨耗钢轨打磨廓形的多目标函数，采用优化算法求解并进行对比分析发现采用双打磨廓形设计能够有效延长曲线区段钢轨使用寿命，并通过实测分析小半径曲线钢轨型面数据的磨耗特点及其接触变化，设计出适用于小半径曲线轨道的钢轨打磨型面(Opt-60 型面)。徐井芒等人[93]建立转辙器区车轮道岔接触模型，改变轨距角的半径从而改善车轮与尖轨之间的接触应力的大小，研究表明改善尖轨截面宽度可延长道岔转辙器区使用寿命。徐井芒等人[94]通过分析道岔区轮轨接触应力和磨耗之间的关系，以磨损的计算值和实际值作为计算的边界条件，通过计算优化道岔以延长道岔寿命。王树国等人[95]通过分析我国的道岔运行状态，总结出两种尖轨代表廓形建立动力学模型，通过分析发现改善后的轨肩磨损加剧，而标准尖轨暂无此问题。

综上所述，道岔区钢轨打磨及廓形优化问题，国内外研究人员主要基于车辆和道岔的动力学、数值计算等理论和方法，从过岔性能、轮轨几何关系等方面对道岔内转辙区以及辙岔区钢轨廓形进行了全面研究，并取得了丰富的研究成果，促进了道岔钢轨磨耗和优化廓形方法等方面研究的进步。

1.3.4 滚动接触试验台国内外研究现状

随着列车速度以及牵引吨位的增加，提高轮轨牵引黏着利用率，充分发挥轮轨黏着牵引力变得十分重要。但是，车辆在发挥最大牵引力的同时，又存在车轮容易发生空转打滑，造成车轮踏面的剥离伤和扁疤伤，如图 1-8 所示。

(a) 剥离　　　　　　　　(b) 扁疤伤

图 1-8　踏面剥离和扁疤伤

铁路车辆的牵引功率受到轮轨黏着利用率的限制，阻碍了高速列车和重载机车的发展，因此最大限度地提高黏着牵引力显得尤为重要。根据轮轨黏着理论，车轮黏着随着牵引力的不断提高，轮轨黏着会进入饱和状态。以往对黏着极限态下的轮对动态特性研究多数采用动力学软件建模和数值仿真的手段，研究方法比较单一，主要受限于线路试验的周期过长、试验成本过高的缘故[96]。

采用比例试验台可以最大限度地接近真实的轮轨系统，同时可以降低研究成本和试验周期。同时，试验台的可重复性好，可以消除随机试验误差，且不受天气的影响，还可进行实际铁路无法操作的极限工况。

国内外学者通过设计搭建试验台来模拟实验。Gutsulyak D V 等人[97]设计了双轮盘对滚试验台（见图1-9），能够评估对滚材料的摩擦特性及蠕变曲线和滚动接触疲劳，研究了在不同污染的介质条件下的摩擦关系。通过试验台研究常见的污染物灰尘黏土、树叶碎屑、水油混合物等低附着条件下的摩擦特性。意大利学者 Bosso N 等[98]建造了一个1∶5比例的单轮对试验台（见图1-10）用于单轮对和整个转向架的车辆动力学研究，同时该试验台可以通过滚轮的纵向移动来适应不同轴距的转向架，主要用于黏着力和磨耗磨损的研究。

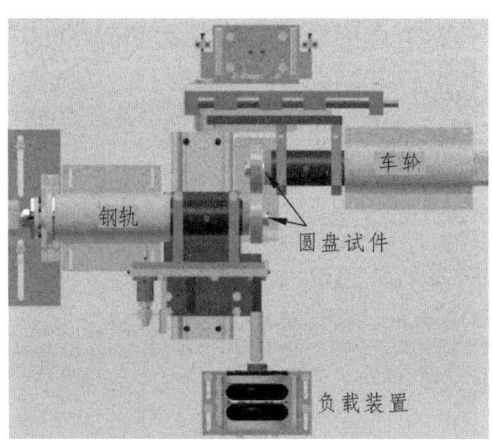

图1-9　双轮盘对滚试验台

图 1-10 1∶5 比例的单轮对试验台

美国学者 Meymand S Z 等人[99]设计了 1∶4 比例的单轮对驱动试验台，如图 1-11 所示，该试验台可以精确控制轮轨接触点处的蠕滑，可以用于全范围内动态蠕滑的研究，还可以用于轮轨接触力学的研究。德国学者 Collette C 等人[100]设计建造了一个 1∶4 比例的单轮对试验台，如图 1-12 所示，该试验台利用多普勒测振仪在一定工作条件下测量轮对的扭转振动频率。通过测量数据计算纵向蠕滑，试验表明被动吸振器可以降低轮对扭转共振幅值。

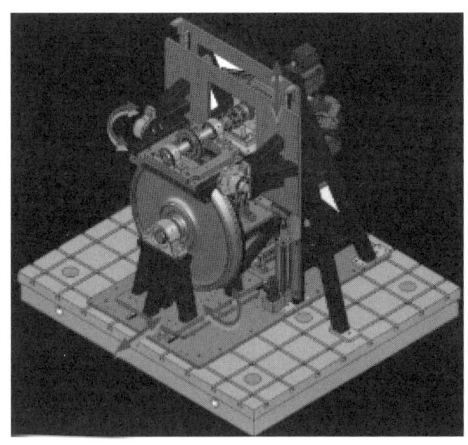

图 1-11 单轮对驱动试验台

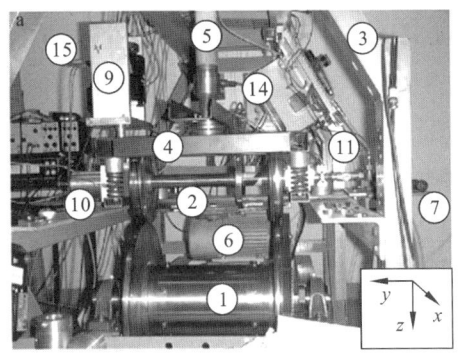

图 1-12 1∶4 比例的单轮对试验台

Jakob Moder 等人[101]介绍了一种先进的双圆盘机,如图 1-13 所示,该双圆盘机采用先进的干燥和润滑控制技术,所有涉及的部件均通过功能强大的 PLC 单元进行控制,从而有可能实现极为精确的控制。高速数据采集可以通过沿一个轴旋转提供 72 个数据点,对摩擦现象进行局部洞察。可以考虑几种润滑方案,如流体润滑、混合润滑和缺油润滑以及干接触。双圆盘机给出了所有传感器的原始数据,包括法向力、摩擦力、振动速度、刚度(磨损)、红外温度、接触电势和电机转速。

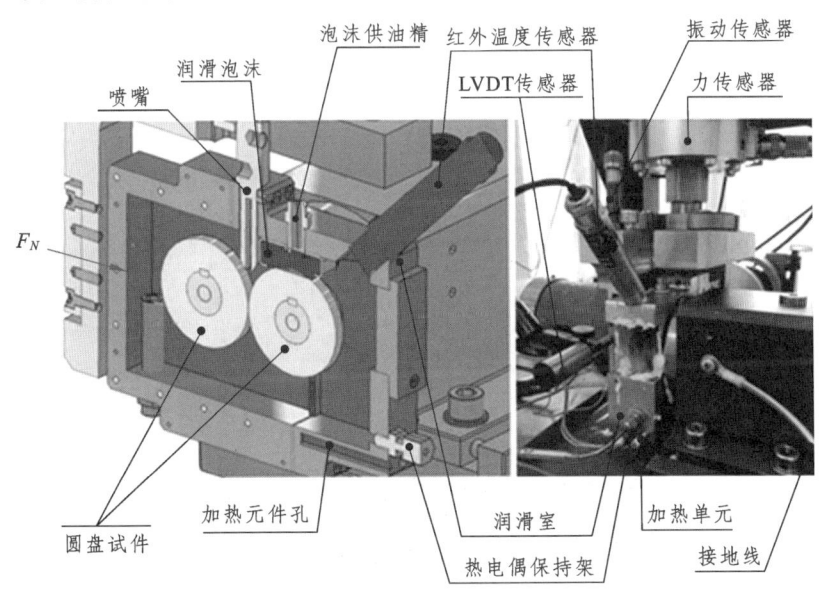

图 1-13 对滚设备

韩国科技大学的 Shin Y 等人[102]建立了比例滚动试验台研究半主动控制抑制铁路车辆车体的振动，在车体和转向架之间应用半主动 MR 阻尼器去实现天棚阻尼控制，对比分析控制前后转向架和车体的振动加速度，用来检测车体的乘坐舒适性和运行稳定性。图 1-14 所示为利用半主动控制研究比例车体振动的比例滚动试验台，MR 阻尼器被安装在比例铁路车辆横向方向转向架和车体之间，附加了位移传感器、振动加速度传感器和旋转编码器。阻尼力对应的电流作为 MR 阻尼器的输入被输出，将计算的值输入到 MR 阻尼器的电流驱动器中，通过实时改变磁流变阻尼器的阻尼力来减小车体的横向振动。

日本上智大学的 Nishimura K 等人[103]建立了 1∶10 比例的滚动试验台（见图 1-15）用于研究地震激励下的车辆安全性能。该滚动试验台由刚滚轮、测试车体的制动装置和一个带驱动电机的滚轮组成。滚轮是由侧圆形盘轮组装而成，它能在滑动轴上左右滑动。驱动电机的最大转速可达 2 500 r/min，使滚轮接触点的最大前进速度达到 104 km/h（满量程为 327 km/h）。轧辊规格为 143.5 mm，全尺寸的 1/10，滚轮直径为 220 mm。对于滚动试验台则使用 1/10 大小的 60 轨道表面轮廓，让滚轮顶端向下倾斜 1/40 弧度去模拟真实的轨道沉降。另外为了保护测试车不会在试验台上掉落，滚动试验台安装有抗脱轨装置。

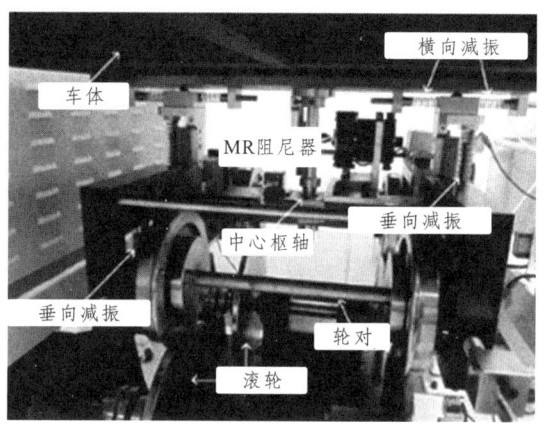

图 1-14　比例滚动试验台

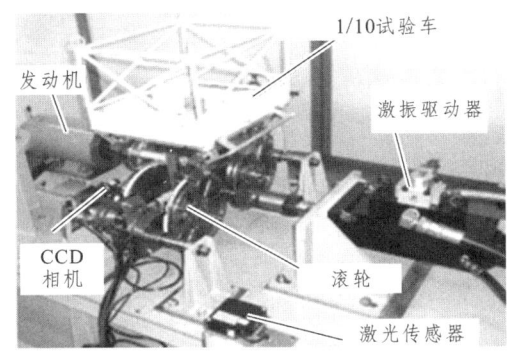

图 1-15　1∶10 比例的滚动试验台

Li J 等人[104]设计了一种新型滚动轴承水平打滑损伤试验台,如图 1-16 所示,该试验台具有较高的旋转精度和较好的线性接触,能够模拟滚动轴承与内圈之间的滚动/滑动接触。结合温度、载荷、速度、滑移和表面显微技术,可从多信息角度分析滚动轴承的滑移损伤机理。

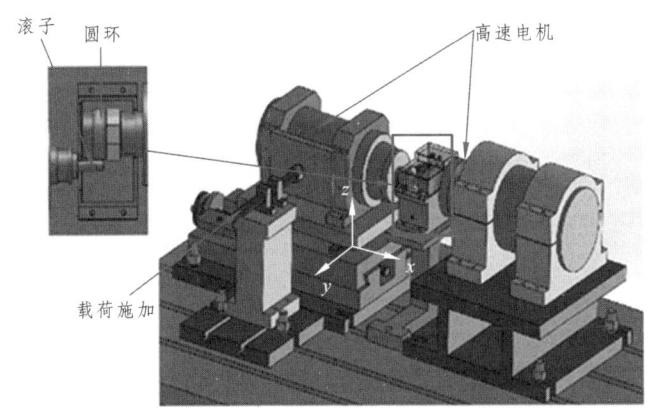

图 1-16　水平打滑损伤试验台

Hui Li 等人[105]研究设计了一个采用滑动轴承支撑结构的滚动试验台,如图 1-17 所示。该试验台可在轴承速度、载荷、环境湿度和轴承状况等实际状态下进行轴承检测试验,能检测速度、转矩、位置等,且设有观测视窗,可即时观测试验状况。

西南交通大学胡士桥等[96]设计并搭建了 1∶5 比例的单轮对驱动试验台,如图 1-18 所示。基于实时仿真机、旋转编码器和 Matlab/Simulink 仿真软件搭建试验台的数据采集系统和蠕滑率控制系统，用于对蠕滑率控制策略和轮对黏着极限态动态特性的试验研究。然后，采用电阻应变片，利用无线扭矩测量仪，控制车轮在黏着极限状态的条件下测量轮对的扭转振动频率，并与轮对的有限元仿真结果进行对比分析；同时试验台还进行了轮轨接触面的洒水试验，以此来获得轮轨接触特性曲线。

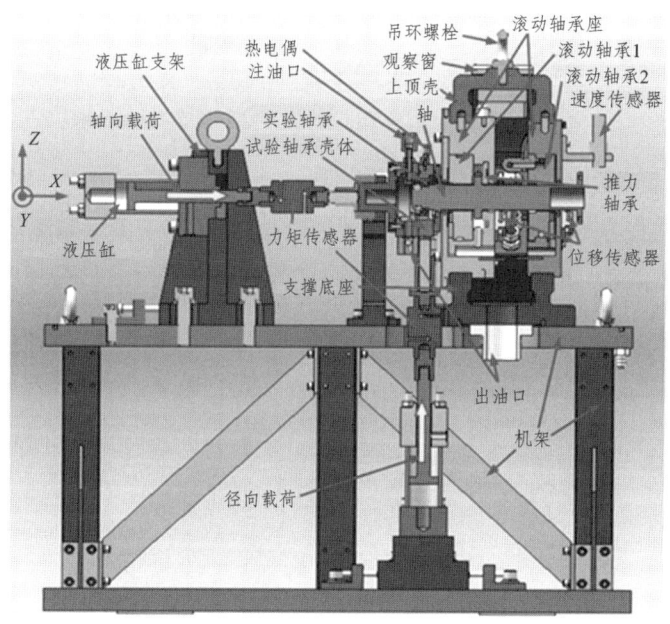

图 1-17　滚动试验台

图 1-18　单轮对驱动试验台

第 2 章

钢轨磨耗代表廓形分析方法

在实际铁路运营线路中，钢轨会因为轮轨作用力、列车制动、列车蛇形失稳等原因不可避免地使运营线路中的钢轨产生不同程度的磨损，同时钢轨的制造缺陷、安装误差等原因又会加速钢轨磨耗差异的产生，此时难以用一个钢轨廓形表示一个区段的钢轨。通常线路需要每隔一定距离进行一次钢轨廓形采集，从采集的钢轨廓形中通过算法得到一条具有代表性的钢轨廓形。

2.1 钢轨型面分析

钢轨会因列车的重载化、高速化，产生钢轨波磨、侧磨、掉块等病害现象，钢轨轨距角的侧磨则是曲线路段的主要损伤类型。实测廓形的轨距角比原型 CN75 廓形低，某重载线路的弯道曲线实测廓形如图 2-1 所示。

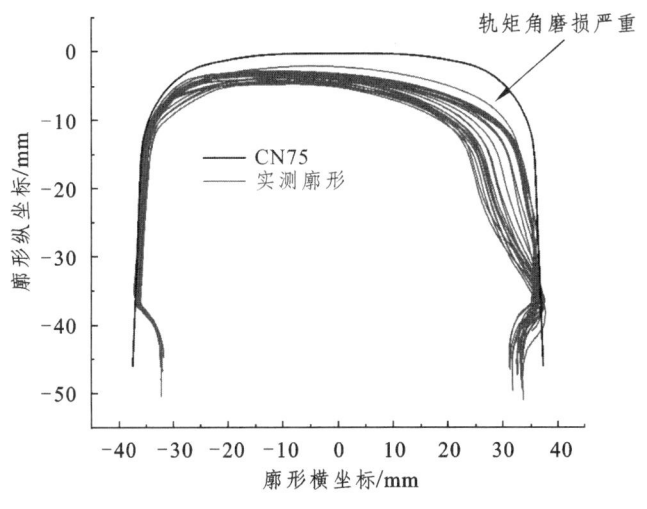

图 2-1 某重载线路的弯道曲线实测廓形

从图中可以看出，实测钢轨轨头严重磨损，存在着钢轨过度磨耗现象。钢轨与车轮在接触区域不贴合，导致轮轨对中性能不佳，加剧车辆与钢轨的动态相互作用，滚动接触疲劳越来越严重，威胁列车运行安全。在实际打磨中，针对侧磨量较大的钢轨的打磨原则是：将打磨前轮轨的两点接触改善成打磨后的共形接触，使轮轨接触光带偏内，增大上下股钢轨的轮径差。通过这种方法平衡轮轨间的作用力，有效改善轮缘的导向力，减少轮轨冲角和钢轨上产生的滑动现象，使钢轨材料的磨耗速率与斜裂纹的发展速率达到一个相对平衡，显著提高列车的曲线通过能力，降低轮缘与钢轨轨距角接触的频率。

2.2 钢轨代表廓形选取算法

为获得一条能代表钢轨某区段整体磨耗情况的廓形，可从多条实测廓形曲线中生成最能接近整体情况的代表廓形。最小二乘法是一种数学优化方法，可以在多条曲线寻找出一条总距离最近的曲线。算术平均法和加权平均法是统计学上的计算方法，散点重构法是逆向工程中的关键技术，以上方法可以在多条曲线离散数据点集内，生成包含原数据集特征的新曲线点。上述几种方法均能从多条曲线中选出、生成一条包含原有曲线特征的新曲线，适用于钢轨代表廓形的算法。

2.2.1 最小二乘距离法

最小二乘法是一种数学优化方法，通过最小二乘距离计算寻找出最优的结果，公式如下：

$$D_j = \sum_{k=1}^{z}\sum_{i=1}^{n}[(x_{ij}-x_{ik})^2+(y_{ij}-y_{ik})^2] \qquad (2\text{-}1)$$

式中，k、j 代表数据集合的编号。

最小二乘距离法是从全部廓形中找到最小二乘距离 D_j 最小的廓形，该方法可以避免正负距离相抵消，易于数学处理。

2.2.2 算术平均法

算术平均法是计算全部廓形每个点位的算术平均值，再将各平均值点构成新的廓形，计算式为

$$\begin{cases} x_i = \dfrac{1}{z}\sum_{j=1}^{z}x_{ij} \\ y_i = \dfrac{1}{z}\sum_{j=1}^{z}y_{ij} \end{cases} \qquad (2\text{-}2)$$

式中，x_i 与 y_i 代表第 i 个点计算后的横坐标与纵坐标；z 表示集合数；(x_{ij}, y_{ij}) 为具体 j 集合内的第 i 个点，$i=1,2,\cdots,n$。

2.2.3 加权平均值法

在计算平均值的基础上，对各个变量施加适当的权重，再以此算出加权平均值。该方法有利于抑制极端值和少数值的影响，计算式为

$$\begin{cases} x_i = \dfrac{1}{z} \sum_{j=1}^{z} w_{ij} \cdot x_{ij} \\ y_i = \dfrac{1}{z} \sum_{j=1}^{z} w_{ij} \cdot y_{ij} \end{cases} \quad (2\text{-}3)$$

式中，(x_i, y_i) 代表第 i 个点计算后的横坐标与纵坐标；(x_{ij}, y_{ij}) 为 j 集合内的第 i 个点，$i=1,2,\cdots,n$；w_{ij} 为该具体位置的归一化数值。

2.2.4 散点重构法

散点重构法是先将廓形进行离散化处理，使之成为平面点的集合，后续通过数据的重新排列、平滑滤波处理及曲线拟合等步骤将平面点集拟合成廓形曲线。

散点重构的拟合误差 M 表示为

$$M = \sum_{k=1}^{z} \sum_{i=1}^{n} [(x_i - x_{ik})^2 + (y_i - y_{ik})^2] \quad (2\text{-}4)$$

结合偏导公式，推导出以下公式：

$$\begin{cases} \dfrac{\partial M}{\partial x_i} = 2 \sum_{k=1}^{z} (x_i - x_{ik}) = 0 \\ \dfrac{\partial M}{\partial y_i} = 2 \sum_{k=1}^{z} (y_i - y_{ik}) = 0 \end{cases} \quad (2\text{-}5)$$

整理可得：

$$\begin{cases} x_i = \dfrac{1}{z}\sum\limits_{j=1}^{z} x_{ij} \\ y_i = \dfrac{1}{z}\sum\limits_{j=1}^{z} y_{ij} \end{cases} \quad (2\text{-}6)$$

2.2.5 弗雷歇距离法

弗雷歇距离法是法国数学家 Maurice René Fréchet 在 1906 年提出的一种路径的描述，可以通过计算两条曲线上不同时刻或者不同点之间的距离，来评价两条曲线的相关程度。

二元组 (S,d) 是一个度量空间，其中 d 是 S 上的度量函数，在无须指明度量函数的情况下，把度量空间简称为 S。设 A 和 B 是 S 上的两条连续曲线，即 $A:[0,1] \to S$，$B:[0,1] \to S$；又设 α 和 β 是单位区间的两个重新参数化函数，即 $\alpha:[0,1] \to [0,1]$，$\beta:[0,1] \to [0,1]$。

假设点 1 是曲线 A 上的动点，轨迹为 A 且长度为 N；点 2 为曲线 B 上的动点，行走的轨迹为 B 且长度为 M，如图 2-2 所示。采用一个 t 变量的连续递增函数来对点 1、点 2 的运动进行描述，$\alpha(t)$ 表示点 1 运动描述函数，$\beta(t)$ 表示点 2 运动描述函数。将变量 t 约束到区间 $[0, 1]$ 内，那么有 $\alpha(0)=0$，$\alpha(1) = N$，$\beta(0)=0$，$\beta(1) = N$。用 $A[\alpha(t)]$ 和 $B[\alpha(t)]$ 分别表示 t 时刻点 1 与 2 在各自轨迹上的空间位置，那么点 1 和 2 之间的距离会随着 $\alpha(t)$ 和 $\beta(t)$ 函数本身的不同和变量 t 的变化而不同，对于每一对可能的描述函数 $\alpha(t)$ 和 $\beta(t)$ 总能找到整个运动过程中点 1 与点 2 之间的最长距离，通过改变 $\alpha(t)$ 和 $\beta(t)$ 可使得这个最长的距离最小化，如图 2-3 所示。图（b）比图（c）的弗雷歇排列距离要更小一点，因此，采用图（b）的计算结果对两条曲线的相关性进行表示更加准确，两者之间的最小距离即为弗雷歇距离。

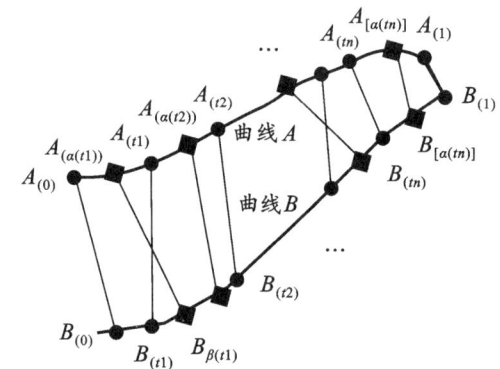

图 2-2 弗雷歇距离法原理图

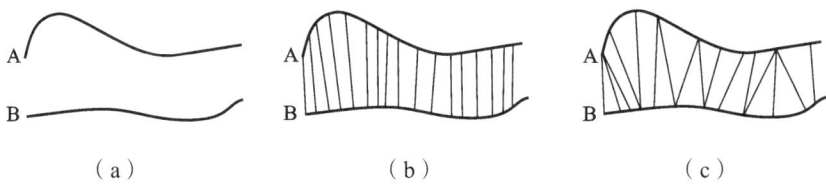

图 2-3 弗雷歇距离法工作原理图

则曲线 A 与 B 曲线的弗雷歇距离 $F(A,B)$ 定义为

$$F(A,B) = \min_{\substack{\alpha[0,1]\to[0,N] \\ \beta[0,1]\to[0,N]}} \left\{ \max_{t\in[0,1]} d[A(\alpha(t)),B(\beta(t))] \right\} \quad (2-7)$$

式中，d 是 S 的度量函数。

离散弗雷歇距离法可以用于对两个向量之间的相似度的分析，两条向量间弗雷歇越小，说明两离散点集之间的相似程度越高；反之，则表明两离散点集之间的相似程度越低。

采用离散点弗雷歇距离算法对磨耗轨之间的距离进行评价，最终得到一条磨耗轨与其他磨耗轨之间弗雷歇距离最小。其算法具体流程如下所述：

第 1 步选取两条磨耗轨曲线 P、Q，然后对 P、Q 进行离散点采样。则曲线 P 可表示为 $\sigma(P)=(\mu_1,\mu_2\cdots\mu_n,\cdots,\mu_p)$；曲线 Q 表示为 $\sigma(Q)=(v_1,v_2,\cdots,v_m,\cdots,v_q)$，其中，$\mu_n=(x_n,y_n)$，$v_m=(x'_m,y'_m)$；$m,n$ 分别为磨耗轨曲线上 P、Q 上的采样点序号，p,q 分别为采样点数，$n=1$ 为起始采样点，$n=N$ 为末尾采样点；x_n，

y_n、x'_m、y'_m 分别为曲线 P、Q 上第 n、m 采样点的横纵坐标。

第 2 步分别计算曲线 P、Q 上各采样点之间的距离 $d_{mn}=\sqrt{(x'_m-x_n)^2+(y'_m-y_n)^2}$，其中，$1\leqslant m\leqslant M$，$1\leqslant n\leqslant N$。最终得到距离矩阵 D 为

$$D=\begin{pmatrix} d_{11} & \cdots & d_{1n} & \cdots & d_{1N} \\ \vdots & & \vdots & & \vdots \\ d_{m1} & \cdots & d_{mn} & \cdots & d_{mN} \\ \vdots & & \vdots & & \vdots \\ d_{M1} & \cdots & d_{Mn} & \cdots & d_{MN} \end{pmatrix} \quad (2\text{-}8)$$

第 3 步分别找出距离矩阵 D 中的最大与最小距离 $d_{\max}$ 和 $d_{\min}$，将最小距离设置为初始目标距离 $f=d_{\min}$，同时根据所寻的最大、最小距离设置循环间隔：

$$r=\frac{d_{\max}-d_{\min}}{100} \quad (2\text{-}9)$$

第 4 步根据所设置的初始目标距离值对距离矩阵进行搜索、判断，将距离大于 f 的距离设置为 0，小于或等于 f 的距离设置为 1，从而得到二值矩阵 D'：

$$D'=\begin{pmatrix} d'_{11} & \cdots & d'_{1n} & \cdots & d'_{1N} \\ \vdots & & \vdots & & \vdots \\ d'_{m1} & \cdots & d'_{mn} & \cdots & d'_{mN} \\ \vdots & & \vdots & & \vdots \\ d'_{M1} & \cdots & d'_{Mn} & \cdots & d'_{MN} \end{pmatrix} \quad (2\text{-}10)$$

式中，$d'_{mn}=\begin{cases} 1, d'_{mn}\leqslant f \\ 0, d'_{mn}>f \end{cases}$，$1\leqslant m\leqslant M, 1\leqslant n\leqslant N$。

第 5 步在二值矩阵 D' 中搜索一条起点为 d'_{11}，终点为 d'_{MN} 的路径 R，同时路径通过点 d'_{mn} 后，其下一个通过点只能为 $d'_{(m+1)n}$、$d'_{mn(n+1)}$、$d'_{(m+1)(n+1)}$ 中的一个，路径 R 中所有点的值都必须为 1。用数学表达式的形式为　　　　：存在

一条路径 $R=\{d'_{11},\cdots,d'_{mn},\cdots,d'_{MN}\}$，满足 $d'_{11}\cdots\cdots d'_{mn}\cdot d'_{(m+k)(n+k')}\cdots\cdots d'_{MN}=1$，$1\leqslant n\leqslant N, 1\leqslant m\leqslant M, 1\leqslant m+k\leqslant M, 1\leqslant n+k\leqslant N, k=\{0,1\}$。找到满足条件的路径或者设置目标距离 $f=d_{\max}$，如未找到满足条件的路径，则设置目标距离 $f=f+r$，返回第 4 步。

第 6 步计算出磨耗轨曲线之间的弗雷歇距离 $F=f$，因此可以通过式（2-11）对任意一条钢轨廓形与剩余廓形之间的弗雷歇距离进行表示。

$$f_{\text{SUM}}=\sum_{k=1}^{Z}\sum_{i=1}^{Z-1}f_{ik} \qquad (2\text{-}11)$$

式中，k,i 均为钢轨廓形编号；Z 廓形曲线的数目。

根据上述算法计算流程，依次计算不同磨耗轨廓形曲线之间的弗雷歇距离，最终得出一条曲线与其他磨耗轨曲线间弗雷歇距离最小值的曲线，即为最小距离钢轨型面。

2.3 钢轨代表廓形的评价方法

在列车实际运行过程中，两个钢轨廓形是否相似是通过轮轨匹配进行判别，因此本书通过轮轨是否匹配作为钢轨代表廓形与原钢轨是否相似的评判方法。通过上述钢轨代表廓形曲线及实测的原始钢轨廓形组分别与实际线路上的多个实测车轮型面进行轮轨接触匹配计算，并统计总接触点在钢轨横向坐标的概率。

若钢轨代表廓形的统计概率结果曲线与实测的原始廓形组统计概率曲线具有最高的相似度，在代表廓形曲线计算中占据着最高的相似度的钢轨廓形则最能代表该曲线路段。通过 Pearson 相关系数、Kendall 秩相关系数和 Spearman 秩相关系数衡量接触点概率分布曲线的接近程度。

2.3.1 Pearson 相关系数

Pearson 相关系数是计算两类不同的点集合能否划分至一条规律的线上，若能在一条线上，则两类点集合具有线性相关，反之则不存在线性相关。计

算值可通过两个变量 X、Y 之间的协方差和标准差积的商来表示，公式为

$$P_{XY} = \frac{\mathrm{cov}(X,Y)}{\sigma_X \sigma_Y} = \frac{E(X-\mu_X)(Y-\mu_Y)}{\sigma_X \sigma_Y} \quad (2\text{-}12)$$

式中，μ_X、μ_Y 为变量 X、Y 的均值；σ_X、σ_Y 为变量 X、Y 的标准差，$|P_{XY}| \leqslant 1$，且 $|P_{XY}|$ 越接近 1 则表明两变量相关性越高。

2.3.2　Kendall 秩相关系数

Kendall 秩相关系数衡量两变量间的相关性统计量，计算步骤是：两个长度为 N 的变量 X、Y，变量的第 i 个值为 X_i、Y_i。当 $X_{i1} > X_{i2}$ 且 $Y_{i1} > Y_{i2}$ 或者 $X_{i1} < X_{i2}$ 且 $Y_{i1} < Y_{i2}$，则称为一致；当 $X_{i1} > X_{i2}$ 且 $Y_{i1} < Y_{i2}$ 或者 $X_{i1} < X_{i2}s$ 且 $Y_{i1} > Y_{i2}$，则称为不一致。公式为

$$K_{XY} = \frac{C-D}{\frac{1}{2}N(N-1)} \quad (2\text{-}13)$$

式中，C 表示变量 X、Y 中一致元素的个数；D 表示变量 X、Y 中不一致元素的个数。K_{XY} 越接近 1 表明两变量相关性越高。

2.3.3　Spearman 秩相关系数

Spearman 秩相关系数是用来衡量变量间的非线性关系的强弱，其计算步骤是：两长度为 N 的变量 X、Y 从小到大进行排列，用 p_i、q_i 表示 x_i、y_i 排序后的序号，把 p_i、q_i 带入式（2-14）中计算：

$$S_{XY} = 1 - \frac{6\sum_{i=1}^{n}(p_i-q_i)^2}{N(N^2-1)} \quad (2\text{-}14)$$

若 S_{XY} 计算结果为 1，则两个变量集合具有完全一致的正相关趋势；若 S_{XY} 计算结果为-1，则两个变量集合有完全相反的变化趋势。

2.4 曲线钢轨廓形计算实例

在实际测量中，曲线区段分为起缓和曲线、圆曲线区段和终缓和曲线。曲线钢轨廓形重点区段选取 7 个不同位置进行测量，具体测量点位如图 2-4 所示。

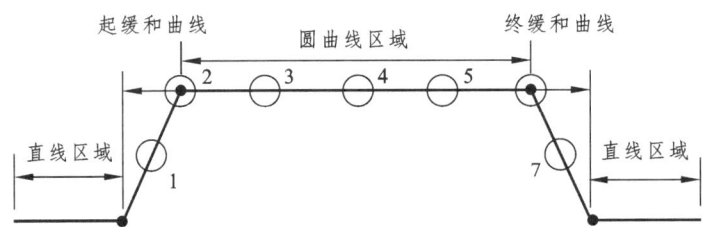

图 2-4 曲线区域钢轨廓形采集点位示意图

按照采集点位在某重载线路半径 $R800$ 的曲线段获取 7 个测量钢轨廓形，实测廓形如图 2-5 所示。

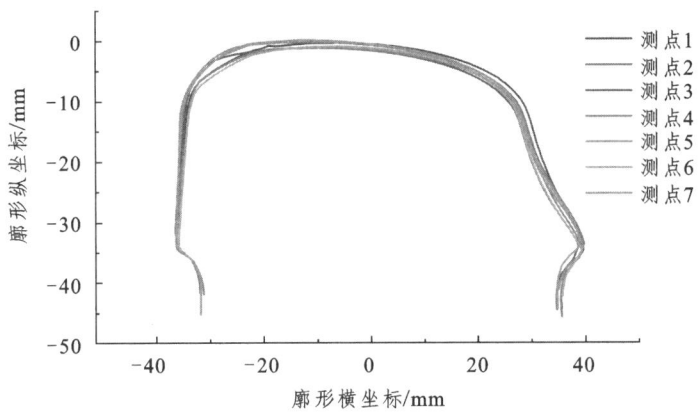

图 2-5 曲线上股钢轨实测廓形统计

利用上述四种钢轨代表廓形算法对钢轨廓形数据进行计算，所得结果如图 2-6 所示。四种算法都能得到平滑、完整的代表廓形结果。

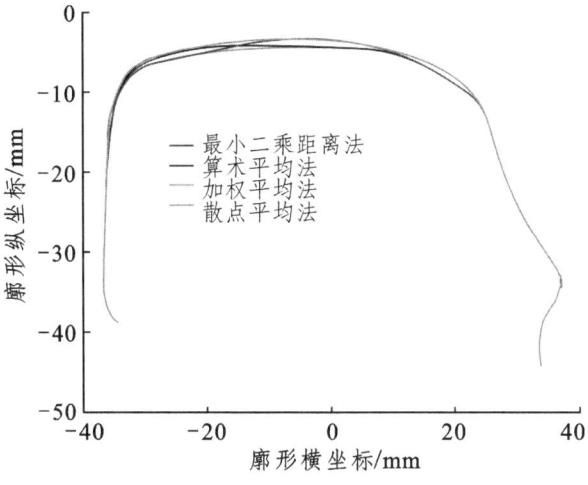

图 2-6　各算法所得钢轨代表廓形

将图 2-5 和图 2-6 中的钢轨实测廓形和各算法代表廓形与多个实测车轮分别进行轮轨接触几何计算，并对轮轨接触横向位置的分布进行概率统计，如图 2-7 所示。

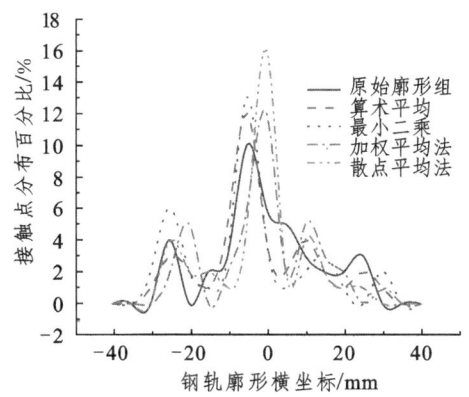

图 2-7　轮轨接触点在钢轨上的概率分布曲线

曲线区段钢轨代表廓形接触点分布相关系数计算结果如表 2-1 所示。

表 2-1　曲线区段钢轨代表廓形接触点分布相关系数计算结果

代表廓形计算方法	相关系数			相关系数平均值
	Pearson	Kendall	Spearman	
算术平均法	0.877 2	0.726 1	0.835 6	0.813 0
最小二乘距离法	0.805 8	0.506 9	0.591 1	0.634 6
加权平均法	0.618 5	0.525 3	0.631 6	0.591 8
散点拟合法	0.621 8	0.736 4	0.836 7	0.731 6

从表 2-1 可以得到以下结论：Pearson 相关系数最大的是算术平均法代表廓形，Kendall 相关系数和 Spearman 相关系数最大值皆是散点拟合法计算的代表廓形。用系数的平均值进行分析，算术平均法计算的代表廓形具有最高的平均值，散点拟合法计算的代表廓形次之，加权平均法最小。相比之下，最终可采用算术平均法计算 $R800$ 曲线代表廓形，并进行后续的优化设计。

第 3 章

钢轨型面参数描述方法

3.1 钢轨廓形构成元素分析

在对国内外铁路主要采用的钢轨廓形调研的基础上，按照钢轨其主要构成元素进行统计，得到表 3-1。由表 3-1 可知，国内外典型钢轨廓形均由圆弧和直线组成。

表 3-1 钢轨廓形构成元素

钢轨廓形	构成元素	车轮接触部位	廓形轨顶半径	轨头
CN60	5 段圆弧 2 段直线	$R300\ R80\ R13$	$R300$	70.78
60N	7 段圆弧 2 段直线	$R200\ R60\ R16$	$R200$	70.52
CN75	7 段圆弧 2 段直线	$R200\ R50\ R16$	$R200$	71.96
UIC54	5 段圆弧 2 段直线	$R300\ R80\ R13$	$R300$	69.92
UIC60	5 段圆弧 2 段直线	$R300\ R80\ R13$	$R300$	72.02
美标 68	5 段圆弧 2 段直线	$R254\ R31.75\ R14.29$	$R254$	70.40

3.2 圆弧参数的钢轨廓形描述方法

钢轨廓形与车轮接触的部位主要是轨顶及轨侧，从表 3-1 可得，钢轨构成为 5~7 段圆弧，因此，将钢轨打磨廓形优化区域设置成 7 段圆弧。其中钢轨与车轮主要接触的部分设置为 5 段圆弧 $\overset{\frown}{BC}$、$\overset{\frown}{CD}$、$\overset{\frown}{DE}$、$\overset{\frown}{EF}$ 和 $\overset{\frown}{FG}$，$\overset{\frown}{AB}$ 和 $\overset{\frown}{GH}$ 则分别作为两端的过渡圆弧，如图 3-1 所示。

优化区域及优化区域左端点 H 视为可动点。优化区域右端点 A 为固定点，左端点往左视为固定区域，右端点往右视为固定区域，I 点为左端直线任意一点，J 点为直线终点。图中 A、B、C、D、E、F、G、H、I、J 的坐标分别是 (x_a, y_a)、(x_b, y_b)、(x_c, y_c)、(x_d, y_d)、(x_e, y_e)、(x_f, y_f)、(x_g, y_g)、(x_h, y_h)、(x_i, y_i)、(x_j, y_j)。A、B、C、D、E、F、G、H 点右端极限位置的点分别为点 A_0、B_0、C_0、D_0、E_0、F_0、G_0、H_0，坐标分别为 (x_{a0}, y_{a0})、(x_{b0}, y_{b0})、(x_{c0}, y_{c0})、(x_{d0}, y_{d0})、(x_{e0}, y_{e0})、(x_{f0}, y_{f0})、(x_{g0}, y_{g0})、(x_{h0}, y_{h0})、(x_{i0}, y_{i0})、(x_{j0}, y_{j0})。$\overset{\frown}{AB}$、$\overset{\frown}{BC}$、

$\widehat{CD}$、$\widehat{DE}$、$\widehat{EF}$、$\widehat{FG}$ 和 $\widehat{GH}$ 对应的七段圆弧的圆心坐标分别是 $O_1(x_{r1}, y_{r1})$、$O_2(x_{r2}, y_{r2})$、$O_3(x_{r3}, y_{r3})$、$O_4(x_{r4}, y_{r4})$、$O_5(x_{r5}, y_{r5})$、$O_6(x_{r6}, y_{r6})$、$O_7(x_{r7}, y_{r7})$。对应的半径为 r_1、r_2、r_3、r_4、r_5、r_6、r_7。

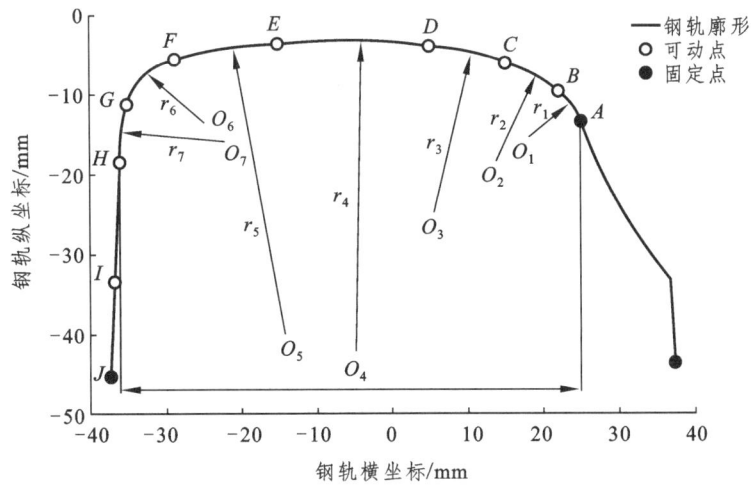

图 3-1　圆弧形曲线优化示意图

$A \sim I$ 点的斜率分别是 $k_a \sim k_i$，计算式为

$$k_\theta = \frac{\partial y_\theta}{\partial x_\theta} = \frac{y_\theta - y_{\theta 0}}{x_\theta - x_{\theta 0}} \tag{3-1}$$

式中，k_θ 表示固定点、可动点对应 $A \sim I$ 点相对应的斜率，$\theta = A \sim I$；x_θ、$x_{\theta 0}$、y_θ、$y_{\theta 0}$ 分别对应固定点、可动点坐标 $x_a \sim x_i$、$x_{a0} \sim x_{i0}$、$y_a \sim y_i$、$y_{a0} \sim y_{i0}$。

过 A 点做垂直于 A 点切线的直线，再做 A，B 两点的中垂线。

$$y = -\frac{1}{k_a}(x - x_a) + y_a \tag{3-2}$$

$$y = \frac{y_b - y_a}{x_a - x_b}\left(x - \frac{x_a + x_b}{2}\right) + \frac{y_a + y_b}{2} \tag{3-3}$$

联立式（3-2）和式（3-3）并整理得：

$$x_{r1} = \frac{x_a/k_a + (y_a - y_b)/2 + (x_a^2 - x_b^2)/[2(y_b - y_a)]}{1/k_a + (x_a - x_b)/(y_b - y_a)} \quad (3\text{-}4)$$

$$y_{r1} = \frac{x_a/k_a + (y_a - y_b)/2 + (x_a^2 - x_b^2)/[2(y_b - y_a)]}{(x_a - x_b)/[k_a(y_b - y_a)] - 1/k_a^2}$$

$$+ \frac{x_a}{k_a} + y_a \quad (3\text{-}5)$$

式（3-4）和式（3-5）算出的结果即为 $\overset{\frown}{AB}$ 的圆心 O_1 的 x_{r1}，y_{r1}。由此可得 $\overset{\frown}{AB}$ 半径 r_1 为

$$r_1 = \sqrt{(x_a - x_{r1})^2 - (y_a - y_{r1})^2} \quad (3\text{-}6)$$

$\overset{\frown}{AB}$ 的方程为

$$y_1 = y_{r1} + \sqrt{r_1^2 - (x - x_{r1})^2} \quad (3\text{-}7)$$

根据式（3-1）～式（3-7）同理可推得 $\overset{\frown}{BC}$、$\overset{\frown}{CD}$、$\overset{\frown}{DE}$、$\overset{\frown}{EF}$、$\overset{\frown}{FG}$ 的圆心坐标为

$$x_{r2} = \frac{x_b/k_b + (y_b - y_c)/2 + (x_b^2 - x_c^2)/[2(y_c - y_b)]}{1/k_b + (x_b - x_c)/(y_c - y_b)} \quad (3\text{-}8)$$

$$y_{r2} = \frac{x_b/k_b + (y_b - y_c)/2 + (x_b^2 - x_c^2)/[2(y_c - y_b)]}{(x_b - x_c)/[k_b(y_c - y_b)] - 1/k_b^2} + \frac{x_b}{k_b} + y_b \quad (3\text{-}9)$$

$$x_{r3} = \frac{x_c/k_c + (y_c - y_d)/2 + (x_c^2 - x_d^2)/[2(y_d - y_c)]}{1/k_c + (x_c - x_d)/(y_d - y_c)} \quad (3\text{-}10)$$

$$y_{r3} = \frac{x_c/k_c + (y_c - y_d)/2 + (x_c^2 - x_d^2)/[2(y_d - y_c)]}{(x_c - x_d)/[k_c(y_d - y_c)] - 1/k_c^2} + \frac{x_c}{k_c} + y_c \quad (3\text{-}11)$$

$$x_{r4} = \frac{x_d/k_d + (y_d - y_e)/2 + (x_d^2 - x_e^2)/[2(y_e - y_d)]}{1/k_d + (x_d - x_e)/(y_e - y_d)} \quad (3\text{-}12)$$

$$y_{r4} = \frac{x_d/k_d + (y_d - y_e)/2 + (x_d^2 - x_e^2)/[2(y_e - y_d)]}{(x_d - x_e)/[k_d(y_e - y_d)] - 1/k_b^2}$$

$$+ x_d/k_d + y_d \quad (3\text{-}13)$$

$$x_{r5} = \frac{x_e/k_e + (y_e - y_f)/2 + (x_e^2 - x_f^2)/[2(y_f - y_e)]}{1/k_e + (x_e - x_f)/(y_f - y_e)} \quad (3\text{-}14)$$

$$y_{r5} = \frac{x_e/k_e + (y_e - y_f)/2 + (x_e^2 - x_f^2)/[2(y_f - y_e)]}{(x_e - x_f)/[k_e(y_f - y_e)] - 1/k_e^2}$$
$$+ x_e/k_e + y_e \quad (3\text{-}15)$$

$$x_{r6} = \frac{x_f/k_f + (y_f - y_g)/2 + (x_f^2 - x_g^2)/[2(y_g - y_f)]}{1/k_f + (x_f - x_g)/(y_g - y_f)} \quad (3\text{-}16)$$

$$y_{r6} = \frac{x_f/k_f + (y_f - y_g)/2 + (x_f^2 - x_g^2)/[2(y_g - y_f)]}{(x_f - x_g)/[k_f(y_g - y_f)] - 1/k_f^2}$$
$$+ x_f/k_f + y_f \quad (3\text{-}17)$$

根据式（3-8）~式（3-17）同理可得 $\widehat{BC}$、$\widehat{CD}$、$\widehat{DE}$、$\widehat{EF}$、$\widehat{FG}$ 对应的半径 $r_2 \sim r_6$ 及方程表达式为

$$r_2 = \sqrt{(x_b - x_{r2})^2 - (y_b - y_{r2})^2} \quad (3\text{-}18)$$

$$r_3 = \sqrt{(x_c - x_{r3})^2 - (y_c - y_{r3})^2} \quad (3\text{-}19)$$

$$r_4 = \sqrt{(x_d - x_{r4})^2 - (y_d - y_{r4})^2} \quad (3\text{-}20)$$

$$r_5 = \sqrt{(x_e - x_{r5})^2 - (y_e - y_{r5})^2} \quad (3\text{-}21)$$

$$r_6 = \sqrt{(x_f - x_{r6})^2 - (y_f - y_{r6})^2} \quad (3\text{-}22)$$

$$y_2 = y_{r2} + \sqrt{r_2^2 - (x - x_{r2})^2} \quad (3\text{-}23)$$

$$y_3 = y_{r3} + \sqrt{r_3^2 - (x - x_{r3})^2} \quad (3\text{-}24)$$

$$y_4 = y_{r4} + \sqrt{r_4^2 - (x - x_{r4})^2} \quad (3\text{-}25)$$

$$y_5 = y_{r5} + \sqrt{r_5^2 - (x - x_{r5})^2} \quad (3\text{-}26)$$

最后一段 $\widehat{GH}$ 的终点 H 必须与固定区域（直线段）的斜率相等，不能直接固定最终点 H 的位置，需延长 $\widehat{GH}$ 直至与固定区域（直线段）的斜率相等。

$$k_h = k_i = \lim_{\Delta x \to 0^+} \frac{y(x_h + \Delta x) - y(x_h)}{\Delta x}$$
$$= \lim_{\Delta x \to 0^-} \frac{y(x_h + \Delta x) - y(x_h)}{\Delta x} \quad (3\text{-}27)$$

通过现有的廓形可得最终直线固定段的方程表达式为

$$y_s = k_i x + (y_i - k_i x_i) \quad (3\text{-}28)$$

过点 G 作垂直于切点 G 的直线方程，且 $O_7(x_{r7}, y_{r7})$ 在该方程上，方程表达式为

$$y = -\frac{1}{k_g} x + y_g + \frac{1}{k_g} x_g \quad (3\text{-}29)$$

过点 G 作垂直于式（3-29）的垂直线，交点为点 P，方程表达式为

$$y = -\frac{1}{k_i} x + y_g + \frac{1}{k_i} x_g \quad (3\text{-}30)$$

联立式（3-29）和式（3-30），可求得交点 Q，联立式（3-29）和式（3-31），可求交点 P，因此可求得点 GP 长度 l_1 和点 QG 长度 l_2，通过相似三角形定理可知：

$$\frac{GP}{HO} = \frac{QG}{QO} \quad (3\text{-}31)$$

式中，HO 长度即为半径 r_7 的长度；QO 长度即为 QG 长度加半径 r_7 的长度，整理可得：

$$r_7 = \frac{1}{1/l_1 - 1/l_2} \quad (3\text{-}32)$$

通过式（3-30）、r_7 长度及 $G(x_g, y_g)$ 坐标可求得 $O_7(x_{r7}, y_{r7})$ 的坐标，公式为

$$x_{r7} = x_g + \frac{1}{\sqrt{(1+k_g^2)}} r_7 \qquad (3\text{-}33)$$

$$y_{r7} = y_g - \frac{k_g}{\sqrt{(1+k_g^2)}} r_7 \qquad (3\text{-}34)$$

通过式（3-33）和式（3-34）同理可得 $\widehat{GH}$ 的方程表达式为

$$y_7 = y_{r7} + \sqrt{x_7^2 - (x - x_{r7})^2} \qquad (3\text{-}35)$$

因此，可以用圆弧端点坐标 x_b、x_c、x_d、x_e、x_f、x_g、x_h 作为设计变量表示钢轨圆弧廓形，相较于以圆弧的圆心和半径作为变量的描述方法，本方法既减少优化求解的计算量，又能便捷移动优化区域可动点的位置，便于廓形的定向调整。

3.3 钢轨廓形三次 NURBS 描述方法

3.3.1 NURBS 曲线及性质

NURBS 方法是建立在 B 样条方法的基础之上，NURBS 具有一般样条函数所具有的分段光滑，在各段交接处具有一定光滑性等特点，且具有许多其他优良性质，如连续阶数可调、局部支撑性、递推性等。

NURBS（Non-Uniform Rational B-spline）曲线通常称为非均匀有理 B 样条曲线，一条 k 次 NURBS 曲线定义为

$$p(u) = \frac{\sum_{i=0}^{n} \omega_i d_i N_{i,k}(u)}{\sum_{i=0}^{n} \omega_i N_{i,k}(u)}, (0 \leqslant u \leqslant 1) \qquad (3\text{-}36)$$

式中，$\omega_i(i=0,1,\cdots,n)$ 称为权或权因子；$d_i(i=0,1,\cdots,n)$ 称为控制顶点；$N_{i,k}(u)$ 称为 k 次规范 B 样条基函数，它是由节点矢量 $U=[u_0,u_1,\cdots,u_{n+k+1}]$ 通过 Cox-de Boor 算法计算得出。Cox-de Boor 算法计算基函数可定义为

$$\begin{cases} N_{i,0} = \begin{cases} 1 & u \in [u_i, u_{i+1}] \\ 0 & u \notin [u_i, u_{i+1}] \end{cases} \\ N_{i,k}(u) = \dfrac{u - u_i}{u_{i+k+1} - u} N_{i,k-1}(u) + \dfrac{u_{i+k} - u}{u_{i+k} - u_{i+1}} N_{i+1,k-1}(u) \\ 约定 \dfrac{0}{0} = 0 \end{cases} \quad (3\text{-}37)$$

式中，$N_{i,k}(u)$ 的双下标中 k 表示次数，i 表示序号，欲确定第 i 个 k 次 NURBS 曲线基函数 $N_{i,k}(u)$，需要用 $u_i, u_{i+1}, \cdots, u_{i+k+1}$ 共 $k+2$ 个节点，区间 $[u_i, u_{i+k+1}]$ 称为 $N_{i,k}(u)$ 的支承区间，因此，曲线方程中相应 $n+1$ 个控制顶点 $d_i(i=0,1,\cdots,n)$ 对应 $n+1$ 个 k 次 NURBS 曲线基函数 $N_{i,k}(u)(i=0,1,\cdots,n)$。

对于 NURBS 开曲线，通常将曲线两端的节点重复度取为 $k+1$，因此有 $u_0 = u_1 = \cdots = u_k$，$u_{n+1} = u_{n+2} = \cdots = u_{n+k+1}$。这样取的目的是使 NURBS 曲线的两端点在通过控制多边形首末端点的同时保证与首末端点相切。在实际应用中节点矢量的端点值通常取 0 和 1，且在大多数工程实际应用中，端点值分别取 0 和 1，故曲线的定义域为 $u \in [u_k, u_{n+1}] = [0,1]$，故节点矢量 U 可定义为

$$U = \{\underbrace{0, \cdots, 0}_{k+1}, u_{k+1}, \cdots, u_{n-k-1}, \underbrace{1, \cdots, 1}_{k+1}\} \quad (3\text{-}38)$$

从上式中可以知道，确定一条 k 次的 NURBS 曲线，首先需要确定节点矢量 U、权因子 ω_i、控制点 d_i，给定这些参数，该算法能够直接、快捷地解得 NURBS 曲线上点。

令：

$$R_{i,k}(u) = \dfrac{\omega_i N_{i,k}(u)}{\sum\limits_{i=0}^{n} \omega_i N_{i,k}(u)} \quad (3\text{-}39)$$

$R_{i,k}(u)(i=0,1,\cdots,n)$ 称为 k 次有理基函数，那么式可等价于：

$$p(u) = \sum_{i=0}^{n} d_i R_{i,k}(u) \quad (3\text{-}40)$$

由基函数 $R_{i,k}(u)$ 的性质可以得到 NURBS 曲线具有以下一些重要的几何

特征：

（1）递推性：$p(0)=d_0$，$p(1)=d_n$。

（2）仿射不变性：对 NURBS 曲线进行仿射变换得到的仍然是 NURBS 曲线，并且新曲线的控制点可通过对原曲线的控制点应用该仿射变换得到。

（3）强凸包性：当全部权因子均为正值时，NURBS 曲线位于所有控制顶点的凸包并集内，如图 3-2 所示。

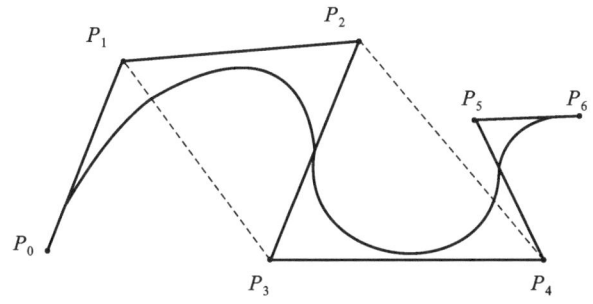

图 3-2 NURBS 曲线的凸包性

（4）可微性：$p(u)$ 在每个节点区间的内部是无限次可微的，在节点处 $k-r$ 次连续可微，其中 r 为节点重复度。

（5）局部支撑性：指在 NURBS 曲线上的任意一点 $p(u)$ 只由对应控制点 d_i 和该控制点的权因子 ω_i 决定，调整控制点和相应的权因子可实现曲线形状的局部修改，而与其他的控制点和权因子无关，可用有理基函数表示为

$$R_{i,k}(u)=0 \quad u \notin [u_i,u_{i+k+1}] \tag{3-41}$$

（6）权因子的影响特性：由上述局部支撑性可知，改变权因子 ω_i 的大小仅影响区间 $[u_i,u_{i+k+1}]$ 上的曲线形状，不会对其他位置造成影响。若改变其中一个权因子，而其余的权因子保持不变，那么会相应地得到一组不同的曲线，如图 3-3 所示。权因子 ω_i 的增减会对相应的控制点产生推拉效应，当 ω_i 增大时，NURBS 曲线就会朝相应的控制点 d_i 移动，而当 ω_i 减小时，曲线则会被逐渐推离相应的控制点 d_i，故通过合理设置权因子的大小能够调节 NURBS 曲线形状。

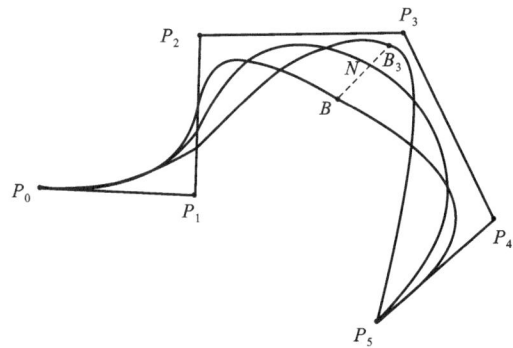

图 3-3 权因子对曲线的影响

3.3.2 NURBS 曲线构造钢轨的几何特性

在钢轨优化设计中，首先需要将钢轨廓形进行离散化，将离散出来的有限个离散点纵坐标作为设计变量，其次则采用 NURBS 曲线对离散点进行插值，构造钢轨的廓形曲线。NURBS 曲线主要有以下几何特性：

1. 局部性质

当 p_i 或者 ω_i 发生变化时，仅影响 $u \in [u_i, u_{i+p+1}]$ 区间的 i 值附近曲线。这样就可以通过改变 p_i 或者 ω_i 的大小来改变曲线局部位置的形状，而对整体曲线上其他点没有任何影响。针对钢轨廓形进行优化设计，需要对钢轨廓形局部形状进行大量的调整和修改。钢轨轨距角位置是钢轨磨耗和廓形变化最为明显的区域，对轮轨接触、轮轨匹配、列车安全和稳定运行有着巨大的影响。由于 NURBS 曲线拟合方法具有局部性，可以在不影响其他位置曲线特性的情况下对整个钢轨廓形进行重构，得到更新的钢轨廓形。NURBS 曲线的局部特性为钢轨型面的修改提供了非常便利的条件。

2. 严格的包凸性

当 $u \in [u_i, u_{i+p+1}]$ 时，$C(u)$ 在 $p_{i-k}, \cdots, p_i$ 内严格包凸（k 为 NURBS 曲线的次数）。在钢轨廓形设计的过程中，想要得到较好的轮轨接触，在接触过程中不出现两点接触，就需要要求车轮踏面和钢轨轨顶部分形成反共形接触，而钢轨轨距角部分和车轮的轮缘部分形成共形接触。钢轨的几何特性决定了钢轨曲线为严格的凸函数,那么 NURBS 的包凸性为钢轨型面的设计提供了便利的条件。

3. 几何连续性

通过修改权因子 w_i 可以改变钢轨廓形局部的外形曲线,改变权因子之后并不会影响其他区段的连接的光滑性。同时基于 NURBS 的端点斜率控制法,保证设计曲线两端的斜率大小不会改变。NURBS 曲线的几何连续性为钢轨曲线设计的光滑性和端点斜率控制提供了有利条件。

3.3.3 NURBS 曲线控制点的反算

在实际的工程问题中,通常是已知型值点,通过曲线反算求得最初控制点,并不断修改控制点来调节曲线形状,直到满足要求,以此来确定最优控制点。在本书中即已知钢轨廓形曲线上的有限个型值点来反求控制点,进而构造 NURBS 拟合曲线,曲线反算是构造拟合精度高的 NURBS 曲线的关键一步,曲线的反算通常包括以下三个过程:

1. 计算节点矢量

如果给定一组型值点 $P_i(i=0,1,2,\cdots,n)$,使一条三次 NURBS 曲线经过这些型值点,那么既要确保 NURBS 曲线的首末端点和两端型值点重合,又要确保 P_i 与节点 $u_{3+i}(i=0,1,2,\cdots,n)$ 一一对应,所以有必要参数化型值点,以便确定参数值 $u_{3+i}(i=0,1,2,\cdots,n)$。常用的参数化方法主要有均匀参数化法、积累弦长参数化法和向心参数化法,在本书中 通过积累弦长参数化法计算节点矢量,该方法在求解 NURBS 曲线的节点矢量方面效果较好,能够体现出型值点按弦长的分布状况,得到光顺性较优的曲线,适合实际工程问题的应用。

积累弦长参数满足:

$$\begin{cases} u_0 = 0 \\ u_i = u_{i-1} + |\Delta P_{i-1}| & i=i,2,\cdots,n \end{cases} \tag{3-42}$$

式中,ΔP_{i-1} 为向前差分矢量,$\Delta P_i = \Delta P_{i+1} - \Delta P_i$ 为弦长矢量。

通过该方法求解获得节点矢量 U 超出了区间[0, 1]，所以必须通过规范化处理使节点矢量在区间[0, 1]内，一般将两端节点的重复度设置成 4，并将节点值分别设置是 0 和 1，规范化处理如下：

$$\begin{cases} u_0 = u_1 = u_2 = u_3 = 0, \quad u_{n+3} = u_{n+4} = u_{n+5} = u_{n+6} = 1 \\ u_{i+3} = u_{i+2} + \dfrac{|p_i - p_{i-1}|}{\sum\limits_{i=1}^{n} p_i - p_{i-1}}, \quad i = 1, 2, \cdots, n-1 \end{cases} \quad (3\text{-}43)$$

2. 计算 NURBS 曲线两端边界条件

已知 $n+1$ 个型值点 $p_i(i=0,1,2,\cdots,n)$，需求出 $n+3$ 个控制点 $d_i(i=0,1,2,\cdots,n+2)$。由上式（3-43）可知，方程数为 $n+1$ 个，无法求出唯一解，故必须增加两个方程才能确定控制点。两个方程可由切矢条件给出，切矢条件主要是指首末端点的切点方向是不变的，即满足下式：

$$\begin{cases} d_1 - d_0 = \dfrac{\Delta_3}{3} p'_0 \\ d_{n+2} - d_{n+1} = \dfrac{\Delta_3}{3} p'_n \end{cases} \quad (3\text{-}44)$$

式中，$\Delta_i = u_{i+1} - u_i$；p'_0 和 p'_n 分别为首末端点切矢。

3. 反算 NURBS 曲线控制点

对于一条三次 NURBS 曲线，两端控制点也就是首末型值点，可得到以下线性方程组：

$$\begin{bmatrix} 1 & & & & & \\ a_2 & b_2 & c_2 & & & \\ & \cdot & \cdot & \cdot & & \\ & & \cdot & \cdot & \cdot & \\ & & & a_n & b_n & c_n \\ & & & & & 1 \end{bmatrix} \begin{bmatrix} d_1 \\ d_2 \\ \cdot \\ \cdot \\ d_n \\ d_{n+1} \end{bmatrix} = \begin{bmatrix} e_1 \\ e_2 \\ \cdot \\ \cdot \\ e_n \\ e_{n+1} \end{bmatrix} \quad (3\text{-}45)$$

令：$\Delta_i = u_{i+1} - u_i$，则上式中：

$$\begin{cases} a_i = \dfrac{(\Delta_{i+2})^2}{\Delta_i + \Delta_{i+1} + \Delta_{i+3}} \\ b_i = \dfrac{\Delta_{i+2}(\Delta_i + \Delta_{i+1})}{\Delta_i + \Delta_{i+1} + \Delta_{i+2}} + \dfrac{\Delta_{i+1}(\Delta_{i+2} + \Delta_{i+3})}{\Delta_{i+1} + \Delta_{i+2} + \Delta_{i+3}} \\ c_i = \dfrac{(\Delta_{i+2})^2}{\Delta_{i+1} + \Delta_{i+2} + \Delta_{i+3}} \\ e_1 = p_0 - \dfrac{\Delta_3}{3} p_0' \\ e_{n+1} = p_n - \dfrac{\Delta_{n+2}}{3} p_n' \\ e_i = (\Delta_{i+1} + \Delta_{i+2}) p_{i-1} \end{cases} \quad (3\text{-}46)$$

通过求解上述方程组，便可获得全部控制点。

3.3.4 钢轨廓形的三次 NURBS 拟合算例

根据钢轨廓形曲线特点，采取与曲率正比关联的方式选取钢轨上有限多个型值点，集成反求样条曲线的控制顶点坐标及权因子计算，建立钢轨廓形三次 NURBS 描述的通用方法，为钢轨廓形优化设计提供计算依据。

对钢轨廓形曲线的规律进行探究，发现钢轨廓形曲线的轨距角部分曲率变化较大，轨顶部分曲率变化较小，且钢轨轨距角部分的廓形对轮轨接触和钢轨磨耗问题都具有较大影响。于是在轨距角部分选取密集的型值点有利于钢轨廓形曲线整体精确地表达，在轨顶部分选取少量的型值点可以减小计算量，节约计算时间。考虑到钢轨廓形轨距角附近区域斜率变化比较大，轨顶部分曲率变化比较小，从控制计算量的角度出发密集轨距角附近区域的型值点。求解钢轨廓形曲线的曲率如图 3-4 所示。

对钢轨横坐标 $X = [-36, 36]$ mm 段的曲线采用离散化取点的方法进行取点。从图 3-5 中可以看出，钢轨廓形在 $X = [-35.5, -25.5] \cup [25.5, 35.5]$ mm 处斜率变化比较明显；在 $X = [-25.5, -13] \cup [13, 25.5]$ mm 内斜率变化比较缓慢；在 $X = [-13, 13]$ mm 内斜率基本没有变化。而在 $X = [-36, -35.5] \cup [35.5, 36]$ mm 内

是钢轨轨测部分,通过计算,斜率分别为 20 和-20。取的型值点与钢轨廓形曲线的斜率进行正比关联。这样做的目的是增加轨距角曲线部分的型值点的采样数量和采样频率,减小轨顶部分的采样数量和采样频率。对钢轨廓形曲线分别进行 $N=9,13,17$ 个型值点 3 种情况进行对比分析,从而确定型值点合适的个数。

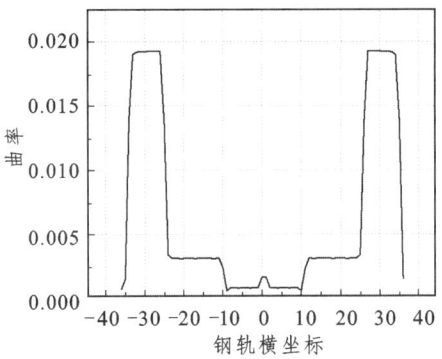

图 3-4 钢轨廓形曲线曲率

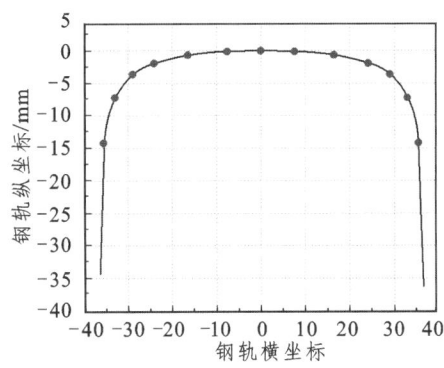

图 3-5 钢轨型值点分布图（$N=13$）

型值点的权因子反映此点在曲线的重要程度,如果权因子比较大,表明此型值点对附近点和曲线的影响比较大,反之亦然。同样的情况也适用于型值点权因子的设置,由于钢轨廓形轨距角部分对于轮轨匹配有着重要意义,轨距角部分的权因子设置相对来说比较大,而轨顶部分相对来说比较小,也即:

$$\omega_i \begin{cases} [0.9,1.0] & X=[-35.5,-25.5]\cup[25.5,35.5] \text{ mm} \\ [0.6,0.8] & X=[-25.5,-13]\cup[13,25.5] \text{ mm} \\ [0.5,0.7] & X=[-13,13] \text{ mm} \end{cases} \quad (3-47)$$

综上，设置某一型值点下不同的权因子大小，得到钢轨廓形曲线如图 3-6 所示。

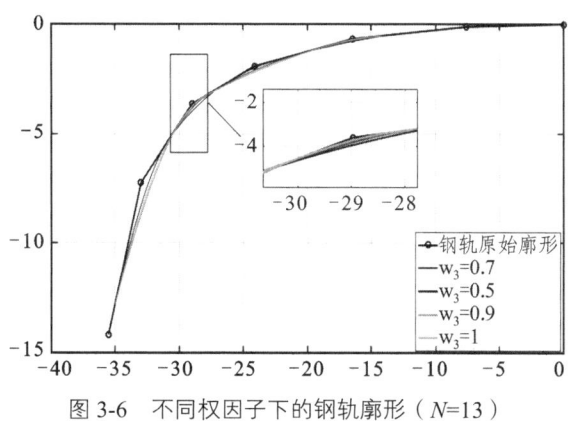

图 3-6 不同权因子下的钢轨廓形（$N=13$）

以标准 CHN60 钢轨为例，对其进行 $N=9, 13, 17$ 型值点三种情况下的 NURBS 拟合，在检验该方法可行性的同时，标准钢轨打磨廓形采用修正余弦相似度相关系数评价该拟合方法的有效性。

余弦相似度就是在向量空间中，使用两个向量之间的夹角作为衡量两个个体之间差异的度量，假设空间二维向量 $i(x_1,y_1)$ 和 $j(x_2,y_2)$，余弦相似度的表达式为式（3-48）。原理如图 3-7（a）所示。

$$s(i,j)=\frac{i\cdot j}{|i|\times|j|}=\frac{x_1x_2+y_1y_2}{\sqrt{x_1^2+y_1^2}\times\sqrt{x_2^2+y_2^2}} \quad (3-48)$$

如果向量为 n 维，而不只是二维，那么将式（3-48）推广到 n 维，如图 3-7（b）所示，对于 $i(x_1,x_2,\cdots,x_n)$ 和 $j(y_1,y_2,\cdots,y_n)$，其表达式为式（3-49）。

$$s(i,j)=\frac{i\cdot j}{|i|\times|j|}=\frac{\sum_{i=1}^{n}(x_i\times y_i)}{\sqrt{\sum_{i=1}^{n}(x_i)^2}\times\sqrt{\sum_{i=1}^{n}(y_i)^2}} \quad (3-49)$$

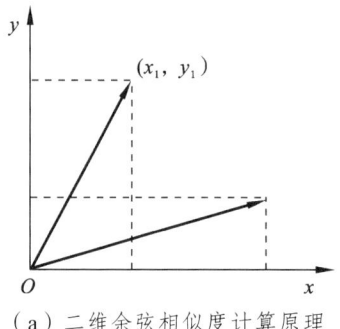 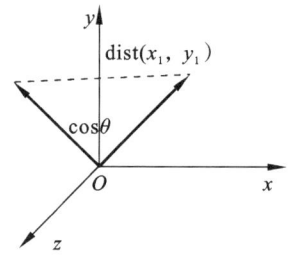

（a）二维余弦相似度计算原理　　　（b）多维余弦相似度计算原理

图 3-7　余弦相似度计算示意

但是余弦相关性仅考虑向量维度方向上的相似而没考虑到各个维度的量纲的差异性，于是采用修正余弦相似度，在计算相似度的时候，对每个维度进行修正，每个维度减去了均值。如式 3-50。

$$s(i,j) = \frac{\sum_{u \in U}(R_{u,i} - \overline{R_u})(R_{u,j} - \overline{R_u})}{\sqrt{\sum_{u \in U}(R_{u,i} - \overline{R_u})^2}\sqrt{\sum_{u \in U}(R_{u,j} - \overline{R_u})^2}} \quad (3-50)$$

根据上式,计算结果越接近 1,则表明两条曲线相关性比较大,反之亦然。结果如表 3-2 所示。

表 3-2　三次 NURBS 拟合 CHN60 钢轨结果

工况	型值点个数	相关系数
1	11	0.89
2	13	0.94
3	15	0.98

上述分析结果可知,NURBS 曲线拟合的钢轨廓形曲线与原曲线有着非常高的相似度,且型值点的个数越多,计算得到的拟合曲线和原始曲线的相似度越接近 1。同时计算也将变得更复杂,计算成本也相应提高。当 $N=11$ 时,由于型值点个数不够多,没有办法很好地拟合出原始廓形,所以 NURBS 拟合廓形与 CHN60 钢轨廓形的相关系数为 0.87。当 $N=15$ 时,拟合廓形与 CN60

钢轨廓形达到 0.98，拟合程度非常高。但是考虑计算所需时间和计算成本，综合考虑曲线的精确性及型值点个数对计算的效率影响，选择 $N=13$ 个型值点进行差值拟合。

根据以上几何特性，假设 CHN60 钢轨轨顶中心最高位置为 (0, 0) 点，对于 CHN60 钢轨轨头的起点 $A(-35.5,-14.21)$ 和 $B(35.5,14.21)$ 设置斜率为 20 和 -20，基于上述理论分析，选择 13 个型值点，将 CHN60 标准廓形采用三次 NURBS 曲线理论进行拟合，拟合主要参数型值点 p_i、反算的控制点 d_i 及对应的权因子如表 3-3 所示。

表 3-3 标准钢轨廓形三次 NURBS 参数化设计主要参数表

型值点坐标 p_i			权因子 ω		控制点坐标 d_i		
i	X_i	Y_i	i	w_i	i	X_i	Y_i
1	-35.50	-14.21	0	0.6	0	-37.26	-21.57
2	-32.96	-7.26	1	0.7	1	-32.33	-15.42
3	-28.96	-3.64	2	0.9	2	-33.66	-7.51
4	-24.09	-1.92	3	1.0	3	-29.25	-3.30
5	-16.43	-0.67	4	1.0	4	-23.24	-1.59
6	-7.59	-0.12	5	1.0	5	-16.09	-0.49
7	0.00	0.00	6	0.8	6	-8.01	-0.09
8	7.59	-0.12	7	0.8	7	0.00	0.04
9	16.43	-0.67	8	0.8	8	8.01	-0.08
10	24.09	-1.92	9	1.0	9	16.09	-0.52
11	28.96	-3.64	10	1.0	10	23.24	-1.59
12	32.96	-7.26	11	1.0	11	29.25	-3.30
13	35.50	-14.21	12	0.9	12	33.66	-7.51
			13	0.7	13	32.33	-15.42
			14	0.7	14	37.26	-21.57

标准 CHN60 钢轨廓形与三次 NURBS 曲线拟合廓形对比如图 3-8 所示。可以看出 NURBS 拟合钢轨廓形与标准钢轨廓形基本吻合,尤其是在我们比较关注的轨距角部分,拟合程度比较高,还原性较好。采取 NURBS 曲线描述钢轨型面具有良好的效果。

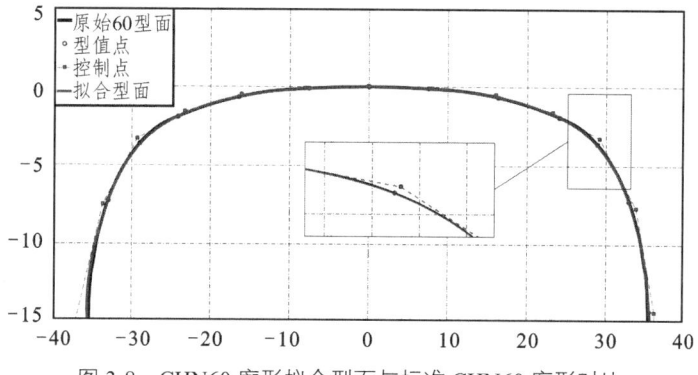

图 3-8 CHN60 廓形拟合型面与标准 CHN60 廓形对比

第 4 章

直线段钢轨打磨廓形优化设计

4.1 基本设计原则

目前，采用标准打磨型面打磨的线路，在不同位置上出现了不同程度、不同发展速度的钢轨磨耗问题。这就表明，传统的打磨方式、单一的钢轨打磨型面并不能完全地适用于不同的线路、车辆和运行条件。目前钢轨打磨技术已经从简单消除钢轨表面伤损的打磨方式向以控制钢轨伤损、提高轮轨接触关系为目标的预防性打磨转变。针对不同的线路条件设计不同的钢轨打磨廓形，有利于优化列车行车安全性、降低轮轨振动噪声、控制轮轨接触疲劳、降低磨耗和减缓裂纹扩展，同时延长钢轨使用寿命。

由于不同车辆采用的车轮踏面不同，导致轮轨接触状态存在较大差异，在不同载荷和轮轨接触条件下，使得钢轨的使用条件变得更加恶劣，从而加快钢轨表面缺陷及疲劳损伤的形成。直线段的钢轨磨耗主要集中在轨顶部分，容易产生剥离掉块等钢轨损伤，于是对于直线工况设计的钢轨打磨型面主要有以下几个方面：

（1）钢轨设计打磨廓形要与各个车轮踏面具有良好的轮轨接触性能和匹配性能，以保证在运行过程中与客车和货车的车轮都具有良好的轮轨接触状态。

（2）设计的钢轨打磨型面要减小钢轨打磨工作量，提高钢轨打磨效率。

（3）设计的钢轨打磨型面要提高直线动力学性能、减小钢轨磨耗，以延长钢轨使用寿命。

4.2 设计变量确认

首先需要选取钢轨的设计范围，轨顶和轨距角部分是重点关注的区域，假设 CHN60 钢轨规定中心最高位置为（0，0）点，那么设计型面的范围选取在 $x=[-35.5, 35.5]$ mm 之间的范围为设计廓形的范围。选取钢轨廓形上 $N=13$ 个型值点的纵坐标 $y_i=(i=1,2,\cdots,13)$ 为设计变量，采用上述三次 NURBS 钢轨廓形曲线的重构方法，以标准 60 轨型面的初始计算值输入。

4.3 目标函数

1. 磨耗钢轨打磨去除材料最少目标函数

选取某运营线路磨耗钢轨 $f_{worn60}(y)$ 型面，打磨成目标型面 $f_{gri60}(y)$ 与打磨成标准廓形相比，钢轨截面材料去除面积之差 $\Delta S(y)$ 减小，建立主目标函数如式（4-1）所示：

$$\begin{cases} \Delta S(y) = \Delta S_{gri}(y) - \Delta S_{T60}(y) \leqslant 0 \\ \Delta S_{gri60}(y) = | f_{worn60}(y) - f_{gri60}(y) | \\ \Delta S_{T60}(y) = | f_{worn60}(y) - f_{gri60}(y) | \end{cases} \quad (4\text{-}1)$$

式中，$\Delta S_{gri60}(y)$ 和 $\Delta S_{T60}(y)$ 分别为磨耗钢轨打磨成目标型面 $f_{gri60}(y)$ 与打磨成标准廓形后，钢轨截面材料去除的面积。

2. 降低轨道磨耗目标函数

基于列车轮轨磨耗特性，考察左右钢轨累计磨耗量，约束条件为

$$h_{\min}(y_i) = \frac{1}{s} \int_{t_0}^{t_1} (W_L(t) + W_R(t)) \mathrm{d}t \quad (4\text{-}2)$$

$$W_L(t) = \frac{\mu}{0.6} \times \frac{T_{xL} v_{xL} + T_{yL} v_{yL}}{A} \quad (4\text{-}3)$$

$$W_R(t) = \frac{\mu}{0.6} \times \frac{T_{xR} v_{xR} + T_{yR} v_{yR}}{A} \quad (4\text{-}4)$$

3. 横向力减小

$$f_{\min}(y_i) = \max\{| Q_L |, | Q_R |\} \quad (4\text{-}5)$$

式中，Q_L，Q_R 分别为一位轮对的轮轨横向力。

4.4 约束函数

在描述过程中，选择磨耗钢轨廓形的纵坐标统计量、曲线单调性、凹凸特性作为钢轨廓形曲线的几何约束条件。同时还选取脱轨系数作为约束条件。

1. 型值点的纵坐标范围约束条件

选取某运营线路磨耗钢轨统计型面和 CHN60 钢轨廓形作为设计变量的上下边界条件：

$$C_{\text{down}}(y_i) \leqslant y_i \leqslant C_{\text{up}}(y_i), \quad i \in (1, 2, \cdots, 13) \quad (4\text{-}6)$$

式中，$C_{\text{down}}(y_i)$，$C_{\text{up}}(y_i)$ 分别为钢轨磨耗统计型面和 CHN60 钢轨廓形，如图 4-1 所示。

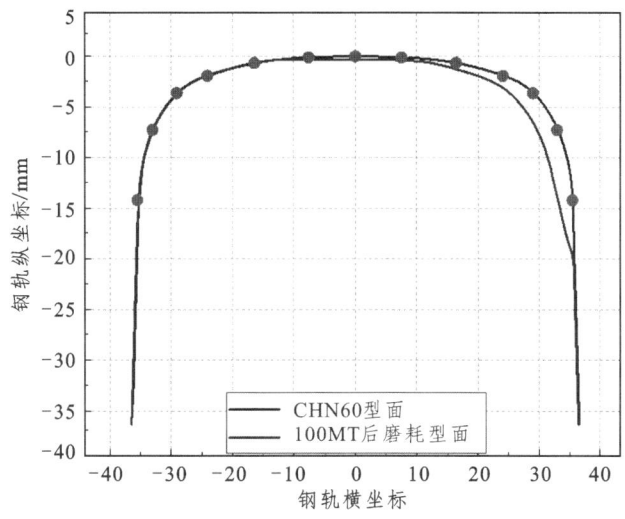

图 4-1 钢轨纵坐标上下界示意

2. 钢轨廓形曲线的单调性约束条件

对于钢轨的几何特性，可以发现，钢轨关于 $x=0$ 线对称，在 $x<0$ 时，单调递增，$x>0$ 时，单调递减。设计打磨钢轨廓形曲线函数为 $f_{\text{gri}60}(y)$，考虑钢轨廓形曲线具有左右对称特点，则目标钢轨廓形的单调性表示为

$$\begin{cases} [g[f'_{\text{gri}60}(y)]] < 0 \ i \in (1, \cdots, 6) \\ [g[f'_{\text{gri}60}(y)]] > 0 \ i \in (1, \cdots, 6) \end{cases} \quad (4\text{-}7)$$

3. 钢轨廓形曲线凹凸性约束条件

钢轨廓形曲线为凸曲线时，这就要求优化过程需要保证钢轨在整个优化

过程中生成的钢轨廓形曲线的图特性，所以对于钢轨廓形有限个点拟合而成的曲线的凹凸性为凸，也就是 $f''(x) \geqslant 0$。

设定型面曲线整体为凸的形式，约束条件为

$$g[f''_{\text{gri}60}(y)] \geqslant 0 \tag{4-8}$$

4. 脱轨系数约束函数

根据 Nadal 公式，建立脱轨系数约束函数为

$$f_d = \left(\frac{Q}{P}\right) \leqslant \frac{\tan\alpha_1 - \mu_1}{1 + \mu_1 \tan\alpha_1} \tag{4-9}$$

$$f_{d,\text{gri}60} = |rms - f_{d,T60}|_{\text{rms}} \leqslant 0 \tag{4-10}$$

式中，Q、P 为轮轨横向力和轮轨垂向力；α_1 为轮缘角，对脱轨系数取均方根值。

4.5 基于改进遗传算法的钢轨廓形优化计算

Persson, I. 等人和 Björn A. Pålsson 等人使用遗传算法对车轮型面和道岔廓形进行优化，李国庆基于遗传算法，与动力学软件相结合，对车轮踏面进行了优化。以上研究都只是采用了遗传算法进行求解计算，而没有对遗传算法本身进行改进和优化。基于以上研究，采用 Srinivas 提出的"自适应遗传算法"对交叉概率 P_d 和遗传概率 P_m 进行优化。

交叉是为了保护原有的优秀基因且产生新的寻优空间，交叉概率 P_d 取值越大，种群产生的速度越快，但是取值过大则会导致优秀染色体被破坏，求解能力降低。而变异是为了保证种群的多样性，防止算法产生局部收敛，遗传概率 P_m 取值越大，则种群的多样性越好，但是取值过大会导致算法变成随机算法，失去遗传算法的求解特性。经典的自适用算法中 P_d 和 P_m 的公式为

$$P_d = \begin{cases} P_{d\min} + \dfrac{(f_{\max} - f')(P_{d\max} - p_{d\min})}{f_{\max} - f_{\text{avg}}} & f' \leqslant f_{\text{avg}} \\ P_{d\max} & f' \leqslant f_{\text{avg}} \end{cases} \tag{4-11}$$

$$P_m = \begin{cases} P_{m\min} + \dfrac{(f_{\max} - f')(P_{m\max} - p_{m\min})}{f_{\max} - f_{\text{avg}}} & f \leqslant f_{\text{avg}} \\ P_{m\max} & f \leqslant f_{\text{avg}} \end{cases} \quad (4\text{-}12)$$

式中，$f_{\max}$、f_{avg} 分别为种群中的最大适应度和种群的平均适应度；f'、f 分别为交叉两个个体中较大的适应度和变异个体的适应度；$P_{d\max}$ 和 $P_{d\min}$ 分别为交叉概率的最大值和最小值；$P_{m\max}$ 和 $P_{m\min}$ 分别为变异概率的最大值和最小值。经典的自适应遗传算法的收敛标准为平均适应度和最大适应度的差 $f_{\max} - f_{\text{avg}}$，但是此收敛标准极易造成局部收敛而没有办法取得最优解。

经过计算发现，在求解计算的初期，为了加大群体的多样化程度和提高个体之间的竞争，需要较大的交叉概率和变异概率，这样就会产生更大种群和很多新的个体。随着进化次数的增加，计算结果逐渐靠近最优解的时候，需要降低交叉概率和变异概率，减小对优良个体的破坏和降低突变量。防止优良基因的丢失，加快收敛速度。于是本书提出了改进的自适应函数，如下式：

$$P_d = \begin{cases} P_{d\min} \times e^{\frac{f' - f_{\text{avg}}}{f_{\max} - f_{\text{avg}}}} & f' \leqslant f_{\text{avg}} \\ P_{d\max} & f' \leqslant f_{\text{avg}} \end{cases} \quad (4\text{-}13)$$

$$P_m = \begin{cases} P_{m\min} \times e^{\frac{f - f_{\text{avg}}}{f_{\max} - f_{\text{avg}}}} & f \leqslant f_{\text{avg}} \\ P_{m\max} & f \leqslant f_{\text{avg}} \end{cases} \quad (4\text{-}14)$$

按照此方法改进的遗传算法，提高了优秀个体的变异和交叉的概率，保留了优秀的染色体。降低陷入局部收敛的概率，更好地求解最优解。

为了测试本书改进的遗传算法在寻优精度、收敛概率和达到同样寻优精度所需的最小收敛代数等方面的性能是否有明显改善和是否具有一定的通用性，选取了2个典型的、具有一定复杂度的测试函数进行测试。

函数1：Rastrigin 测试函数

$$f(x_1, x_2) = x_1^2 + x_2^2 - 10\cos(2\pi x_1) - 10\cos(2\pi x_2) + 20 \quad (4\text{-}15)$$

此函数是一个二元的多峰函数，在 De Jong 函数的基础上增加了一个余弦调制传递函数来产生频繁的局部最小值。虽然有很多的局部最小值，但是只有一个全局最小值，在（0，0）处，其最小值为 0。且距离越远，函数值越大，其几何特征如图 4-2（a）所示。

函数 2：Griewank 函数

$$f(x_1,x_2)=\frac{(x_1^2+x_2^2)}{200}+\cos(x_1)\cos\left(\frac{x_2}{\sqrt{2}}\right)+1 \quad (4\text{-}16)$$

此函数有许多局部极小值，但是只有一个全局最小值。可以检测算法在计算过程中的局部收敛性对计算结果的影响。此函数在（0，0）处取得最小值，最小值为 0。其几何特征如图 4-2（b）所示。

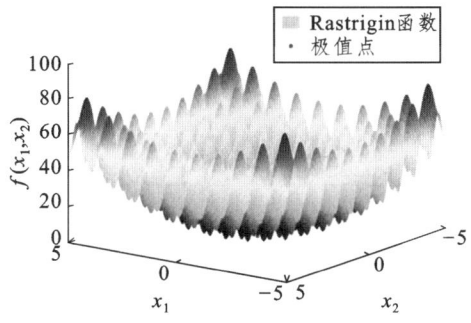

（a）Rastrigin 函数几何特征

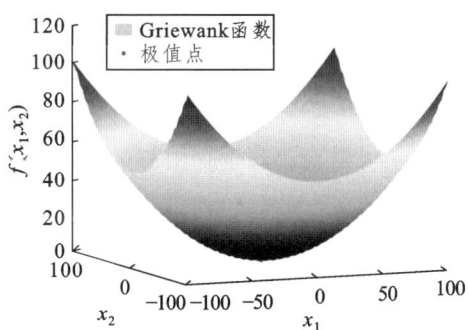

（b）Griewank 函数几何特征

图 4-2 测试函数图形及其极值点位置

经过对两个函数的分别计算，两个测试函数的收敛曲线如图 4-3 所示。

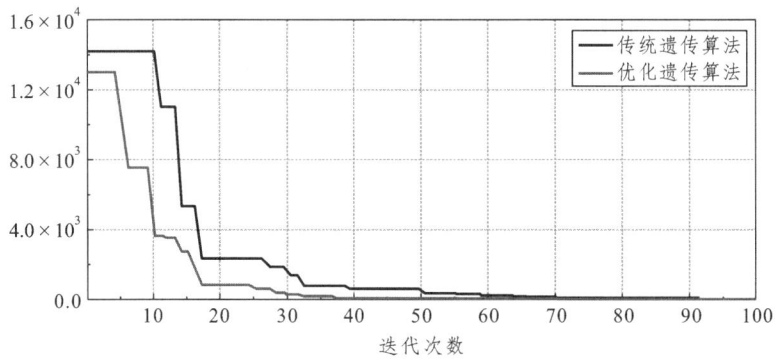

（a）Rastrigin 测试函数收敛曲线

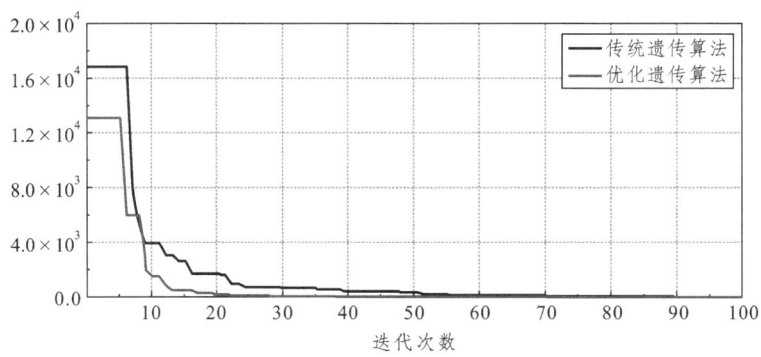

（b）Griewank 测试函数收敛曲线

图 4-3 两种遗传算法求解测试函数收敛曲线

由图 4-3 可知，对于 Rastrigin 函数，优化的遗传算法在第 36 代左右就非常接近最优值，而传统的遗传算法则在第 70 代左右才接近最优值。对于 Griewank 函数，优化的遗传算法在第 25 代左右就非常接近最优值，而传统的遗传算法则在第 70 代左右才接近最优值。由图可知，对于测试函数的求解，优化的遗传算法可以比传统遗传算法更快地收敛到全局最优位置，而且计算得到的最优适应度也更加接近全局最优值。

4.6 钢轨打磨廓形优化设计流程

4.6.1 优化设计流程

以 25T 客车和 C70 货车为研究对象，建立直线和曲线工况下的钢轨廓形优化算法对钢轨廓形进行优化设计。以标准 60 kg/m 的钢轨为输入廓形，按照曲线曲率取得 $N = 13$ 个离散坐标点作为型值点，采用 NURBS 曲线理论，建立钢轨廓形曲线重构方法。以 N 个型值点的横、纵坐标为设计变量，以减少打磨量、降低轮轨磨耗量和减小轮轨横向力为目标函数，以钢轨廓形的单调性、凹凸性、脱轨系数以及通过量为 100MT 的打磨廓形和标准 60 kg/m 的钢轨廓形为上下边界范围为约束条件，建立客货混跑钢轨廓形的多目标优化模型。采用改进的遗传算法对优化模型进行巡游计算，通过自编程序和多体动力学软件 UM 进行动力学分析验证，以获得良好的钢轨打磨廓形。流程如图 4-4 所示。

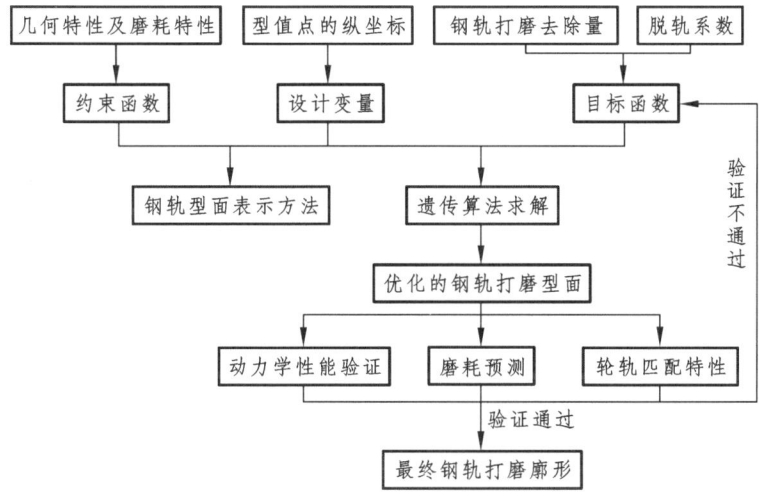

图 4-4 钢轨廓形多目标函数的遗传算法求解及钢轨型面验证流程

4.6.2 钢轨打磨廓形优化结果

过车辆-轨道耦合动力学模型及轮轨接触理论采用遗传算法进行计算，对标准钢轨打磨廓形进行型面优化设计，获得了直线段钢轨打磨廓形，设计钢轨打磨廓形与原标准钢轨打磨廓形对比如图 4-5 所示。对于直线设计钢轨打磨廓形在横坐标位置在 -36 ~ -30 mm 和 30 ~ 36 mm 内的轨距角范围内，设计钢轨打磨廓形廓形的纵坐标较小，曲线斜率变化稍快。横坐标在 -15 ~ 15 mm 的轨顶范围内，两曲线变化均平缓，斜率基本相同。

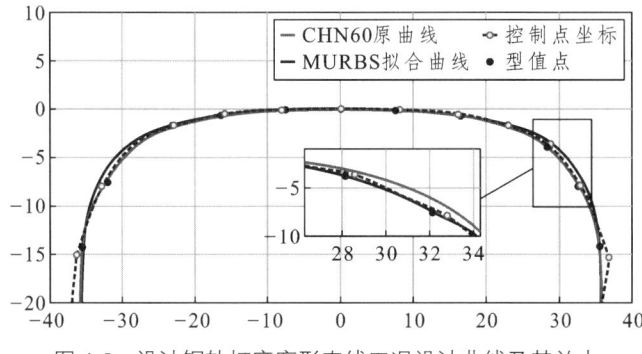

图 4-5 设计钢轨打磨廓形直线工况设计曲线及其放大

计算收敛性的曲线如图 4-6 所示,发现在寻优求解过程中,在 50 代开始收敛,在 130 代之后。

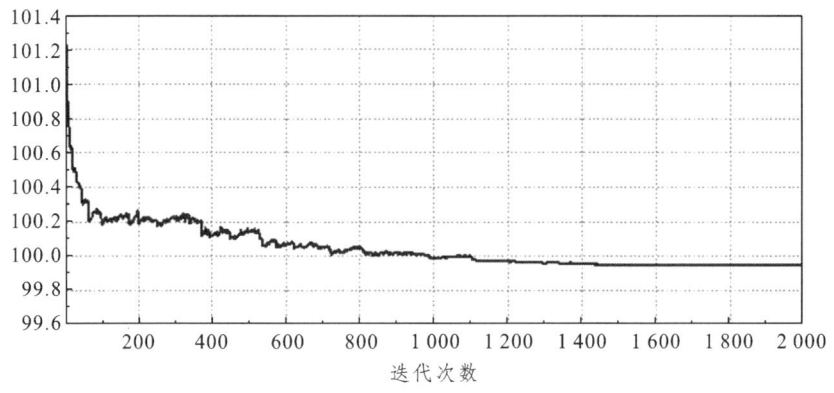

图 4-6 遗传算法求解结果

在上述计算条件下,仿真 5 km 线路,根据实测激扰,钢轨型面优化 1 280 代获得优解,求解耗时 35 894 s,也就是 9.97 h。

4.7 钢轨打磨廓形对机车车辆动力学性能的影响

4.7.1 钢轨打磨廓形对车辆平稳性的影响

根据我国国家标准《机车车辆动力学性能评定及试验鉴定规范》(GB/T 5599—2019)和《铁道机车动力学性能试验鉴定方法及评定标准》(TB/T 2360—1993)的要求,车辆运行平稳性主要由平稳性指标来评价。结合第四章介绍的客车和货车平稳性计算方法，得到客车、货车平稳性指标对比如图4-7所示。

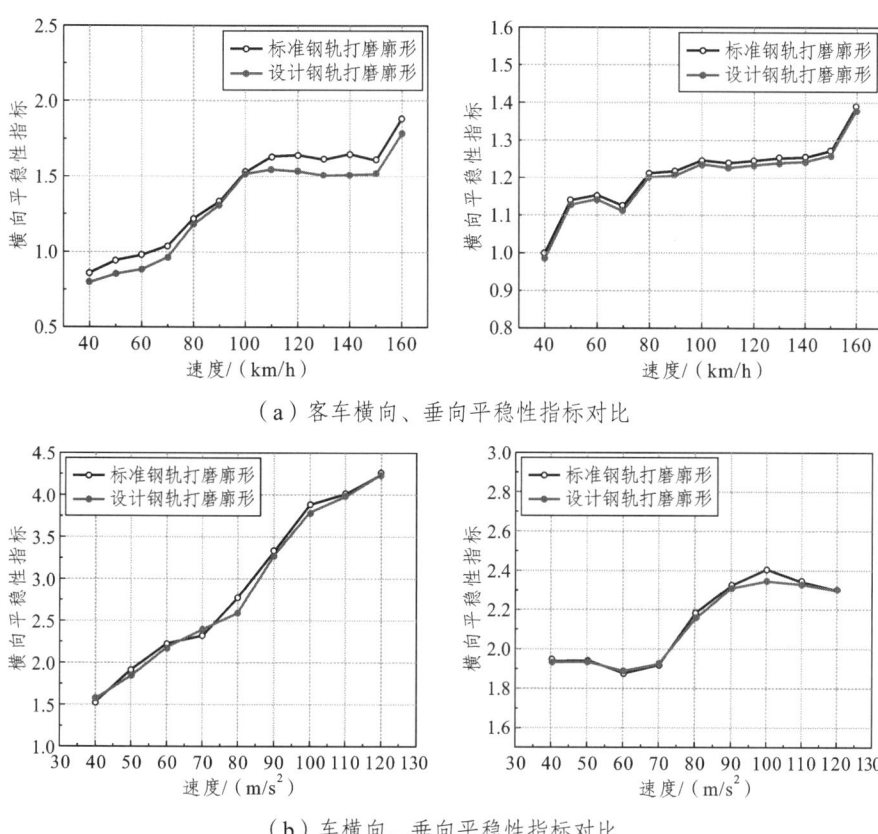

（a）客车横向、垂向平稳性指标对比

（b）车横向、垂向平稳性指标对比

图4-7 不同钢轨打磨廓形下客车和货车横向、垂向平稳性指标对比

（1）客车和货车在标准打磨廓形和设计打磨廓形下横向平稳性指标随速度的增大而增加，且在各个速度工况下评定指标最大值均满足标准要求。

（2）客车和货车的横向平稳性指标在设计打磨廓形下相对于标准打磨廓形均有所降低，其中客车横向平稳性指标降低幅度为1.0%~9.8%，货车的横向平稳性指标降低幅度为0.4%~4.8%。表明设计打磨廓形在直线工况下可以小幅度减小车辆横向运行平稳性。

（3）无论钢轨廓形是标准打磨廓形还是设计打磨廓形，客车和货车的垂向平稳性指标在变化前后几乎没有变化，说明设计钢轨打磨廓形对列车垂向平稳性指标基本没有影响，且客车和货车垂向平稳性指标满足标准要求。

4.7.2 钢轨打磨廓形对车辆轮轨力的影响

轮轨间的作用力主要分为轮轨横向力、轮轨垂向力，图4-8所示为不同钢轨打磨廓形下机车车辆在直线上运行时一位轮对左轮的轮轨横向力和轮轨垂向力的对比。

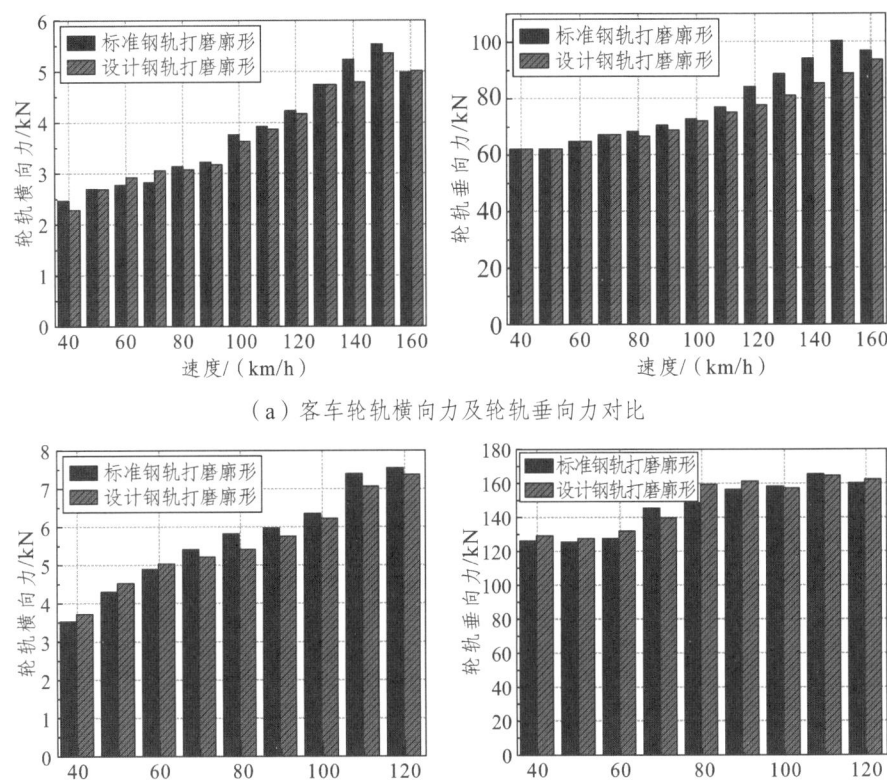

（a）客车轮轨横向力及轮轨垂向力对比

（b）货车轮轨横向力及轮轨垂向力对比

图4-8 不同钢轨打磨廓形下客车、货车轮轨横向力及轮轨垂向力对比

根据图4-8可以发现：

（1）客车和货车的在标准钢轨打磨廓形和设计打磨廓形下，轮轨横向力、轮轨垂向力都会随着速度的增加而增大，改变钢轨打磨廓形后趋势没有产生变化。

（2）轮轨横向力的增幅比较明显，轮轨垂向力的增幅较小，表明钢轨打磨廓形的变化对轮轨横向力影响较大，对轮轨垂向力的影响较小。

（3）客车和货车在设计钢轨打磨廓形下的轮轨横向力相较于标准打磨廓形均有所降低，客车轮轨横向力最大降低了 8.9%，货车轮轨横向力最大降低了 7.3%。表明设计钢轨打磨廓形可以减小轮轨横向力，提高曲线通过能力。

4.7.3 钢轨打磨廓形对轮重减载率的影响

采用标准钢轨打磨廓形和采用设计钢轨打磨廓形的客车和货车轮重减载率对比如图 4-9 所示。

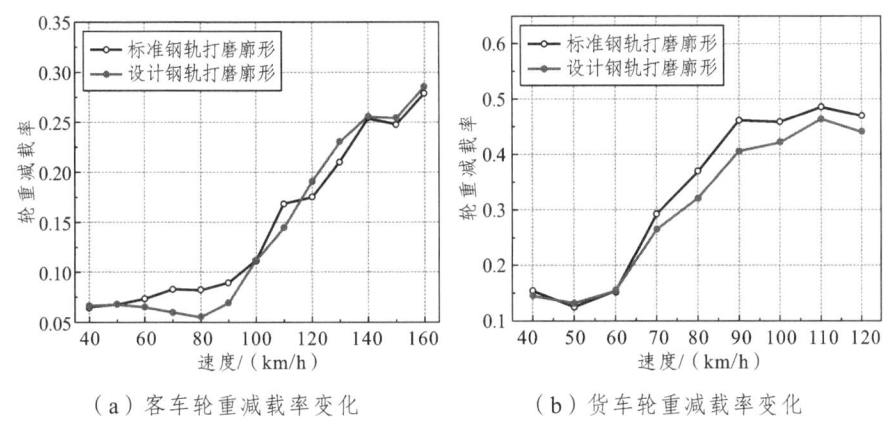

（a）客车轮重减载率变化　　　　（b）货车轮重减载率变化

图 4-9　不同钢轨打磨廓形下客车、货车轮重减载率变化对比

由图 4-9 可知，采用设计钢轨打磨廓形后，货车的轮重减载率最大降低了 12.8%，客车的轮重减载率在低速区段，也就是在 60~90 km/h 的工况下，降低比较明显。但是在速度增加之后，轮重减载率的变化不大。表明设计钢轨打磨廓形对机车车辆在直线上运行时的轮重减载率影响较小。

4.7.4 钢轨打磨廓形对脱轨系数的影响

车辆在直线上采用标准钢轨打磨廓形和设计打磨廓形的最大脱轨系数及客车 160 km/h 工况下、货车 120 km/h 工况下的脱轨系数的概率统计分布如图 4-10 和图 4-11 所示。基于统计学原理计算得到脱轨系数在某一大小下的分布概率。图中纵坐标表示该车辆通过直线过程中在高于当前横坐标下脱轨系数的出现次数所占总脱轨系数出现次数的比例。

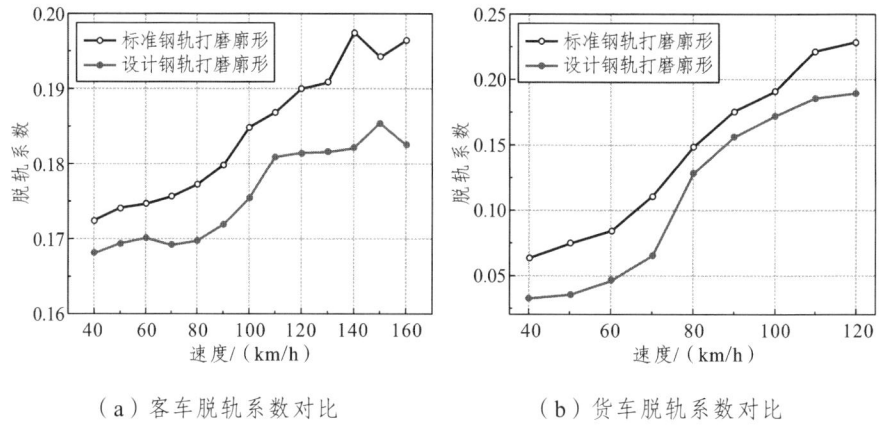

（a）客车脱轨系数对比　　　　（b）货车脱轨系数对比

图 4-10　不同钢轨打磨廓形下客车、货车脱轨系数对比

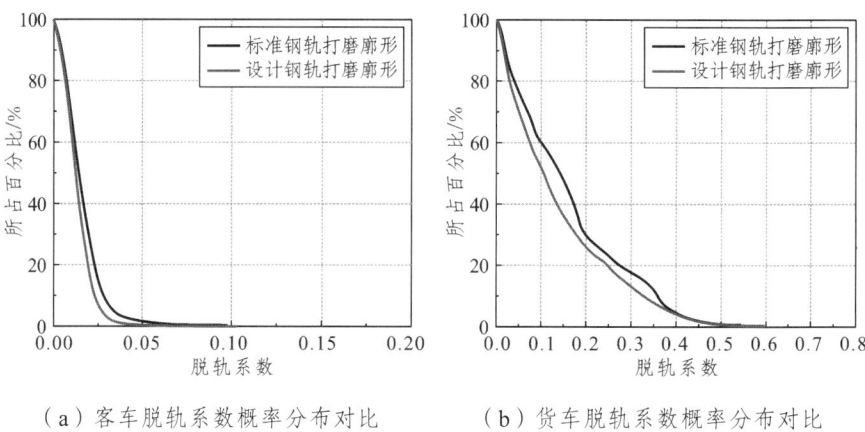

（a）客车脱轨系数概率分布对比　　　（b）货车脱轨系数概率分布对比

图 4-11　不同钢轨打磨廓形下客车、货车脱轨系数概率分布对比

从图中可以看出，相对于标准钢轨打磨廓形，客车和货车在设计钢轨打磨廓形下的最大脱轨系数在所有速度级下都有所减小，且设计钢轨打磨廓形下的脱轨系数概率分布曲线向下移动，同时坡度变陡。表明客车在 160 km/h 工况下和货车在 120 km/h 工况下，出现较大脱轨系数的概率总体降低，设计的钢轨打磨廓形对直线上运行的客车和货车车辆脱轨系数具有较明显的改善。

第 5 章

曲线段钢轨廓形 NURBS 设计方法

重载货运线路中曲线区段钢轨磨耗的打磨方法直接影响钢轨的服役寿命及列车运行安全。由于理论研究设计多为单一的钢轨打磨目标廓形，结合工程实际，各铁路局采取钢轨打磨方法也多为在入出缓和曲线和恒定半径曲线区段采取一致的打磨模式，传统方法大多依靠使用单一的目标廓形进行打磨操作，缺少考虑某些曲线钢轨廓形曲率变化较快的特殊区段，由于这些区段没有确切的多种打磨目标廓形，钢轨打磨作业人员往往也需要自己的工作经验去调整一些特殊路段的不同区段钢轨打磨参数，造成较大的打磨误差和打磨成本。因此，基于实测的大秦重载铁路曲线区钢轨磨耗廓形，设计曲线区个性化钢轨打磨目标廓形，能够满足一些特殊铁路曲线不同区段的打磨需求，以达到减少钢轨打磨成本，延长钢轨使用寿命的目的。

5.1 曲线区钢轨廓形

以我国大秦线货车重载线路曲线区外轨实测磨耗廓形、传统常用单一打磨廓形作为研究对象，建立缓和曲线及恒定半径曲线段的磨耗钢轨打磨廓形的多目标函数，设计采用三次 NURBS 曲线理论的钢轨平滑设计方法，构建钢轨廓形描述模型。

选取曲线半径为 800 m 的曲线地段，以 50 m 为间隔距离进行测量点标定，采用 Miniprof 型面测量仪对我国大秦线货车重载线路小半径曲线段外轨 75 kg/m 磨耗钢轨型面及 LM 磨耗型标准踏面进行数据采集，实测磨耗钢轨廓形数据统计如图 5-1 所示。

可以观察到外轨恒定半径曲线段磨耗大于缓和曲线段。实测曲线外轨磨耗区域主要集中在轨距角附近，其中缓和曲线段磨耗范围主要集中在 $[-25,30]$ mm 内，钢轨内侧存在较均匀的磨耗，中心线位置对应钢轨垂磨深度 D_{trans} 为 4 mm，轨距角位置法向最大垂磨 $D_{cons-cor}$ 为 5 mm；恒定半径曲线段磨耗范围主要集中在 $[-25,35]$ mm 内，中心线位置对应钢轨垂磨深度 D_{cons} 达到 6 mm，轨距角位置存在严重的磨耗，轨距角处廓形对应切线法向最大垂直磨耗深度 $D_{cons-cor}$ 达到 11 mm，侧面磨耗严重导致服役钢轨提前换轨。

第 5 章 曲线段钢轨廓形 NURBS 设计方法

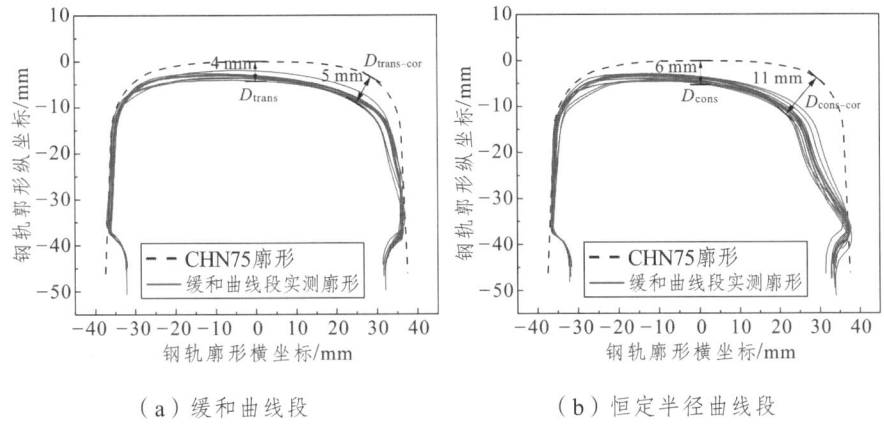

（a）缓和曲线段

（b）恒定半径曲线段

图 5-1 实测曲线外轨不同区段实测廓形

5.1.1 钢轨代表廓形算法

以选取的大秦线货车重载线路曲线不同区段磨耗外轨廓形作为研究代表廓形，采用弗雷歇距离算法，选取最具代表性的磨耗钢轨廓形作为打磨廓形设计的输入条件。图 5-2 所示为弗雷歇距离法求解钢轨代表廓形。

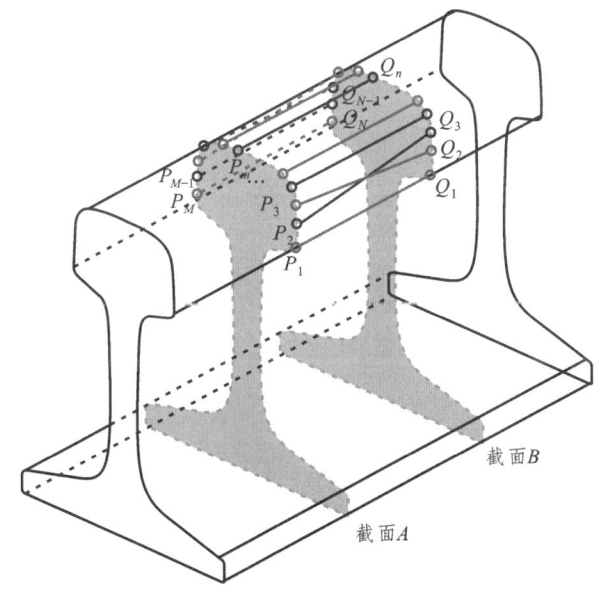

图 5-2 弗雷歇距离法求解钢轨代表廓形

073

下面给出基于弗雷歇距离法求解实测曲线不同区段钢轨代表廓形的算法流程：

（1）对于曲线区段实测磨耗钢轨廓形，任取其中两个磨耗钢轨廓形截面，分别为钢轨截面 A、截面 B，将两个截面进行离散化表示，可由下式定义：

$$G(A)=(P_1,P_2,\cdots,P_m,\cdots,P_M) \quad (5\text{-}1)$$

$$G(B)=(Q_1,Q_2,\cdots,Q_n,\cdots,Q_N) \quad (5\text{-}2)$$

式中，P_m、Q_n 分别表示钢轨截面 A、截面 B 上的离散点，$P_1=(x_1,y_1)$，$P_2=(x_2,y_2)$，…，$P_m=(x_m,y_m)$，…，$P_M=(x_M,y_M)$，$M\in[1,100]$；$Q_1=(x'_1,y'_1)$，$Q_2=(x'_2,y'_2)$，…，$Q_n=(x'_n,y'_n)$，…，$Q_N=(x'_N,y'_N)$，$N\in[1,100]$。

（2）分别计算钢轨截面 A、截面 B 上各离散点之间的距离，曲线外轨缓和曲线区段及恒定半径曲线区段各采集钢轨廓形数据10个截面，可以得到90个距离矩阵 D，可由下式定义：

$$d_{m,n}=[(x_m-x'_n)^2+(y_m-y'_n)^2]^{\frac{1}{2}} \quad (5\text{-}3)$$

$$D=\begin{pmatrix} d_{11} & \cdots & d_{1n} & \cdots & d_{1N} \\ \vdots & & \vdots & & \vdots \\ d_{m1} & \cdots & d_{mn} & \cdots & d_{mN} \\ \vdots & & \vdots & & \vdots \\ d_{M1} & \cdots & d_{Mn} & \cdots & d_{MN} \end{pmatrix} \quad (5\text{-}4)$$

（3）输出距离矩阵 D 中的最大距离 $d_{\max}$、最小距离 $d_{\min}$，初始目标距离 $\chi=d_{\min}$，设置距离增量 σ，可由下式定义：

$$\sigma=\frac{d_{\max}-d_{\min}}{100} \quad (5\text{-}5)$$

（4）将初始化目标距离为 d_{min} 作为判断条件，将距离矩阵 D 中大于 d_{min} 的值设置为 0，小于等于 d_{min} 的值设置为 1，进行二值化处理，得到二值矩阵 D'：

$$D' = \begin{pmatrix} d'_{11} & \cdots & d'_{1n} & \cdots & d'_{1N} \\ \vdots & & \vdots & & \vdots \\ d'_{m1} & \cdots & d'_{mn} & \cdots & d'_{mN} \\ \vdots & & \vdots & & \vdots \\ d'_{M1} & \cdots & d'_{Mn} & \cdots & d'_{MN} \end{pmatrix} \tag{5-6}$$

$$d'_{mn} = \begin{cases} 1, & d' \leq \chi \\ 0, & d' > \chi \end{cases} \tag{5-7}$$

（5）将二值距离矩阵 D' 中满足条件的数值确定起点为 d'_{11}，终点为 d'_{mn} 的一条路径 R，且当路径 R 通过路径点 d'_{mn} 时，其他路径点只能从路径点 $d'_{(m+1)n}$、$d'_{m(n+1)}$、$d'_{(m+1)(n+1)}$ 中选择通过，此时存在路径 R，可由下式定义：

$$R = \{d'_{11}, \cdots, d'_{mn}, \cdots, d'_{MN}\} \tag{5-8}$$

$$d'_{11} = \cdots = d'_{mn} = d'_{(m+1)(n+1)} = \cdots = d'_{MN} = 1 \tag{5-9}$$

（6）若路径 R 存在，则将满足条件的两个磨耗钢轨廓形截面之间的距离设置输出为弗雷歇距离 f；若路径 R 不存在，初始目标距离为 $\chi = d_{min} + \sigma$，重新对距离矩阵 D 进行二值化处理。两个任意的磨耗钢轨廓形截面的弗雷歇距离 f 可由下式定义：

$$f_{sum} = \sum_{i=1}^{Z} f_{ik} \tag{5-10}$$

式中，i、k 表示实测磨耗钢轨廓形截面编号，$i \in [1,10]$，$k \in [1,10]$；Z 表示实测磨耗钢轨廓形截面数量，$Z = 10$。

5.1.2 钢轨代表廓形选取

根据上述弗雷歇距离算法，分别计算曲线区段实测缓和曲线区段磨耗钢轨廓形截面和恒定半径曲线区段磨耗钢轨廓形截面，得到的弗雷歇距离 f 分别为

$$f_{\text{trans}} = \{6.83, 6.94, 6.63, 6.67, 6.26, 6.21, 6.26, 6.19, 6.24, 6.13\} \quad (5\text{-}11)$$

$$f_{\text{cons}} = \{6.15, 6.17, 6.19, 6.16, 6.12, 6.31, 6.35, 6.24, 6.29, 6.27\} \quad (5\text{-}12)$$

由计算结果可以知道，曲线区段实测缓和曲线区段磨耗钢轨廓形截面的最终弗雷歇最小距离为 6.13，恒定半径曲线区段磨耗钢轨廓形截面的最终弗雷歇最小距离为 6.12。如图 5-3 所示，选取大秦线货车重载线路曲线不同区段磨耗外轨廓形作为研究代表廓形，包括标准 75 kg/m 钢轨廓形、缓和曲线段实测磨耗廓形 $R_{\text{trans-wear}}$、恒定半径曲线段实测磨耗廓形 $R_{\text{trans-wear}}$ 及传统常用采用单一打磨廓形 $R_{\text{trans-wear}}$。以上节中所建立的优化设计模型进行曲线区钢轨打磨目标廓形设计。

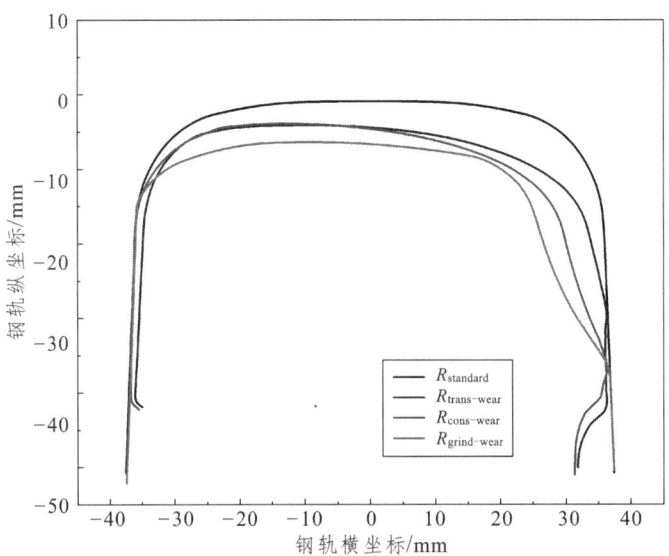

图 5-3 曲线不同区段磨耗外轨廓形

5.2 曲线区钢轨打磨目标廓形优化模型

5.2.1 目标函数

1. 减少钢轨材料打磨去除量的目标函数

$$S(x)_{\min} = \int_a^b f_{R_{\text{origin}}}(x)\mathrm{d}x - \int_a^b f_{R_{\text{rebuild}}}(x)\mathrm{d}x \tag{5-13}$$

$$G(x)_{\min} = g_{i,\text{origin}}(x) - g_{i,\text{rebuild}}(x) \leqslant 0 \tag{5-14}$$

式中，$\int_a^b f_{R_{\text{origin}}}(x)\mathrm{d}x$、$\int_a^b f_{R_{\text{rebuild}}}(x)\mathrm{d}x$ 分别表示初始钢轨廓形及重构钢轨廓形在可行域区间 $[a,b] \in [-39.99, 39.99]$ 与直线 $y=0$ 所围成的面积，设计要求 $S(x)_{\min}$ 尽可能小，即钢轨打磨材料去除量最小；$g_{i,\text{origin}}(x)$、$g_{i,\text{rebuild}}(x)$ 分别表示初始钢轨廓形及重构钢轨廓形第 i 个控制点 d_i 在可行域内所对应的纵坐标值，设计要求 $G(x)_{\min}$ 尽可能小，以保证拟合精度。

2. 改善轮轨接触几何关系的目标函数

将钢轨曲线离散化，在进行三次 NURBS 曲线优化迭代过程中，采用迹线法求解轮轨间接触点。优化设计原则应保证，NURBS 曲线重构廓型曲线的轮轨接触几何无限接近于"标准 75 kg/m 钢轨"的轮轨接触几何，且保证轮轨接触均匀程度明显改善。

采用迹线法求解轮轨接触几何关系时，需要导入车轮、钢轨离散点，给定轮对横移量 $y_i(i=1,2,\cdots)$，将轨道下移 600 mm，确定初始化横移量 y_0，求出轮轨廓形垂直距离 z_0，变换不同的轮对横移量 y_i，得到不同的垂直距离 z_i，且确定轮轨廓形最小垂直距离 $z_{\min}$，通过比较左轮轨廓形最小垂直距离 $z_{L\min}$，右轮轨廓形最小垂直距离 $z_{R\min}$ 是否在容差范围内，从而确定轮轨接触点的位置。

优化迭代过程给定一极小的容差范围 ε，一般取为 $10^{-4} \sim 10^{-3}$ mm，当满足下式（5-15），即停止迭代，此时左右轮轨间距离为最小垂直距离 $z_{\min}$，且输出左右轮轨横坐标 $y_{L\min}$、$y_{R\min}$。

$$|z_{L\min}-z_{R\min}|<\varepsilon \qquad (5\text{-}15)$$

若不满足公式（5-15），则需要通过修正轮对侧滚角 ϕ_w，调整轮对相对位置，使之再次满足公式（5-15）中的轮轨关系，再次进行轮对横移迭代，修正轮对侧滚角 ϕ_w 需逆时针旋转一个角度 θ，且满足下式：

$$\theta_K = \theta_K - \left|\frac{z_{L\min}-z_{R\min}}{y_{L,i}-y_{R,i}}\right| \qquad (5\text{-}16)$$

式中，$y_{L,i}$、$y_{R,i}$ 分别表示左右轮轨接触点到定义坐标轴的距离。

最后迭代停止后，修正的轮对侧滚角 ϕ_w 可由下式定义：

$$\phi_w = \phi_{w_0} + \sum_{1}^{K}\theta_i \qquad (5\text{-}17)$$

式中，K 为迭代次数；ϕ_{w_0} 为初始轮对侧滚角；ϕ_w 为经过修正后的轮对侧滚角。

在轮轨接触几何关系中，左右车轮的接触角（接触点处的切线与轮对中心线之间的夹角）δ_L、δ_R 可由下式定义：

$$\delta_L = \arctan\frac{d}{dy}[W_{L(y_{L\min})}]-\theta_K \qquad (5\text{-}18)$$

$$\delta_R = \arctan\frac{d}{dy}[W_{L(y_{R\min})}]-\theta_K \qquad (5\text{-}19)$$

左右车轮踏面接触点的曲率半径 ρ_{W_L}、ρ_{W_R}，钢轨接触点的曲率半径 ρ_{R_L}、ρ_{R_R} 可由下式定义：

$$\rho_{W_L}=\rho_{R_L}=\frac{\left\{1+\left(\dfrac{d}{dy}[W_{L(y_{L\min})}]\right)^2\right\}^{3/2}}{\dfrac{d^2}{dy^2}[W_{L(y_{L\min})}]} \qquad (5\text{-}20)$$

$$\rho_{W_R}=\rho_{R_R}=\frac{\left\{1+\left(\dfrac{d}{dy}[W_{L(y_{R\min})}]\right)^2\right\}^{3/2}}{\dfrac{d^2}{dy^2}[W_{L(y_{R\min})}]} \qquad (5\text{-}21)$$

在轮轨接触几何关系求解过程中，规定整体坐标系原点 O 为轮对处于对中位置时的中心线处，车轮前进方向为整体坐标系 x 轴，左轮指向右轮为整体坐标系 y 轴，z 轴满足右手定则；规定轮轨局部坐标系原点 O' 为轨顶面中心点向下 14 mm 与车轮轮缘内侧面交点处，内轨指向外轨为局部坐标系 x 轴，局部坐标系 y 轴与整体坐标系 z 轴平行。定义轮对中心线为 $O\eta$、侧滚角 ϕ、摇头角 φ、轮轨接触角 δ，以左侧轮轨接触为例，则轮轨接触点的坐标可由下式定义：

$$x_c = -\cos\theta\sin\varphi(\eta_L - R_R\tan\delta_L) \quad (5\text{-}22)$$

$$y_c = \cos\theta\cos\varphi a + \sin\theta b \quad (5\text{-}23)$$

$$z_c = -\sin\theta a + \cos\theta\cos\varphi b \quad (5\text{-}24)$$

式中，参数 a、b 可由下式定义：

$$a = \eta_L + R_L\tan\delta_L\cos^2\theta\sin^2\varphi/(\cos^2\theta\cos^2\varphi + \sin^2\theta) \quad (5\text{-}25)$$

$$b = R_L\sqrt{\cos^2\theta\cos^2\varphi + \sin^2\theta - \cos^2\theta\sin^2\varphi\tan^2\delta_L}/(\cos^2\theta\cos^2\varphi + \sin^2\theta) \quad (5\text{-}26)$$

式中，R_L 为车轮滚动圆半径，可由左右轮轨横坐标 $y_{L\min}$、$y_{R\min}$ 定义。

在求解出轮轨间接触点坐标后，计算钢轨上最远两个接触点横坐标 x_{c1}、x_{cn} 的差值，并以此作为接触区间 L_{contact}，可由下式定义：

$$L_{\text{contact}} = x_{ci} - x_{c1}, (i\in[1,n]) \quad (5\text{-}27)$$

该区间内的所有接触点投影到该区间上，设置接触容差 τ，取 $\tau=1$ mm，并统计该区间内所有接触点的有效接触长度 l_c，计算出轮轨接触点密度 ρ_c。

相邻两接触点横坐标差值应满足下式：

$$l_{cn} = x_{i+1} - x_i < \tau, (i\in[1,n]) \quad (5\text{-}28)$$

轮轨接触点密度 ρ_c 可由下式定义：

$$\rho_c = \frac{l_{c1} + l_{c2} + \cdots + l_{ci}}{x_{ci} - x_{c1}} = \frac{\sum_{i=1}^{n}l_{ci}}{L_{\text{contact}}}, (i\in[1,n]) \quad (5\text{-}29)$$

NURBS 曲线重构后的轮轨接触几何关系应满足下式：

$$\rho_{c\_wear} < \rho_{c\_rebuild} \tag{5-30}$$

式中，ρ_{c_wear} 表示初始磨耗钢轨廓形轮轨接触点密度；$\rho_{c\_rebuild}$ 表示 NURBS 曲线重构后的打磨钢轨廓形轮轨接触点密度；$\rho_{c\_standard}$ 表示标准 75 kg/m 钢轨廓形轮轨接触点密度。

图 5-4 所示为计算轮轨接触几何程序流程。

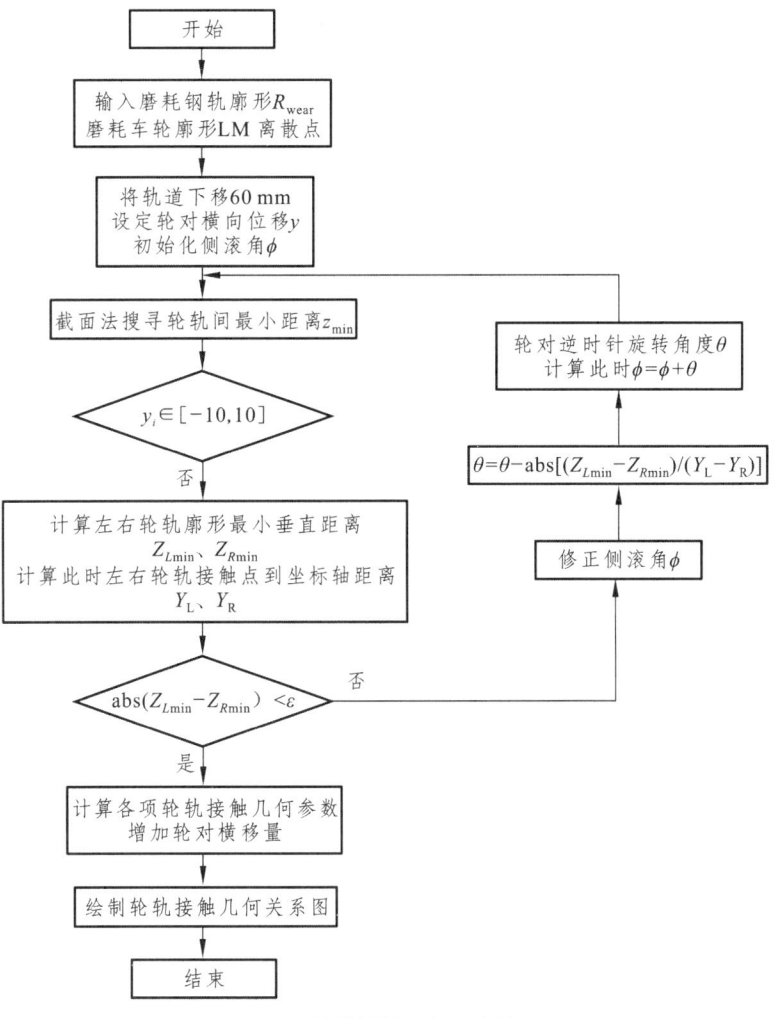

图 5-4　轮轨接触几何程序流程

5.2.2 约束函数

1. 钢轨设计廓形上下边界约束

根据国家标准,当钢轨轨顶面中心点向下达到临界垂磨量 12 mm 时,为重伤钢轨,应及时更换钢轨。

基于上述标准规范,本书在进行 NURBS 曲线钢轨廓形设计时,规定钢轨轨顶面中心点为设计原点,定义钢轨廓形上下边界约束如下:

$$f_{R_{\text{rebuild}}|x=0}(x) \in [-12, 0] \tag{5-31}$$

式中,$f''_{R_{\text{rebuild}}}(x)$ 表示 NURBS 曲线重构钢轨廓形后在 $x=0$ 处的函数值。

2. 钢轨设计廓形左右边界约束

由于钢轨磨耗主要集中在轨头区域,且在进行钢轨 NURBS 曲线设计中,为减少控制点数量,提高计算效率,定义钢轨设计廓形左右边界约束:

$$x_{R_{\text{rebuild}}} \in [-35.99, 35.99] \tag{5-32}$$

式中,$x_{R_{\text{rebuild}}}$ 表示 NURBS 曲线设计钢轨廓形控制点横坐标。

3. 钢轨设计廓形首末控制点斜率约束

为保证钢轨 NURBS 曲线设计中首、末端点进行插值计算时的几何连续性,应保证插值控制点 d_i 与首、末端点斜率相等,定义钢轨设计廓形首末控制点斜率约束:

$$k_{d_1} = \lambda_1 \tag{5-33}$$

$$k_{d_n} = \lambda_2 \tag{5-34}$$

式中,k_{d_1}、k_{d_n} 表示 NURBS 曲线设计钢轨廓形首、末插值控制点斜率;λ_1、

λ_2 表示首、末控制点斜率。

在对钢轨设计廓形进行 NURBS 曲线重构，取左右边界约束处斜率，即 $\lambda_1=20$、$\lambda_n=-20$，且进行控制点插补计算时，应满足其端点的导矢量。

4. 钢轨设计廓形凹凸性约束

根据钢轨型面描述，轮轨主要接触部分曲线段应设置为凸曲线，定义钢轨设计廓形凹凸性约束：

$$f''_{R_{\text{rebuild}}}(x) < 0 \tag{5-35}$$

在优化迭代中约束函数，即对缓和曲线、恒定半径曲线钢轨设计廓形上下边界约束进行修正，可由下式定义：

$$f_{R_{\text{grind-real}}|x=0}(x) \leqslant f_{R_{\text{trans-opt}}|x=0}(x) \leqslant f_{R_{\text{trans-wear}}|x=0}(x) \tag{5-36}$$

$$f_{R_{\text{grind-real}}|x=0}(x) \leqslant f_{R_{\text{cons-opt}}|x=0}(x) \leqslant f_{R_{\text{cons-wear}}|x=0}(x) \tag{5-37}$$

式中，将传统常用单一打磨廓形 $R_{\text{grind-real}}$ 作为曲线优化设计区域下边界，$R_{\text{trans-wear}}$、$R_{\text{cons-wear}}$ 分别表示缓和曲线段及恒定半径曲线段实测磨耗廓形，并作为曲线优化设计区域上边界。

由图中实测曲线区外轨恒定半径曲线区段钢轨廓形曲线可知，钢轨在轮轨接触作用下，轨距角部分区间发生不同程度的钢轨凹磨，在三次 NURBS 曲线优化设计过程中，凹凸性约束在这些区间并不适用，因此，针对恒定半径曲线区段凹磨严重的钢轨廓形，在优化迭代中约束函数，即对钢轨设计廓形凹凸性约束进行修正，可由下式定义：

定义缓和曲线区段凸曲线约束区间为 $x \in [-35.99, 35.99]$，恒定半径曲线区段凸曲线约束区间为 $x \in [-35.99, 25]$。

$$f''_{R_{\text{trans-opt}}}(x) < 0, (x \in [-35.99, 35.99]) \tag{5-38}$$

$$f''_{R_{\text{cons-opt}}}(x) < 0, (x \in [-35.99, 25]) \quad (5\text{-}39)$$

5.2.3 磨耗钢轨打磨廓形优化设计程序计算流程

根据标准 75 kg/m 钢轨三次 NURBS 曲线设计方法，进一步利用 Matlab 编写了磨耗钢轨打磨廓形优化设计程序，其优化设计计算流程如下：

第 1 步　以磨耗轮轨廓形离散点作为输入，车轮廓形选择 LM 磨耗型车轮踏面，钢轨廓形选择第五章中运行 10 万千米后的曲线区段 75 kg/m 外轨磨耗钢轨廓形，包括缓和曲线区段磨耗廓形 $R_{\text{trans\_wear}}$、$R_{\text{cons\_wear}}$。

第 2 步　输入优化目标函数一，即减少钢轨材料打磨去除量的目标函数，输入优化约束函数，即钢轨设计廓形上下边界约束、左右边界约束、首末控制点斜率约束、曲线凹凸性约束。

第 3 步　初始化节点矢量 U、权因子 ω_i、控制点 d_i，选用 6.1.4 节中三次 NURBS 曲线对磨耗钢轨打磨廓形进行优化设计。

第 4 步　基于内点算法求解 NURBS 曲线最优控制点，并采用 Matlab 优化函数 fmincon，将目标函数、约束函数可行域区间的一阶导数以当前控制点作为初始控制点，沿着目标函数的下降方向进行优化迭代，此时 $S_{\text{rebuild}} < S_{\text{origin}}$，函数收敛取得最优解。

第 5 步　以三次 NURBS 曲线设计方法对输入的磨耗钢轨廓形进行 NURBS 曲线拟合、重构、拼接，得到新的钢轨重构廓形。

第 6 步　求解轮轨接触几何关系，采用迹线法求解轮轨在横移量 [-10, 10]mm 范围内的轮轨接触点坐标，计算轮轨接触几何参数，计算轮轨接触点密度 ρ_c。

第 7 步　判断是否满足目标函数二，即 $\rho_{c\_\text{wear}} < \rho_{c\_\text{rebuild}}$，若不满足，则返回第 2 步，初始化设计参数重新进行迭代求解；若满足，则输出此时的控制点坐标 d'_i、权因子 ω'_i、优化设计后的钢轨重构廓形 $R_{\text{trans\_wear\_rebuild}}$、$R_{\text{cons\_wear\_rebuild}}$，钢轨材料打磨去除量 S_{min}，并且绘制轮轨各参数随轮对横移量变化的轮轨匹配图、参数变化图。

图 5-5 所示为磨耗钢轨打磨廓形优化设计计算程序流程。

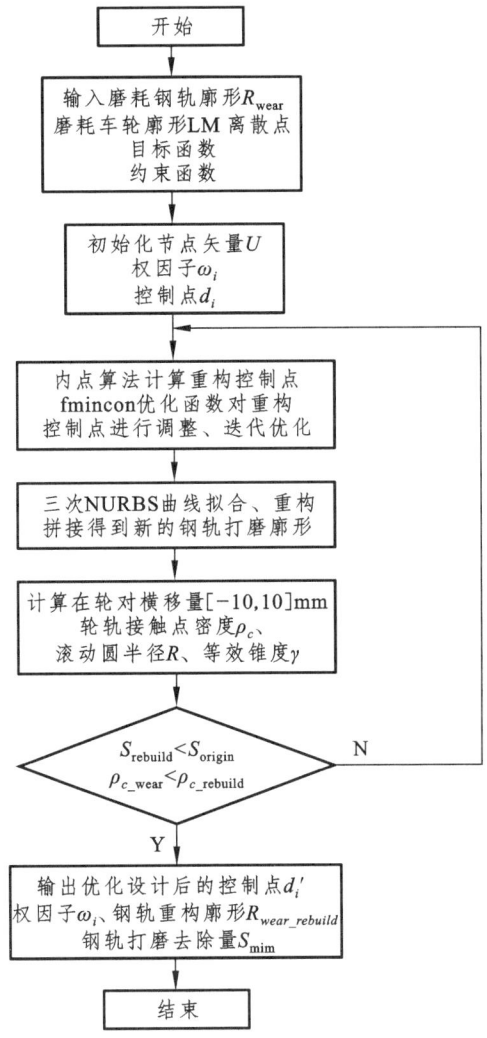

图 5-5　磨耗钢轨打磨廓形优化设计程序计算流程

5.2.4　三次 NURBS 廓形曲线设计结果

在大秦线货车重载线路曲线区外轨廓形中，对磨耗钢轨廓形曲线进行 NURBS 曲线重构，选取 $N=18$ 个控制点进行三次 NURBS 曲线拟合，以当前控制点作为初始控制点，并沿着目标函数的下降方向进行优化迭代，函数收敛取得最优解。表 5-1 所示为实测缓和曲线区段采用三次 NURBS 曲线设计主要参数，图 5-6 所示为实测缓和曲线区段三次 NURBS 曲线优化设计的打磨廓形。

表 5-1　实测缓和曲线区段打磨廓形三次 NURBS 曲线设计主要参数

初始型值点			权因子		最优控制点		
i	x_i	y_i	i	ω_i	i	x_i	y_i
—	—	—	0	1	0	−35.49	−14.13
1	−34.48	−13.93	1	1	1	−34.48	−13.93
2	−34.12	−12.63	2	0.15	2	−34.12	−12.73
3	−33.54	−10.96	3	0.94	3	−33.54	−11.07
4	−31.65	−8.87	4	0.94	4	−31.65	−8.89
5	−28.70	−6.09	5	0.88	5	−28.70	−6.14
6	−24.25	−3.87	6	0.64	6	−24.25	−3.88
7	−17.55	−3.05	7	0.37	7	−17.55	−3.07
8	−7.55	−3.02	8	0.44	8	−7.55	−3.03
9	7.55	−4.83	9	0.87	9	7.55	−4.83
10	17.55	−8.22	10	0.91	10	17.55	−8.23
11	24.25	−12.85	11	0.39	11	24.25	−12.87
12	28.70	−17.64	12	0.07	12	28.70	−17.74
13	31.65	−21.31	13	0.09	13	31.65	−21.39
14	33.65	−23.36	14	0.43	14	33.65	−23.61
15	34.95	−25.19	15	0.63	15	34.95	−25.67
16	35.94	−30.71	16	1	16	35.94	−30.71
—	—	—	17	1	17	35.49	−30.91

表 5-2 所示为实测恒定半径曲线区段采用三次 NURBS 曲线设计主要参数，图 5-7 所示为实测恒定半径曲线区段三次 NURBS 曲线优化设计的打磨廓形。

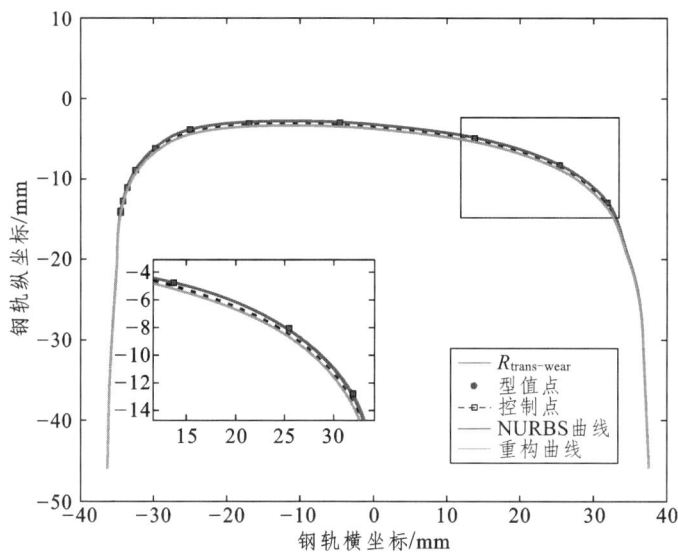

图 5-6 实测缓和曲线区段三次 NURBS 曲线优化设计打磨廓形

表 5-2 实测恒定半径曲线区段打磨廓形三次 NURBS 曲线设计主要参数

初始型值点			权因子		最优控制点		
i	x_i	y_i	i	ω_i	i	x_i	y_i
—	—	—	0	1	0	−35.49	−10.76
1	−34.48	−10.56	1	1	1	−34.48	−10.56
2	−33.65	−9.44	2	0.36	2	−33.65	−9.64
3	−32.51	−8.11	3	0.63	3	−32.51	−8.32
4	−30.77	−6.59	4	0.91	4	−30.77	−6.78
5	−27.48	−4.76	5	0.63	5	−27.48	−4.94
6	−22.35	−3.22	6	0.53	6	−22.35	−4.32
7	−13.99	−2.71	7	0.16	7	−13.99	−4.00
8	−2.36	−3.17	8	0.26	8	−2.36	−4.24
9	16.05	−6.22	9	0.95	9	16.05	−5.78
10	26.67	−11.47	10	0.99	10	26.67	−11.58

续表

初始型值点			权因子		最优控制点		
i	x_i	y_i	i	ω_i	i	x_i	y_i
11	30.46	−18.60	11	0.39	11	30.46	−18.82
12	32.32	−23.51	12	0.19	12	32.32	−24.81
13	33.91	−27.07	13	0.30	13	33.91	−27.50
14	34.97	−29.12	14	0.62	14	34.97	−29.51
15	35.86	−31.07	15	0.28	15	35.86	−31.28
16	36.46	−32.67	16	1	16	36.46	−32.67
—	—	—	17	1	17	36.47	−32.87

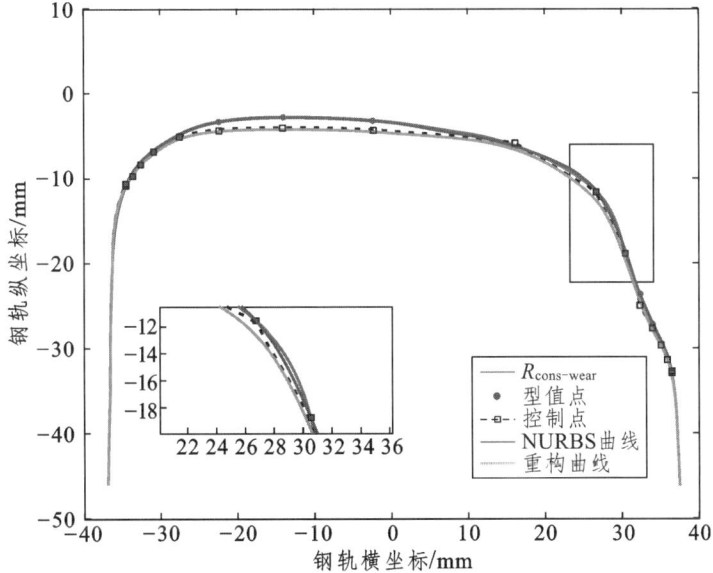

图 5-7 实测恒定半径曲线区段三次 NURBS 曲线优化设计打磨廓形

表 5-3 所示为曲线区各区段外轨磨耗廓形优化设计参数指标，由计算结果可知，$R_{\text{trans-opt}}$ 廓形材料去除量为 65.28 mm²，对比传统常用的单一打磨廓形 $R_{\text{grind-real}}$ 材料去除量为 107.05 mm²，减少了 39.02%；$R_{\text{cons-opt}}$ 廓形材料去除量为

85.14 mm², 减少了 20.47%; 图 5-8 所示为各区段实测磨耗廓形、优化设计廓形及传统常用的单一打磨廓形的静态轮轨接触几何, 通过比较可以得出: 优化设计廓形较传统常用的单一打磨廓形靠近钢轨左侧轮轨接触点分布更加的均匀, 能够极大地改善由于钢轨磨耗带来的轮轨接触几何关系中的接触点跳跃性与不连续性概率, 有利于减缓钢轨轨头的局部磨耗, 提高列车运行时的平稳性和舒适性。

表 5-3 重构打磨廓形优化设计参数指标

钢轨廓形	拟合精度	打磨去除量 /mm²	轮轨接触长度 /mm	轮轨有效接触长度/mm	轮轨接触密度/%
$R_{\text{trans-opt}}$	0.0302	65.28	18.90	17.90	94.71
$R_{\text{cons-opt}}$	0.0284	85.14	7.30	7.30	100.00
$R_{\text{trans-wear}}$	—	—	39.90	3.90	9.77
$R_{\text{cons-wear}}$	—	—	20.10	6.40	31.84
$R_{\text{grind-real}}$	—	107.05	14.40	8.30	57.64

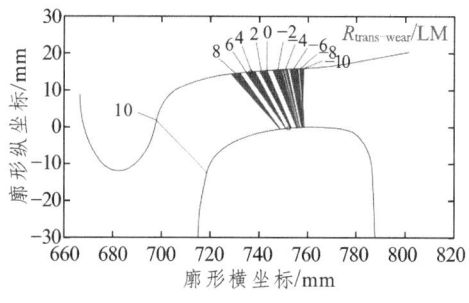

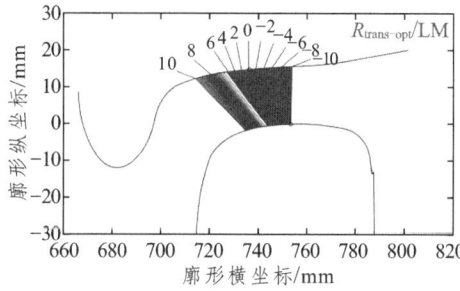

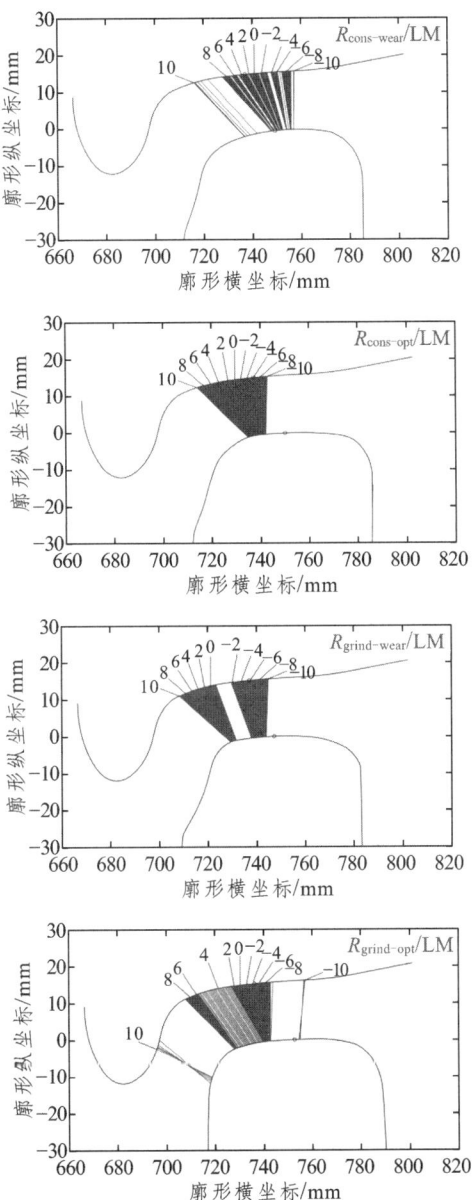

图 5-8 各区段实测及优化设计廓形轮轨接触几何对比

在设计轮轨外形匹配时,轮轨横移量在 6 mm 以内,对应轮对不同横移量的等效锥度值形成的曲线,简称"等效锥度曲线"。图 5-9 所示为曲线区优化设计廓形等效锥度对比情况。

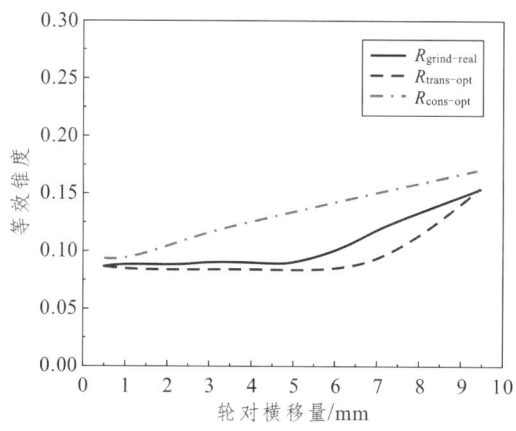

图 5-9 优化设计廓形等效锥度对比

由图 5-9 分析可知：总体上，等效锥度均呈线性上升趋势，$R_{trans-opt}$ 廓形等效锥度最大，$R_{trans-opt}$ 廓形等效锥度小于 $R_{grind-real}$ 廓形；在轮对横移量为 [0,6] mm 范围内小于 0.08，均处于低锥度，平稳变化，这一趋势在缓和曲线段有利于改善入弯前后直线段的运行性能，提高蛇形失稳临界速度，在轮对横移量为 [6,10] mm 范围内，均呈现"缓慢"上升趋势，有利于列车的高速运行；$R_{cons-opt}$ 廓形等效锥度大于 $R_{grind-real}$ 廓形和 $R_{trans-opt}$ 廓形，且在轮对横移量为 [1,10] mm 范围内，均呈现上升趋势，有利于轮对自动对中，提高车辆在恒定半径曲线段的曲线通过性能。

第6章

曲线段钢轨廓形圆弧设计方法

6.1 选取圆弧参数的自变量

曲线段钢轨打磨廓形设计主要有以下几种方式：

（1）左右钢轨分别打磨成相同的钢轨廓形，钢轨的左半截面与右半截面不完全对称。

（2）左右钢轨分别打磨成不同的钢轨廓形，即分别针对钢轨的左右廓形进行设计，采用不同的设计廓形对左右磨耗轨进行打磨。

（3）只针对单边磨耗钢轨廓形进行设计，而另外一侧保持不变。以选取第二种方式为例，对磨耗轨的打磨廓形进行设计。

6.1.1 外轨廓形描述以及设计变量

对于钢轨廓形的参数优化设计，除了前述的 NURBS 曲线设计方法，可结合钢轨廓形的曲线特种，开展圆弧参数设计方法。曲线段外股钢轨的磨耗主要发生在轨距面和轨顶面，所以采用 n 段圆弧对外轨轨头横坐标 $0\sim 6$ mm 范围内的圆弧进行优化设计。以轨顶中心为坐标原点建立坐标系，其中 x 轴正向沿水平方向向右，y 轴方向为铅垂向上。设圆弧切点分别为 $Q_1(x_1,y_1), Q_2(x_2,y_2), \cdots, Q_n(x_n,y_n), Q_{n+1}(x_{n+1},y_{n+1})$，其中：$Q_1, Q_{n+1}$ 点为固定端点，如图 6-1 所示。通过改变组成总弧长 $\overset{\frown}{Q_1Q_{n+1}}$ 的 $\overset{\frown}{Q_1Q_2}, \overset{\frown}{Q_2Q_3} \cdots \overset{\frown}{Q_nQ_{n+1}}$ 圆弧的长度和半径来达到优化钢轨外轨轨头廓形。每段圆弧的具体位置以及长度表示均需要采用半径、圆心、起始点位置等几个参变量才能确定。但根据钢轨设计标准，每段圆弧之间存在着相互内切的约束，且圆弧为上凸，因此可以通过一些方程式来确定两圆弧之间的关系，确定描述外轨工作边的设计变量如图 6-1 所示。

钢轨的工作边廓形表达式为

$$g(R_i,x_i)=\sum_{i=1}^{n}\left(\sqrt{R_n^2-\left(x-x_n-\frac{k_nR_n}{\sqrt{k_n^2+1}}\right)^2}+y_n-\frac{R_n}{\sqrt{k_n^2+1}}\right) \quad (n\geqslant 2) \quad (6\text{-}1)$$

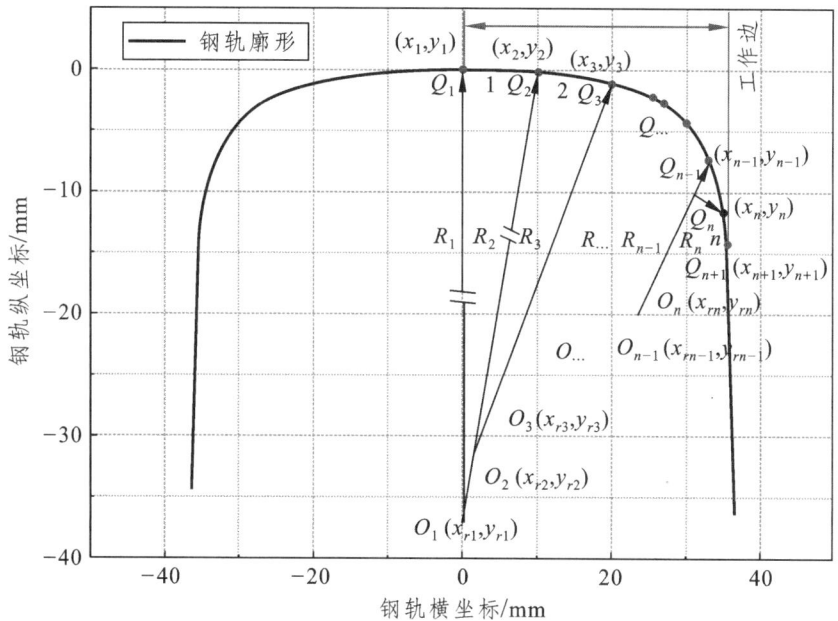

图 6-1 左轨廓形设计变量示意

其中：

$$y_n = \sqrt{R_{n-1}^2 - \left(x_n - x_{n-1} - k_{n-1} \cdot \left(\frac{R_{n-1}}{\sqrt{k_{n-1}^2+1}}\right)\right)^2} +$$
$$y_{n-1} - \frac{R_{n-1}}{\sqrt{k_{n-1}^2+1}} \tag{6-2}$$

$$k_n = \frac{x_{n-1} - x_n + k_{n-1} \cdot \left(\dfrac{R_{n-1}}{\sqrt{k_{n-1}^2+1}}\right)}{y_n - y_{n-1} + \dfrac{R_{n-1}}{\sqrt{k_{n-1}^2+1}}} \tag{6-3}$$

式中，R_n, x_n, y_n, k_n 分别为对应弧段半径，弧段切点横、纵坐标以及弧段切点斜率。由上述公式（6-1），若已知端点 $Q_1(x_1, y_1)$，$Q_{n+1}(x_{n+1}, y_{n+1})$，则可以通过 $R_1, R_2, \cdots, R_{i-1}, x_2, x_3, \cdots, x_{i-1}$ 参变量描述钢轨廓形。

6.1.2 内轨廓形描述以及设计变量

由上节可知，曲线段右轨（内股）钢轨磨耗位置主要分布在轨头 $x \in [-20, 20]$ mm 区域内，因此，本书通过对轨头区域 $\widehat{G_1 G_{n+1}}$ 进行设计，其中点 G_1 和点 G_{n+1} 的坐标分别为（-23.9, -1.6）和（23.9, -1.6）。通过改变组成总弧长 $\widehat{G_1 G_{n+1}}$ 的 $\widehat{G_1 G_2}, \widehat{G_2 G_3} \cdots \widehat{G_n G_{n+1}}$ 每段圆弧的长度和半径来达到优化钢轨右轨轨头廓形，图 6-2 所示为右轨廓形优化设计变量。

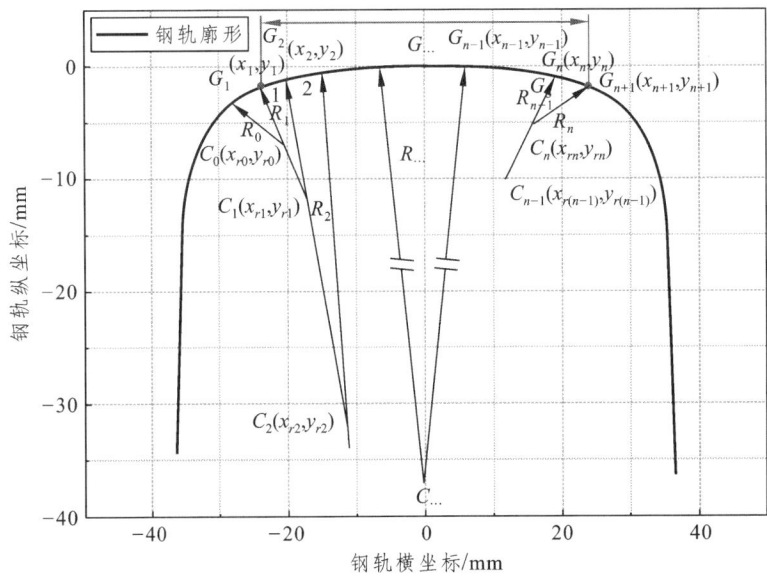

图 6-2 右轨廓形设计变量示意

同上，可以推导出右轨的工作边廓形表达式与左轨一致为

$$g(R_i, x_i) = \sum_{i=1}^{n}\left(\sqrt{R_n^2 - \left(x - x_n - \frac{k_n R_n}{\sqrt{k_n^2+1}}\right)^2} + y_n - \frac{R_n}{\sqrt{k_n^2+1}} \right) \quad (n \geqslant 2) \quad (6-4)$$

其中：

$$y_n = \sqrt{R_{n-1}^2 - \left(x_n - x_{n-1} - k_{n-1} \cdot \left(\frac{R_{n-1}}{\sqrt{k_{n-1}^2+1}}\right)\right)^2} + y_{n-1} - \frac{R_{n-1}}{\sqrt{k_{n-1}^2+1}} \quad (6-5)$$

$$k_n = \frac{x_{n-1} - x_n + k_{n-1} \cdot \left(\dfrac{R_{n-1}}{\sqrt{k_{n-1}^2 + 1}} \right)}{y_n - y_{n-1} + \dfrac{R_{n-1}}{\sqrt{k_{n-1}^2 + 1}}} \quad (6\text{-}6)$$

式中，R_n, x_n, y_n, k_n 分别为对应弧段半径，弧段切点横、纵坐标以及弧段切点斜率。由于，左轨工作边曲率变化较大，而右轨工作边曲率变化较小。本书以 CN75 钢轨型面为输入，分别采用四段圆弧对左轨工作边进行设计；三段圆弧对右轨工作边进行设计，则可以设定左轨优化初始变量 $R_1, R_2, R_3, x_2, x_3, x_4$，右轨优化初始变量 R_1, R_2, x_2, x_3 分别以自变量 $a_1, a_2, \cdots, a_j$ 表示，则可以设定其初始变量坐标见表 6-1。

表 6-1 初始变量坐标设定表

序号	自变量	初始值/mm
1	a_1	500
2	a_2	80
3	a_3	15
4	a_4	9
5	a_5	18
6	a_7	27
7	a_8	500
8	a_9	80
9	a_{10}	-18
10	a_{11}	18

6.2 优化模型建立

（1）为了减缓地铁曲线段外侧钢轨侧磨，使轮轨接触斑分布在轨顶部分 $d_1(0, 25]$ mm 区域的密度不低于 80%，轨距角部分 $d_2(25, 36]$ mm 区域的密度不大于 20%：

$$f_{1,\min}(y_i) = \begin{cases} F(x_k) \geqslant 80\% \\ 1 - F(x_k) < 20\% \end{cases} \quad (k=25) \quad (6\text{-}7)$$

式中，x 代表钢轨轨头横坐标；$F(x_k)$ 代表钢轨的接触斑分布密度。

（2）轮轨横向力最小的目标函数：

$$f_{2,\min}(y_i) = \max_{t_0 < t \leq t_n}\{|Q_L(t)|, |Q_R(t)|\} \qquad (6\text{-}8)$$

式中，$|Q_L(t)|$、$|Q_R(t)|$ 分别为 t 时刻钢轨作用于一位轮对左轨和右轨的横向力绝对值。

6.3 约束函数建立

采用圆弧对左右钢轨打磨廓形进行设计，对设计钢轨型面几何条件、弧段之间进行约束；同时为了保证设计后的钢轨型面的车辆动力学性能较好，对车体运行时轮轨横向力以及脱轨系数进行约束。

（1）设计的钢轨外形主要是寻找最佳钢轨打磨型面，优化后的钢轨型面是通过对磨耗轨打磨所得到的，因此设计的钢轨廓形应处于磨耗钢轨型面的下方。选取曲线段磨耗代表钢轨廓形以及向下打磨深度 3 mm 作为上下边界范围。

$$C_{\text{down}} \leqslant R_i \leqslant C_{\text{up}} \qquad i = 1, 2, 3, 4 \qquad (6\text{-}9)$$

式中，C_{up} 为钢轨磨耗代表廓形；C_{down} 为钢轨磨耗代表廓形向下打磨 3 mm，其示意如图 6-3 所示。

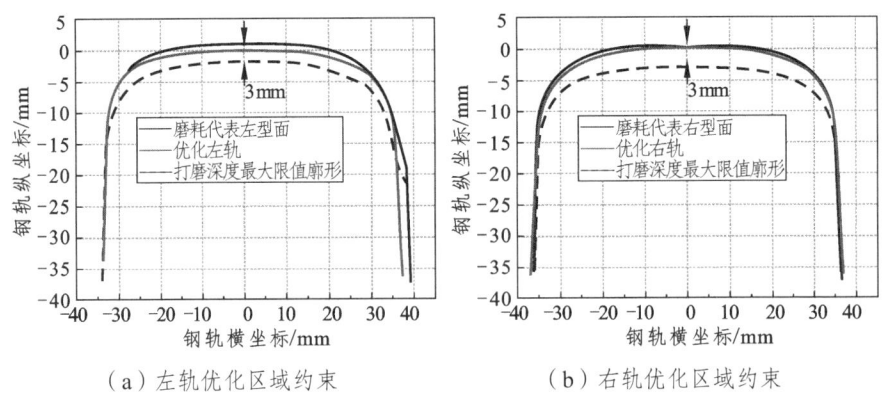

（a）左轨优化区域约束　　　　（b）右轨优化区域约束

图 6-3　优化边界条件约束

（2）轮轨横向力相关的约束函数为 f_2，则：

$$f_2 = \max_{t_0 < t \leq t_n} \{|Q_L(t)|, |Q_R(t)|\} - Y_0 \leq 0 \quad (6\text{-}10)$$

式中，$Y_0 = 1.9 + 0.3 P_{st}$，其中 P_{st} 为车轮静载荷。

（3）脱轨系数约束条件

根据 Nadal 公式，车辆的脱轨约束条件为

$$f_3 = f_{d,\text{opti-75}}|_{\max} - f_d|_{\text{std}} \leq 0 \quad (6\text{-}11)$$

式中，Q 为轮轨间的横向力；P 为轮轨间的垂向力；α 为轮缘角；μ 为摩擦系数。$f_{d,\text{opti-75}}|_{\max}$ 为设计轨脱轨系数最大值，$f_d|_{\text{std}}$ 为标准脱轨系数，按照《铁道机车动力学性能试验鉴定方法及评定标准》规定，可取 $f_d|_{\text{std}} = 0.8$。

6.4 改进粒子群算法的钢轨廓形优化计算

6.4.1 基本粒子群算法

粒子群算法（PSO）是为了对低等自然生物研究而提出的一种基于生物群体社交行为的一种智能寻优搜索算法。为了研究自然界的鸟类聚集现象，生物学家 C.W.Reynolds 提出了一种 Boid 模型。在模型当中，每个个体的行为都与周围个体的信息有关，并且受其影响。James Kennedy 和 Russell Eberhart 教授等人对 Boid 模型进行了更新，针对群体聚集飞行方式增加了栖息地移动、局部位置共享以及最优位置记忆等 3 个全新的概念。通过上述 3 个飞行行为，可以使群体之间的协作通信机制更加完善，整个模型更加接近实际情况。之后，Kennedy 等人研究发现了鸟群在觅食过程中，其个体运动方式与优化算法中的粒子运动十分相似，进而提出了一个更为高效的优化求解算法，即基本粒子群算法。将每只参与捕食的鸟抽象为一个没有质量、没有体积的粒子，而食物代表着解决问题的最优解。

粒子群算法的数学模型为：存在一个 D 维搜索空间，里面存在 n 个粒子组成的种群，其中，第 i 个粒子由一个 D 维的向量 $X_i = [X_{i1}, X_{i2}, \cdots, X_{iD}]^T$ 表示，每个粒子的位置代表问题的一个可能解。通过对每个粒子的适应度值来对求

解结果进行评价。在每次对粒子进行计算后,需对粒子位置信息进行更新。第 i 个粒子的速度为 $V_i = [V_{i1}, V_{i2}, \cdots, V_{iD}]^T$,其中个体极值为 $P_i = [P_{i1}, P_{i2}, \cdots, P_{iD}]^T$,种群的全局最优位置集合为 $P_g = [P_{g1}, P_{g2}, \cdots, P_{gD}]^T$。在每一次迭代过程中,粒子通过对个体极值与全局极值进行对比来更新自己的位置信息,更新公式如下:

$$V_{id}^{k+1} = \omega \times V_{id}^k + c_1 \times rand_1 \times (P_{best_{ij}^k} - x_{ij}^k) + c_2 \times rand_2 \times (G_{best_j^k} - x_{ij}^k) \quad (6-12)$$

$$x_{id}^{k+1} = x_{id}^k + V_{id}^{k+1} \quad (6-13)$$

式中,$d = 1, 2, \cdots, D$;$i = 1, 2, \cdots, n$。ω 表示惯性权重;D 表示空间维数;n 为粒子群总数;k 表示当前迭代次数;V_{id} 表示粒子速度;c_1 和 c_2 表示加速度因子;$rand_1$ 和 $rand_2$ 为分布于[0,1]之间的随机数。一般为了防止粒子进行无效搜索,将其位置和速度限制在一定区间 $[-X_{max}, X_{max}]$ 和 $[-V_{max}, V_{max}]$ 内。

PSO 算法其寻优计算流程如下:

(1)对初始种群中的粒子个数、粒子当前位置以及速度进行初始化赋值。设置粒子搜索空间的维数,将当前每个粒子所搜索到的最优位置 P_{best} 设为初始位置,将全局搜索到的最优位置设为 G_{best};

(2)分别计算每个粒子目标函数值。如果当前粒子的目标函数值大于目前所计算的每个粒子的目标函数最大值,则将其作为种群最优位置;

(3)更新粒子的所在位置以及速度;

(4)对粒子的信息进行更新后,记录粒子在寻优过程中最佳位置时的适应度值,以此作为后续适应度计算对比值。如果找到一个粒子的适应度值大于目前最佳位置 P_{best} 的适应度值,则将目前该粒子位置更新为 P_{best};

(5)比较各个粒子的适应度值与所有粒子的最佳位置 G_{best} 所对应的适应度值,如果存在一个粒子的适应度值比最佳位置适应度值要大,则将其位置更新为 G_{best};

(6)根据所设定的初始条件(迭代次数达到最大 N_{max}、相邻两代之间的误差值达到设定范围)即粒子停止搜索。其具体的操作流程如图 6-4 所示。

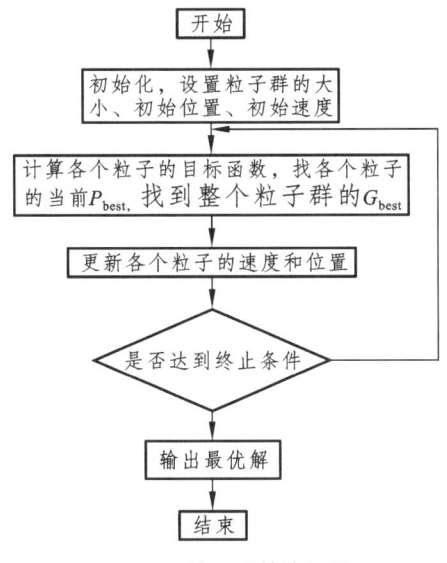

图 6-4 粒子群算法原理

6.4.2 粒子群算法改进

1. 惯性权重因子

在对函数进行寻优求解时，粒子群算法（PSO）可以通过公式对函数最优解问题进行迭代求解，迅速地找出函数最优解。目前，传统的粒子群算法具有一定的局限性，在对某些问题进行求解时容易陷入局部最优环境，从而导致所求出的结果与目标结果相差较大。因此，利用粒子群对函数进行求解时，需要对其进行一定的改进。其中，对惯性权重 ω 的值的改进可以大大提升粒子群算法的寻优能力。惯性权重 ω 在粒子群算法中代表着粒子的自我"认知"能力，它的值影响着粒子群算法运算中粒子的搜索能力。当惯性权重 ω 较大时，粒子非常迅速地接近最优粒子，但其局部搜索能力较弱，因此，粒子会以自身的惯性向前移动，从而越过最优粒子位置，如图 6-5 中的 A 方向所示。同时，粒子会在最低点附近徘徊，无法找到最低点，算法不能收敛。因此，粒子在寻优时，开始需要以一个

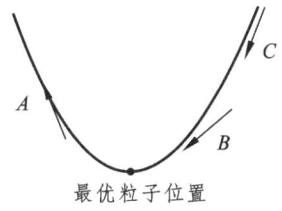

图 6-5 粒子寻优示意图

较大的惯性权重往前搜索，如图 6-5 中的 C 方向所示，当粒子靠近最低点时，需要降低粒子的搜索速度来达到更加细致的搜索，通过降低斜率来精细化搜索，即 B 方向可以使得粒子能准确找到最优解。

通过以上对 PSO 算法的基本特点进行分析，为了使粒子能够快速地搜索到一个准确的最优解，应该使惯性初始值尽可能大，在靠近最优值时，为了使粒子能够准确寻到最优点，需要减小惯性因子 ω 的初值来放慢粒子搜索速度。因此，本书设置一个动态改变惯性权重因子来对粒子的全局与局部搜索能力进行平衡。则对权重系数 ω 采用动态调整办法，其具体公式如下：

$$\omega_p = (\omega_{p1} - \omega_{p2}) \times \cos\left(\pi \cdot \frac{MaxIter - CurIter}{MaxIter}\right) + \omega_{p2} \quad (6\text{-}14)$$

式中，ω_{p1} 和 ω_{p2} 是惯性权重因子的初始值以及最终值；$CurIter$ 和 $MaxIter$ 是算法的当前代数以及最大迭代次数。

在迭代的初始时，ω_p 的值较大，粒子的搜索范围大大增加，随着迭代次数的增大，ω_p 逐渐减小，搜索精度变大，直至迭代结束后输出最优结果。

2. 改进粒子群算法的比较分析

采用标准测试函数：$f(x,y) = 100(x^2 - 0.01y^2)^2 + (1-x)^2$ 对优化粒子群算法进行测试，其中，$-2.048 < x, y < 2.048$ 分别设置 50 次迭代次数，种群规模为 500，惯性权重 ω_{p1}=0.9，ω_{p2}=1.4。迭代过程 N=5、20、35、50 次迭代计算结果如图 6-6 所示。

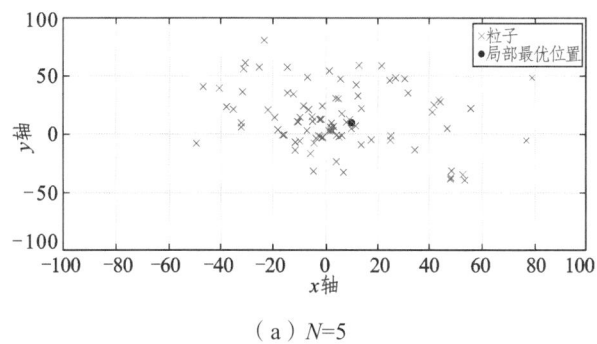

（a）N=5

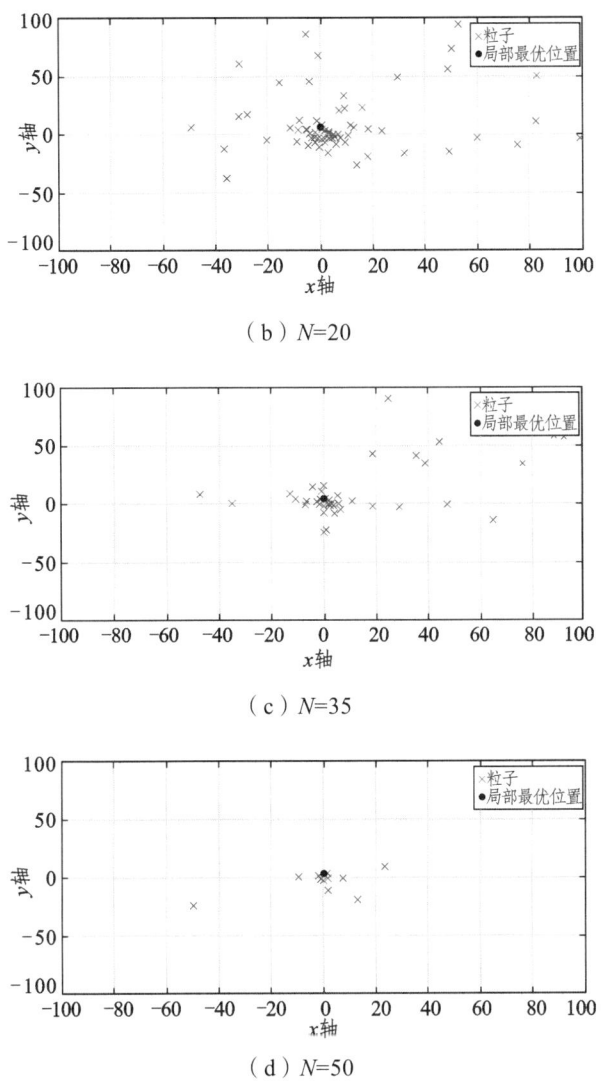

（b）$N=20$

（c）$N=35$

（d）$N=50$

图 6-6 迭代计算结果

6.4.3 求解算法优化对比分析

为了验证改进后的粒子群算法的收敛速度以及收敛精度变化情况，本书采用 3 种基准测试函数对改进后的标准粒子群算法进行测试。改进型粒子群参数设置为：粒子数为 50，维数为 10，最大更新迭代次数为 100，3 个基准测试函数表达式见表 6-2。

表 6-2 测试函数

测试函数	表达式	初值范围	最优解
Sphere 函数	$f_1(x) = \sum_{i=1}^{n} x_i^2$	$[-100,100]^n$	0
Griewank 函数	$f_2(x) = \dfrac{1}{4000} \sum_{i=1}^{n} x_i^2 - \prod_{i=1}^{n} \cos\left(\dfrac{x_i}{\sqrt{i}}\right) + 1$	$[-600,600]^n$	0
Rastrigin 函数	$f_3(x) = \sum_{i=1}^{n} (x_i^2 - 10\cos(2\pi x_i) + 10)$	$[-5.12,5.12]^n$	0

对基准测试函数的求解结果如图 6-7 所示,可以看出,Opti-PSO 对测试函数 f_1、f_2 和 f_3 的求解速度明显优于 Std-PSO。对于函数 f_1 的求解,Opti-PSO 在迭代 30 次后即产生收敛,而 Std-PSO 在 60 代之后才收敛,且 Opti-PSO 收敛速度明显较 Std-PSO 快。对于函数 f_2 的求解,Opti-PSO 在 40 代左右即产生收敛,而 Std-PSO 在 70 代左右才产生收敛。对于函数 f_3 的求解,Opti-PSO 前期收敛速度慢于 Std-PSO,在求解后期,Opti-PSO 收敛速度明显较 Std-PSO 快,因迭代次数限制,在迭代 100 次后仍在寻优,但仍可以看出 Opti-PSO 收敛速度精度较 Std-PSO 有所提高。因此,对于基准测试函数 f_1、f_2 和 f_3 的求解,Opti-PSO 的求解速度具有一定的提升。

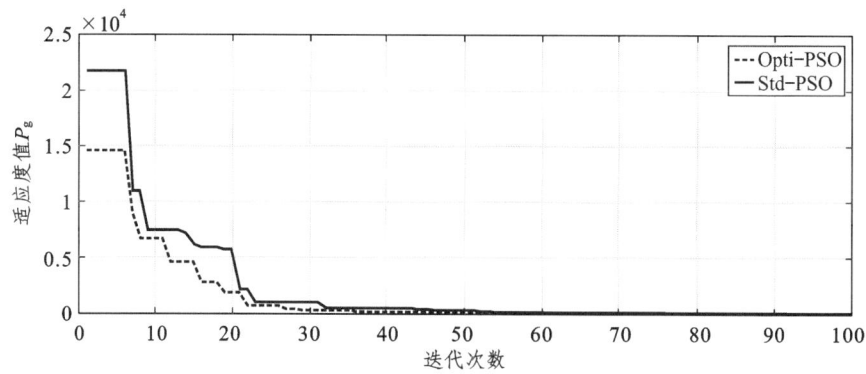

(a) Sphere 函数

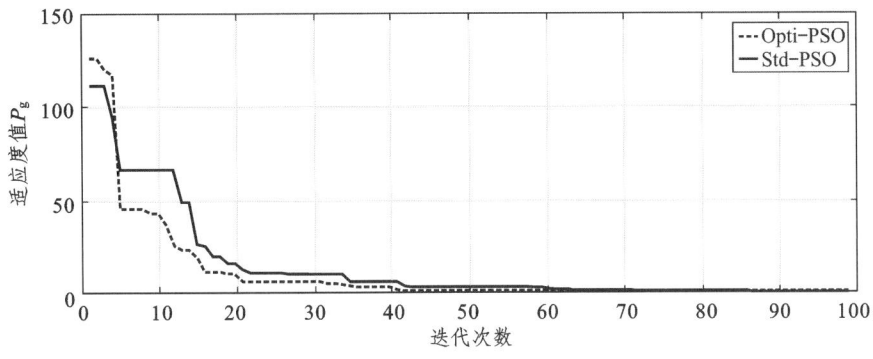

（b）Griewank 函数

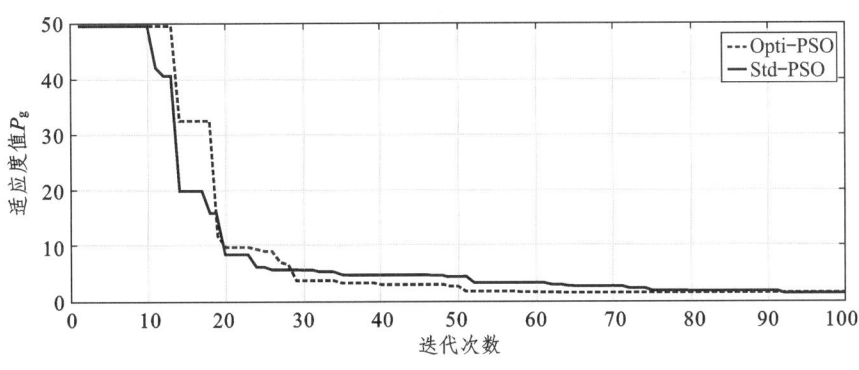

（c）Rastrigin 函数

图 6-7　迭代计算结果

6.5　钢轨廓形优化结果分析

结合优化后的粒子群算法对钢轨型面参变量进行求解，其求解过程如下：采用圆弧参数对 CN75-标准打磨型面进行描述，确定轨头廓形的参变量。建立车辆-轨道耦合动力学模型，进行轮轨匹配以及车辆动力学特性计算。建立轮轨接触斑分布函数作为钢轨优化目标 $f_{j\min}(y_i)$，以车辆动力学特性、边界几何作为其约束函数 f_j。设置粒子群优化设计参数，对父代钢轨廓形参变量 $g(R_i, x_i)$ 进行迭代求解，产生子代钢轨型面 $g(R_i, x_i)$，实现收敛，如不收敛，至迭代结束后输出全局最优解。其求解流程如图 6-8 所示。

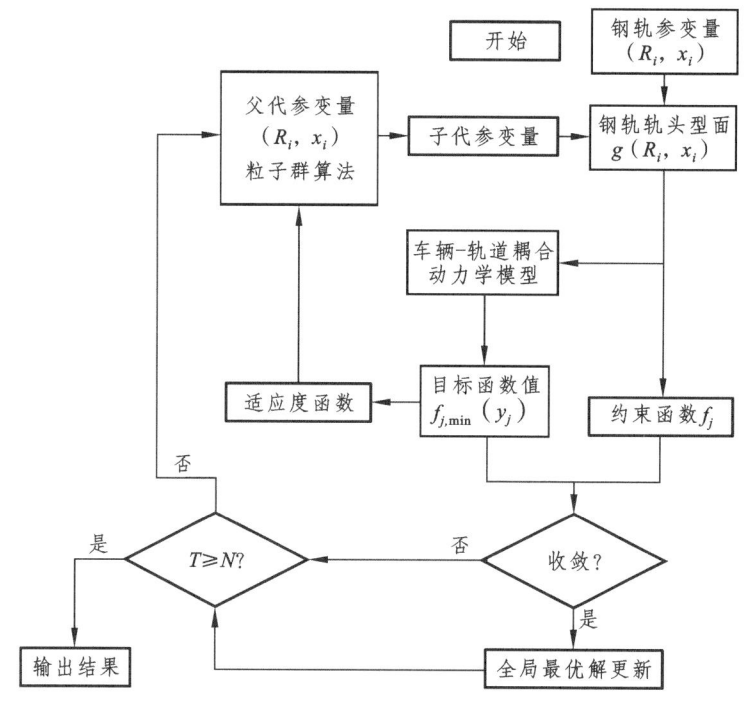

图 6-8 车辆动力学-钢轨型面生成耦合

图 6-9 所示为设计的上下股钢轨打磨型面与 CN75-标准打磨型面的对比。经过优化计算得到设计的上下股钢轨型面，定义为设计打磨上下股型面。从图 6-9（a）可以看出，设计打磨上股型面位于标准打磨型面下方，在钢轨侧面 $x\in[0,20]$ mm 内，设计打磨上股型面与标准打磨型面变化基本一致。横坐标位置在 $x\in(20,35)$ mm 内的轨距角范围内，设计打磨上股型面轨距角部分更圆滑，曲线斜率变化稍快。从图 6-9（b）可以看出，设计打磨下股型面位于标准打磨型面下方，且钢轨的横坐标优化区间主要集中在 $x\in[-15,15]$ mm，其纵坐标的优化范围在 $y\in[0.102,0.013]$ mm。

表 6-3 所示为上下股钢轨优化型面在部分坐标值下对应的纵坐标值变化。标准打磨型面在横坐标为 31mm 时，其纵坐标优化比例达到最大值 1.3171mm。设计打磨下股型面优化区间关于 y 轴对称，因此在横坐标为 0mm，其纵坐标优化比例达到最大值 0.102mm。

第6章 曲线段钢轨廓形圆弧设计方法

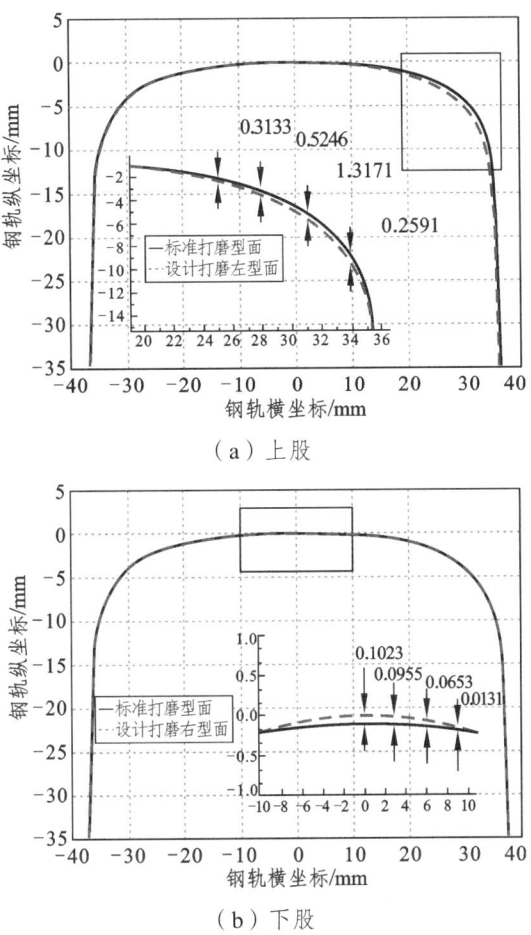

(a) 上股

(b) 下股

图 6-9 钢轨廓形优化结果

表 6-3 上下股钢轨优化型面部分横坐标下纵坐标变化值

上股		下股	
钢轨截面横坐标 /mm	纵坐标优化比例 /mm	钢轨截面横坐标 /mm	纵坐标优化比例 /mm
25	−0.313 3	0	0.102 3
28	−0.524 6	4	0.095 5
31	−1.317 1	6	0.065 3
34	−0.259 1	10	0.013 1

6.6 钢轨非对称打磨型面性能对比分析

分析 LM 车轮型面分别与标准钢轨打磨型面以及非对称钢轨打磨设计型面匹配下的接触匹配参数。

6.6.1 轮轨静态接触点分布对比分析

图 6-10 所示为 LM 车轮型面分别与标准打磨型面以及非对称设计打磨型面匹配时，轮轨接触点随轮对横移量变化情况（图中"+"为轮对背离钢轨运动）。由图 6-10（a）、6-10（b）可知，设计打磨左型面与 LM 车轮型面匹配时，其轮轨接触点在钢轨顶部的分布比标准打磨型面与 LM 车轮型面更为广泛。在横移 $x \in [-8 \sim -9]$ mm 时，设计打磨左型面的接触点分布与标准打磨型面与 LM 车轮型面往钢轨中心偏移，更加靠近钢轨轨头中心区域。由图 6-10（c）、6-10（d）可知；在横移 $x \in [8 \sim -10]$ mm 时，设计打磨右型面与 LM 车轮型面匹配的轮轨接触点均匀地分布在钢轨轨头区域，而标准打磨型面与 LM 车轮型面的轮轨接触点在横移量 $x \in [-8 \sim -10]$ mm 时出现了跳跃点。这一改变可以减少右轨轨距角与轮缘的磨耗。

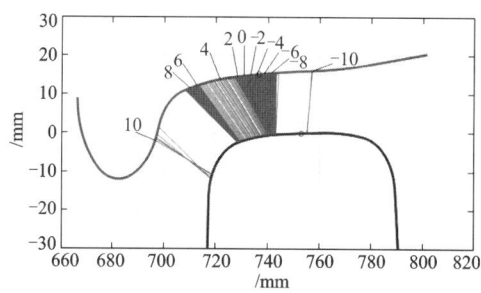

（a）标准打磨型面/LM 车轮型面

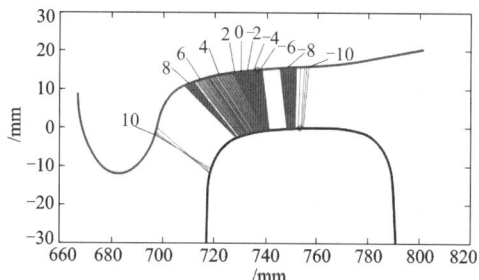

（b）设计打磨左型面/LM 车轮型面

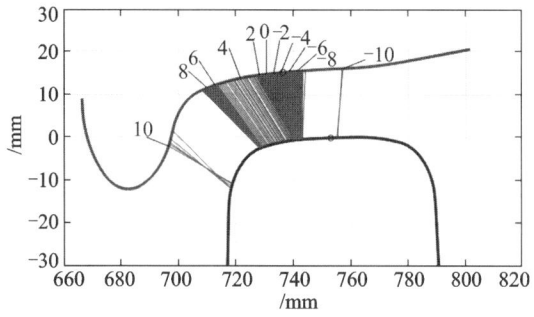

（c）标准打磨型面/LM 车轮型面

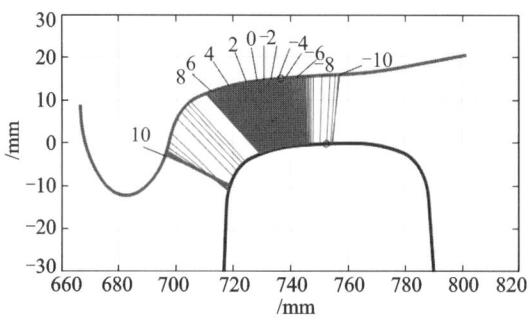

（d）设计打磨右型面/LM 车轮型面

图 6-10　轮轨接触点分布

6.6.2　等效锥度对比分析

等效锥度与列车动力学性能密切相关，是评判列车运行稳定性的标准之一。因此，等效锥度可以评价非对称设计打磨型面与标准打磨型面之间的动力学性能，采用 Klingel 算法分别对两钢轨型面下的车轮踏面等效锥度进行计算。如图 6-11 所示，优化前后两种匹配的等效锥度的变化趋势大致相同。由图 6-11（a）可知，在横移量 $x\in[4,8]$ mm 范围内，设计打磨左轨型面的等效锥度值均处于标准打磨型面的上方，且最大增量为 0.013 6；图 6-11（b）为设计打磨右轨型面与标准打磨型面的等效锥度对比图，总体来说，采用非对称钢轨打磨设计型面后，车轮踏面的等效锥度有小幅度的增大，提高了列车的曲线通过能力以及增大轮对恢复对中能力，增大了列车过弯时的列车平稳性。

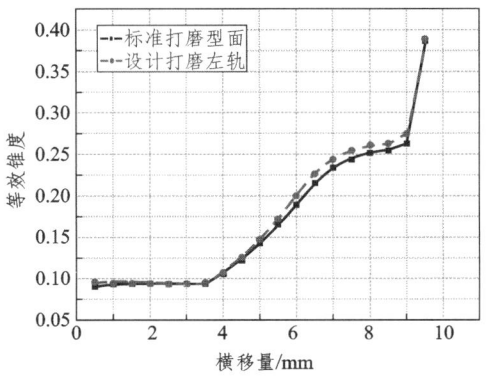

（a）左钢轨型面等效锥度

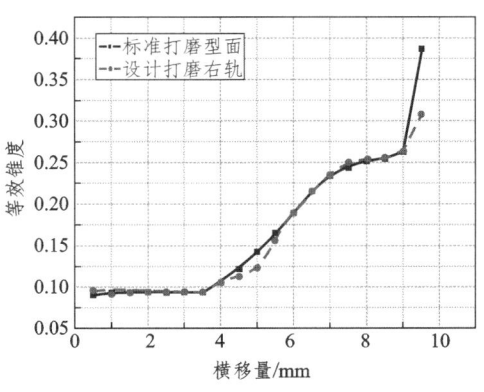

（b）右钢轨型面等效锥度

图 6-11 轮对横移量与等效锥度关系

6.6.3 接触点半径变化对比分析

列车通过曲线时，由于车辆受到离心力的作用会使得外侧车轮贴着外侧钢轨的侧面，使得外侧车轮的滚动圆半径变大，内侧滚动圆半径减小。因此增大左右滚动圆半径差可以大大提高列车的曲线通过性能。图 6-12 所示为 LM 车轮型面分别与标准打磨型面以及非对称设计打磨型面匹配时，左右轮接触点半径对比结果图。由图可知，设计打磨型面与标准打磨型面两者的接触圆滚动半径随轮对横移变化趋势一致，且数值相差不大。在轮对横移量 $x \in [0, 9.5]$ mm

时，左接触点半径在 431.5～434.2 mm 缓慢增长，在横移量大于 9.5 mm 时，左接触点半径出现直线上升，在横移量为 10 mm 时，左接触点半径达到 448.5 mm。

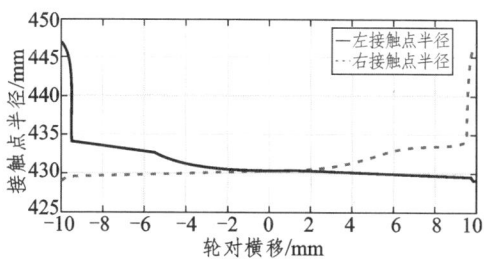

（a）标准打磨型面/LM 车轮型面

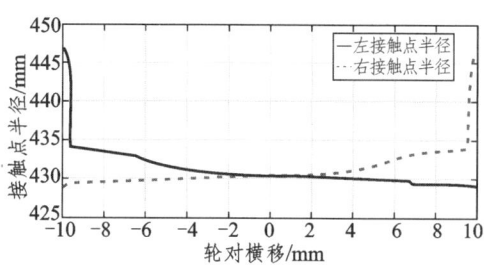

（b）设计打磨型面/LM 车轮型面

图 6-12　左右轮轨接触点变化

6.6.4　滚动圆半径差与接触角差对比分析

机车通过曲线时，外侧车轮与钢轨的接触角会不断地变化。轮轨的接触角大小决定了轮轨的接触斑面积大小，轮轨接触角越大则轮轨的接触斑面积越小。图 6-13 所示为 LM 车轮型面分别与标准打磨型面以及非对称设计打磨型面匹配时，滚动圆半径差与接触角差对比图。由图可知，在横移量 $x \in [0, 9.5]$ mm 内，设计打磨型面的滚动圆半径差缓慢增长，在此之后迅速增大；标准打磨型面的滚动圆半径差同样在横移量 $x > 9.5$ mm 时迅速增大。两者的滚动圆半径差变化趋势相同,设计打磨型面的滚动圆半径差较标准打磨型面滚动圆半径差具有小幅度的增大。在横移量为 6 mm 时,标准打磨型面的接触角差为 10°,设计打磨型面的接触角差为 9.5°;优化前后,两者的接触角差具有小幅度的减小,减小了轮轨冲击。

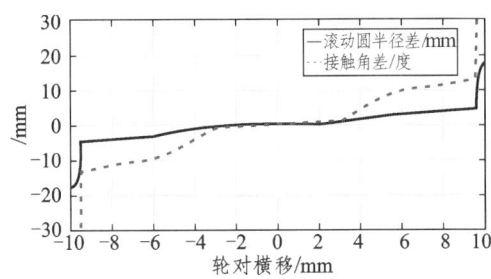

(a)标准打磨型面/LM 车轮型面

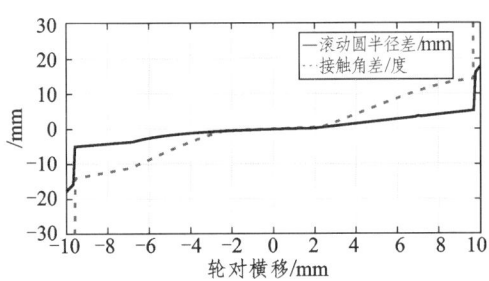

(b)设计打磨型面/LM 车轮型面

图 6-13　滚动圆半径差与接触角差对比

6.7　曲线区钢轨优化设计廓形仿真分析

6.7.1　动力学模型建立

建立重载货运列车动力学模型,设置车辆运行速度为 70 km/h,线路工况设置为轨道总长度 500 m,其中车辆通过曲线半径设置为 $R800$ 的曲线区段,曲线超高 80 mm,前、后直线区域各为 50 m,入、出缓和曲线段长度设置为

100 m，恒定半径曲线段长度设置为 200 m，轨底坡取 1/40，车轮型面选取 LM 磨耗型车轮踏面。

6.7.2 动力学性能计算

对实测传统常用的单一打磨廓形 $R_{grind\text{-}real}$、缓和曲线段优化廓形 $R_{trans\text{-}opt}$ 及恒定半径曲线段优化廓形 $R_{cons\text{-}opt}$ 分别计算其对于其轮轨动态相互作用的影响，包括脱轨系数、轮轴横向力、轮重减载率、轮对横向位移，如图 6-14 所示。

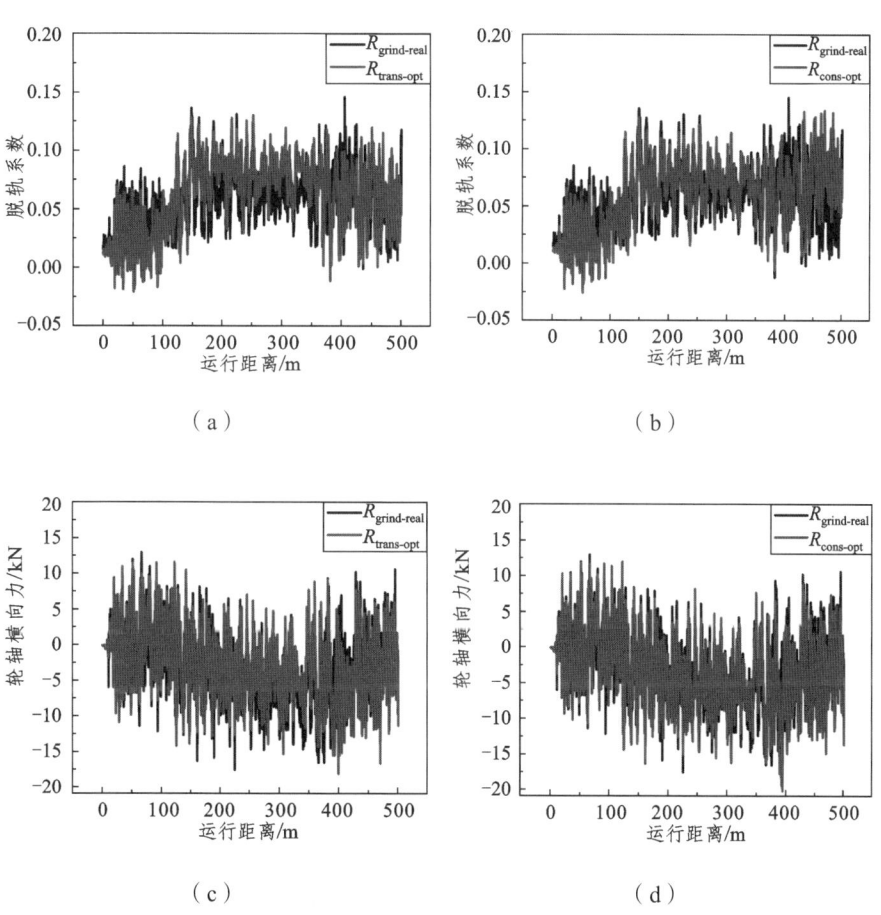

（a）

（b）

（c）

（d）

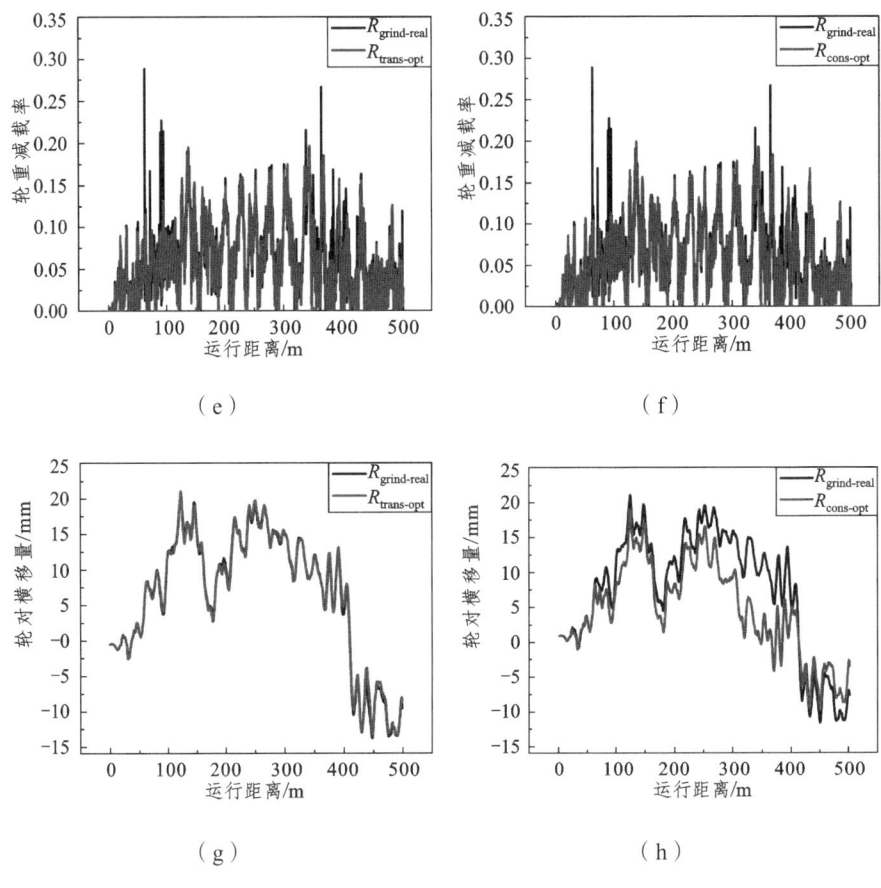

图 6-14 优化设计打磨廓形动力学计算结果对比

由图 6-14（a）、6-14（b）分析可知，$R_{grind-real}$ 廓形在入出缓和曲线段脱轨系数最大值为 0.15，采用 $R_{trans-opt}$ 廓形进行打磨后脱轨系数最大值为 0.13，降幅为 13.33%；$R_{grind-real}$ 廓形在恒定半径曲线段脱轨系数最大值为 0.15，采用 $R_{cons-opt}$ 廓形进行打磨后脱轨系数最大值为 0.14，降幅为 6.67%；由 6-14（c）、6-14（d）分析可知，$R_{grind-real}$ 廓形在入出缓和曲线段的轮轴横向力最大值为 16.48 kN，采用 $R_{trans-opt}$ 廓形进行打磨后轮轴横向力最大值为 15.25 kN，降幅为 7.46%；$R_{grind-real}$ 廓形在恒定半径曲线段的轮轴横向力最大值为 17.47 kN，采用 $R_{cons-opt}$ 廓形进行打磨后轮轴横向力最大值为 18.01 kN，增幅为 3.09%；由图

6-14（e）、6-14（f）分析可知，$R_{\text{grind-real}}$ 廓形在入出缓和曲线段的轮重减载率最大值为 0.29，$R_{\text{trans-opt}}$ 廓形进行打磨后轮重减载率最大值为 0.20，降幅为 31.03%；$R_{\text{grind-real}}$ 廓形在恒定半径曲线段的轮重减载率最大值为 0.27，$R_{\text{cons-opt}}$ 廓形进行打磨后轮重减载率最大值为 0.19，降幅为 29.63%；由图 6-14（g）、6-14（h）分析可知，$R_{\text{grind-real}}$ 廓形在入出缓和曲线段的轮对横移量最大值为 20.89 mm，采用 $R_{\text{trans-opt}}$ 廓形进行打磨后轮对横横移量最大值为 21 mm，增幅为 0.52%，优化前后幅度无明显变化；$R_{\text{grind-real}}$ 廓形在恒定半径曲线段的轮对横移量最大值为 19.36 mm，采用 $R_{\text{cons-opt}}$ 廓形进行打磨后轮对横横移量最大值为 16.26 mm，降幅为 16.01%；在列车运行至缓和曲线段和恒定半径曲线段交接过渡段约 350 m 处，对应优化前后轮对横移量值分别为 10.14 mm、1.07 mm，降幅为 89.45%，恒定半径曲线段优化后在轮对横移量变化大幅度降低，过渡平缓。通过动力学性能对比可以知道，缓和曲线段优化廓形 $R_{\text{trans-opt}}$ 及恒定半径曲线段优化廓形 $R_{\text{cons-opt}}$ 的脱轨系数指标、轮轴横向力指标、轮重减载率指标、轮对横移量指标均处于我国国家标准允许限度内，且优于实测传统常用的单一打磨廓形 $R_{\text{grind-real}}$。

6.8 曲线区钢轨优化设计廓形磨耗分析

图 6-15 所示为各区段优化廓形及传统常用单一打磨廓形以同一速度过曲线，在不同列车通过次数下，各区段钢轨累计磨耗变化规律。

由图 6-15 分析可知，优化廓形呈现出恒定半径曲线区段磨耗累计发展最快，缓和曲线区段磨耗的次之规律；在恒定半径区段，外轨磨耗主要发生在轨头靠近中部位置，列车通过量 80 万次时，最大磨耗深度为 1.49 mm，主要是车辆行驶时钢轨存在欠超高，导致轮缘接触，加剧外轨侧磨；在缓和曲线区段，外轨磨耗主要发生在钢轨中部走行面附近，呈现出越靠近钢轨内侧轨头区域，累计磨耗量差值越大的规律，最大磨耗深度为 1.02 mm；相较于传统单一打磨廓形最大磨耗深度 1.78 mm，磨耗发展速度得到改善。

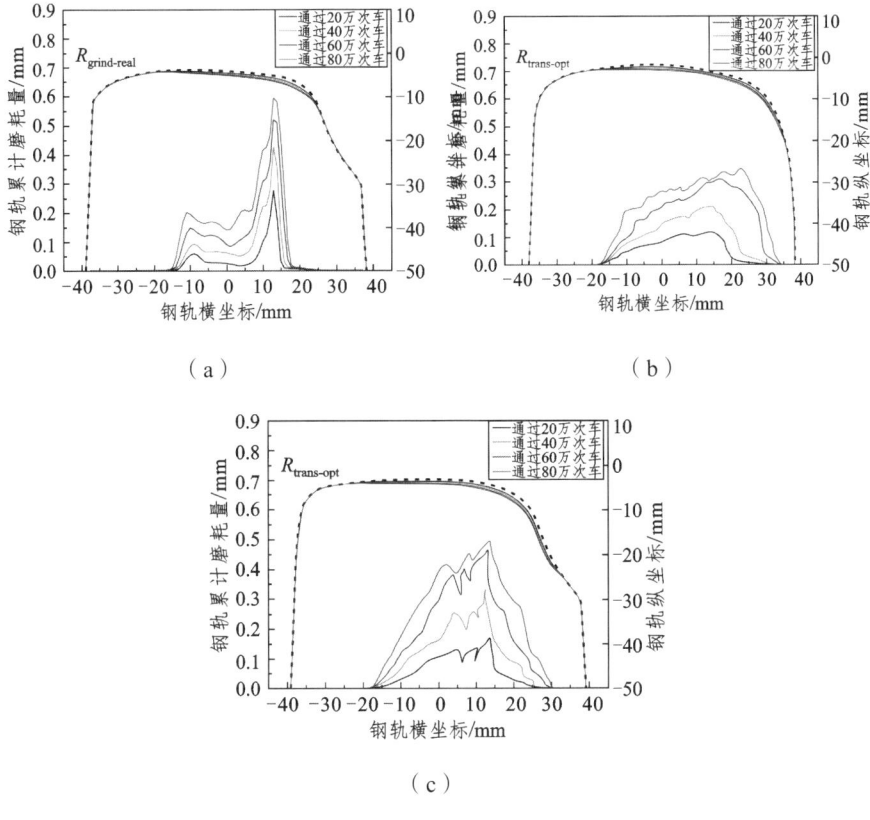

图 6-15 累计磨耗分布

6.9 轮轨静态接触分析

6.9.1 轮轨踏面廓形有限元分析

选取优化设计廓形及实测传统常用的单一打磨廓形，车轮型面选取 LM 磨耗型车轮踏面，建立轮轨三维模型。利用 Hypermesh 进行模型前处理，对轮轨进行非均匀网格划分，轮轨接触区远小于模型尺寸，网格大小细分为 1 mm，非接触区网格单元大小从 1 mm 逐渐过渡到 10 mm，模型所有网格均采用八节点线性六面体单元 SOLID45，共划分为 182 182 个网格单元。轮轨有限元模型如图 6-16 所示。

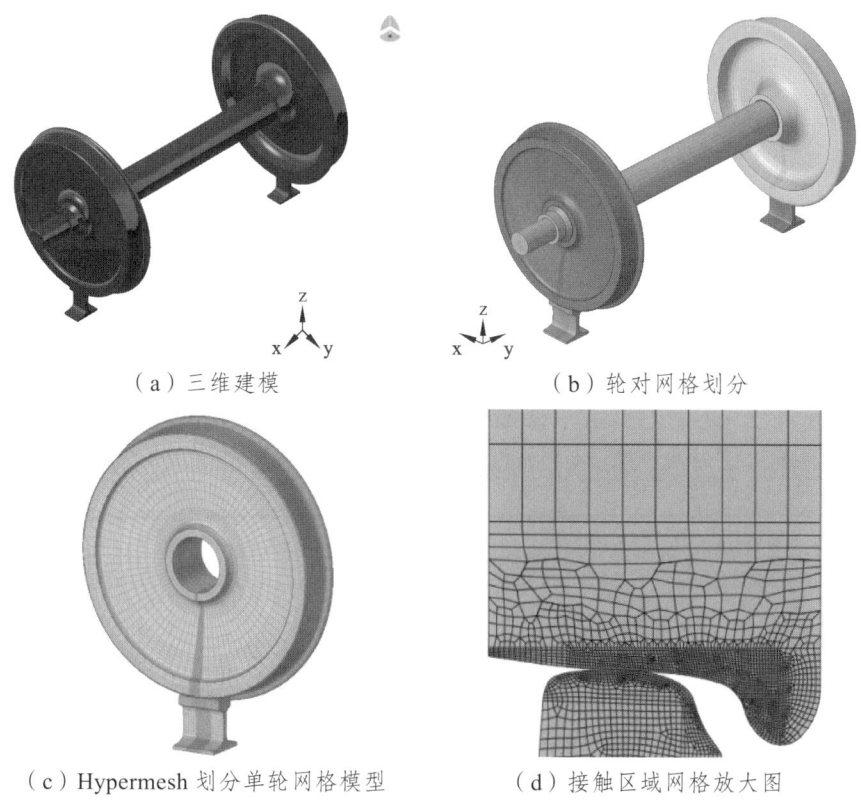

（a）三维建模　　　　　（b）轮对网格划分

（c）Hypermesh 划分单轮网格模型　　（d）接触区域网格放大图

图 6-16　轮轨有限元模型

6.9.2　轮轨接触应力计算参数选取

在进行轮轨接触计算时，轨距取 1 435 mm，轮轨材料设置取弹性模量 $2.03×10^5$ MPa，泊松比取 0.3，密度取 $7.85×10^{-9}$ mm³，轮轨间摩擦因数取 0.3，轨底坡取 1∶40；轮轨接触采用面-面接触，将车轴等效为载荷节点，并将轴重施加在该节点上，与轮径孔采用点-面耦合；求解算法分析共三步，一步设置为收敛步，使车轮产生一个向下的位移保证轮轨接触收敛，另外两步为载荷施加步，线性施加轴重载荷，计算过程均为静态隐式算法，不考虑弹性扣件、轨枕和道床对于计算结果的影响。以上研究分别从轮轨接触斑面积、接触斑内最大 Mises 应力、最大法向接触压力，评价钢轨打磨廓形的静态接触特性。为简化计算，采用对称分析，并在 Abaqus 中对其进行轮轨接触力学性能计算。

6.10 轮轨接触应力计算结果分析

6.10.1 横向位移对轮轨接触应力影响

车轮型面为标准 LM 磨耗型车轮踏面,钢轨廓形选取传统常用单一打磨廓形 $R_{\text{grind-real}}$,优化设计廓形 $R_{\text{trans-opt}}$、$R_{\text{cons-opt}}$,不考虑轮对摇头角,轴重取 30 t[①],横移量变化范围为 0~20 mm。

图 6-17~图 6-22 为轮轨接触应力三维曲面,分别计算轮对横向位移变化对钢轨廓形的 Mises 应力及法向接触压力的影响。

1. 横向位移变化对 $R_{\text{grind-real}}$ 廓形影响

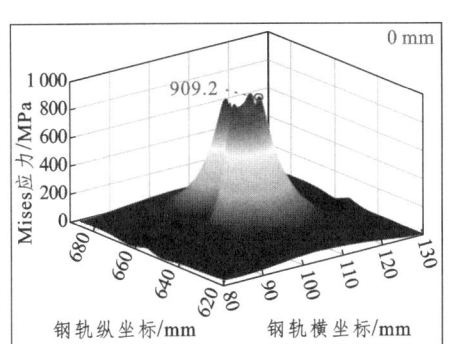
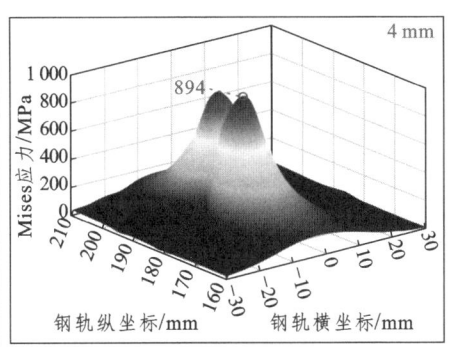
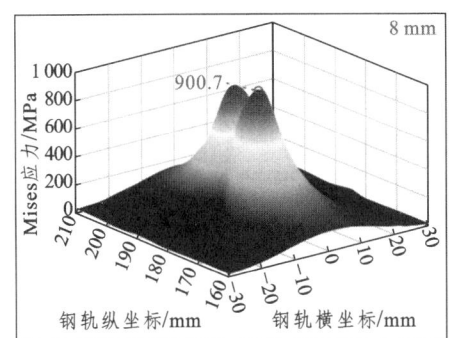
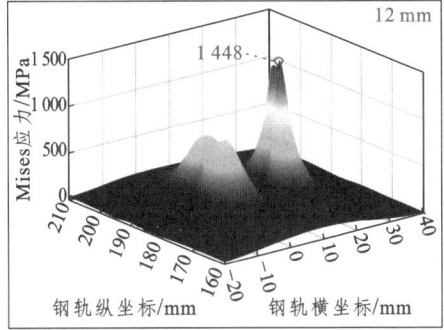

---

① 轴重单位 kN,为遵从行业习惯,本书轴重以"吨(t)"为单位。

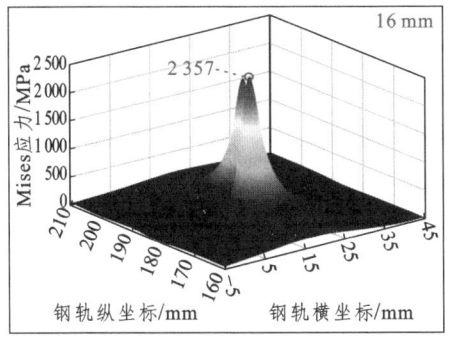
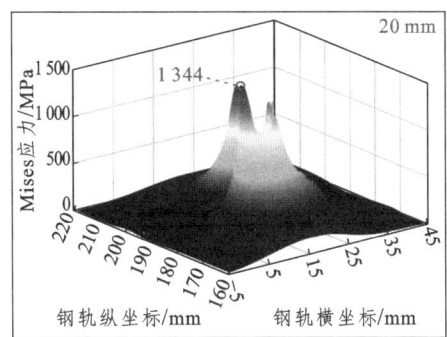

6-17 横向位移变化对 $R_{\text{grind-real}}$ 廓形 Mises 应力影响

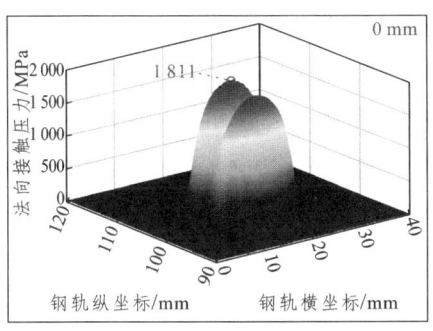
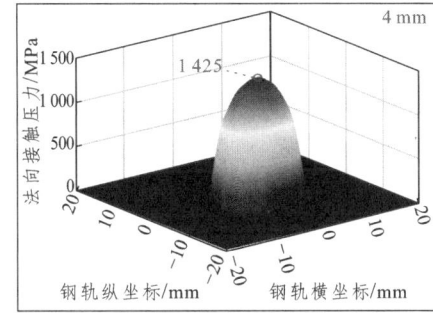
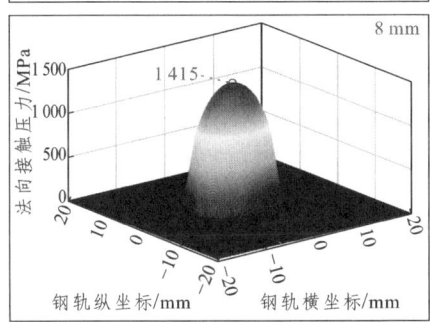
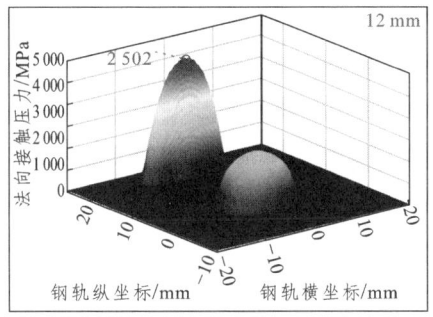
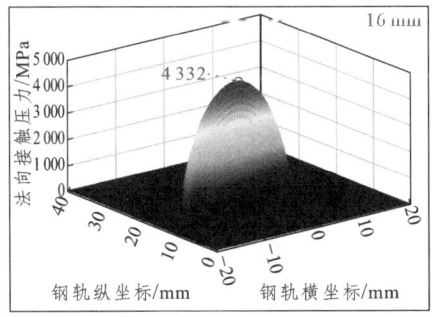
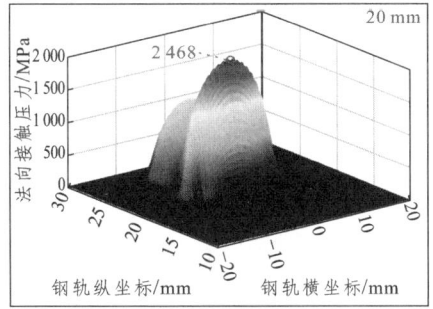

图 6-18 横向位移变化对 $R_{\text{grind-real}}$ 廓形法向接触压力影响

2. 横向位移变化对 $R_{\text{trans-opt}}$ 廓形影响

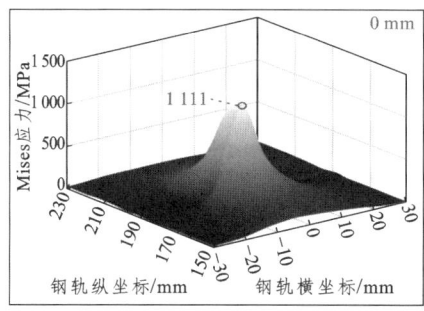
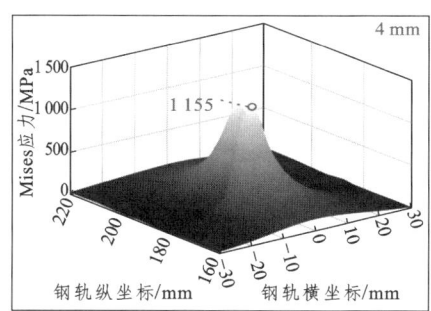
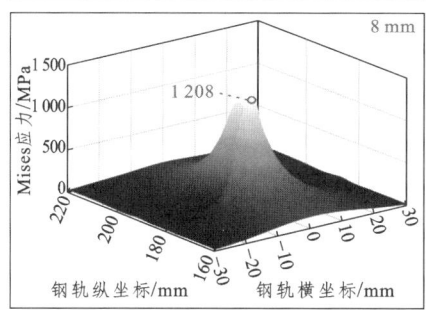
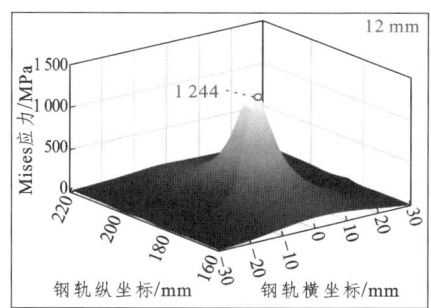
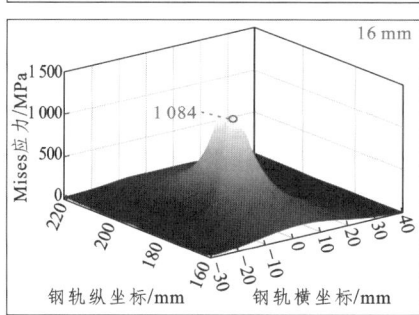
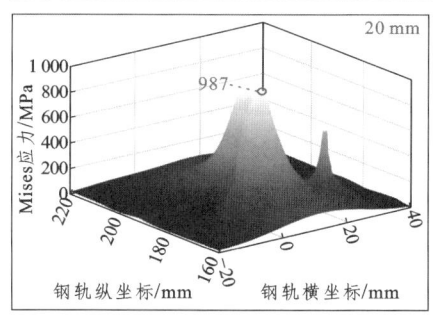

图 6-19 横向位移变化对 $R_{\text{trans-opt}}$ 廓形 Mises 应力影响

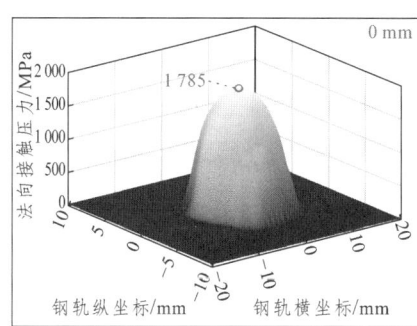
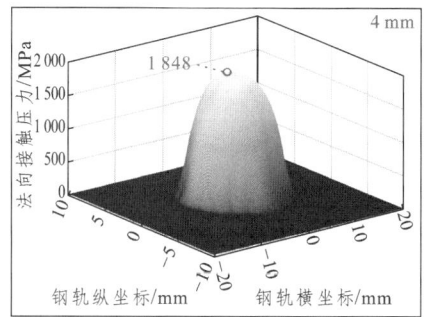

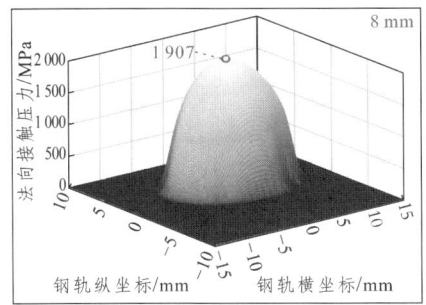
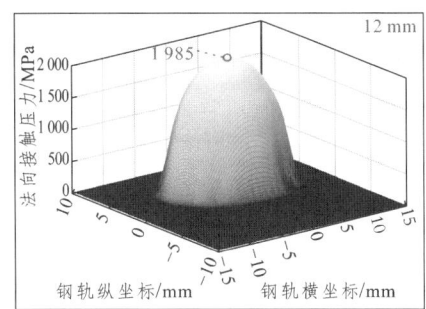
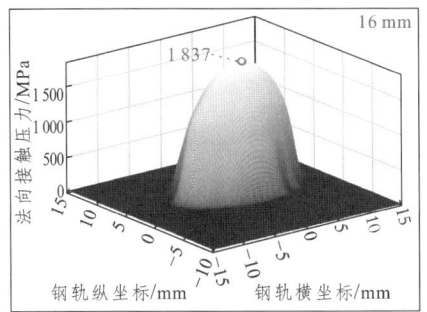
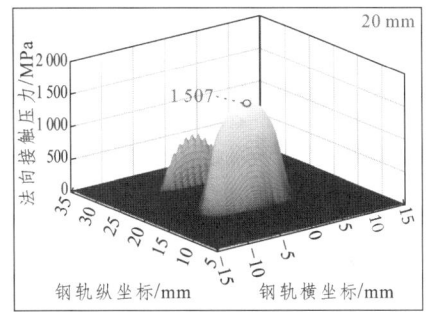

图 6-20 横向位移变化对 $R_{\text{trans-opt}}$ 廓形法向接触压力影响

3. 横向位移变化对 $R_{\text{cons-opt}}$ 廓形影响

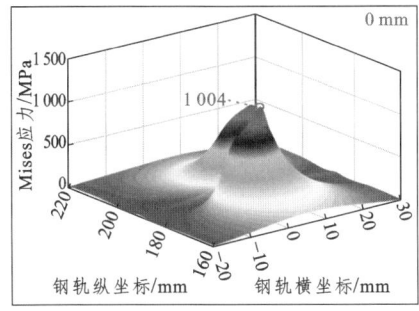
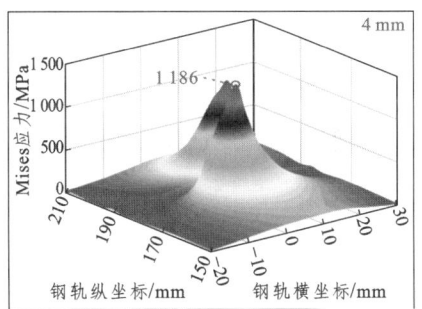
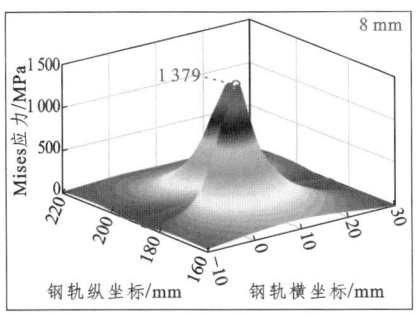
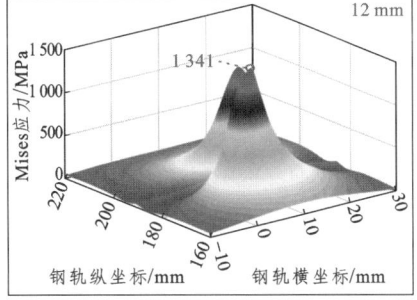

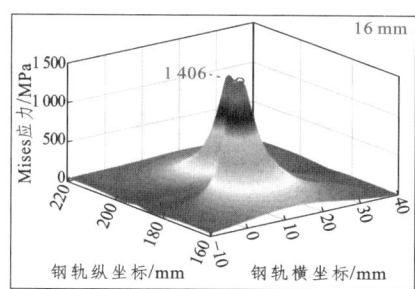
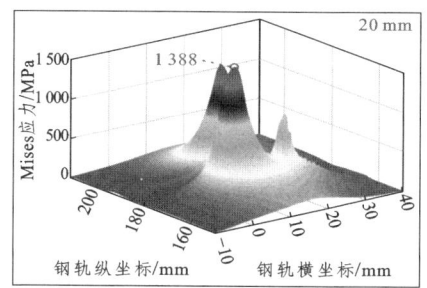

图 6-21 横向位移变化对 $R_{\text{cons-opt}}$ 廓形 Mises 应力影响

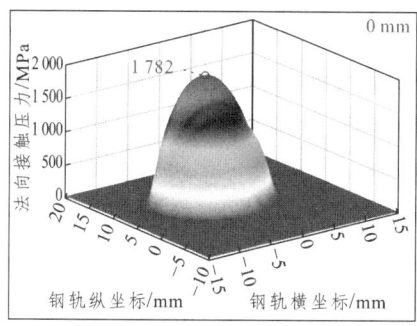
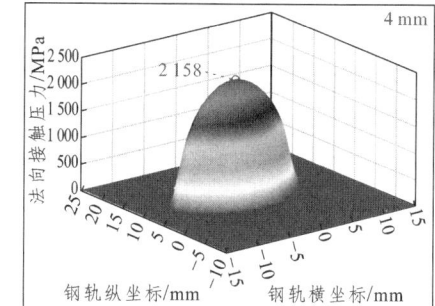
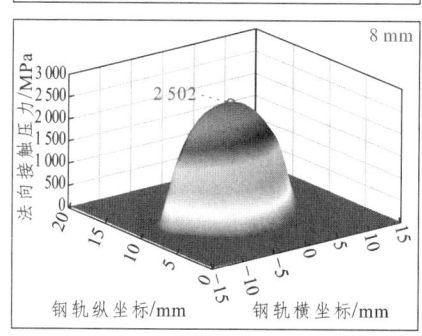
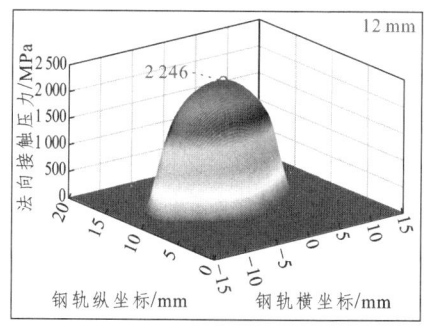
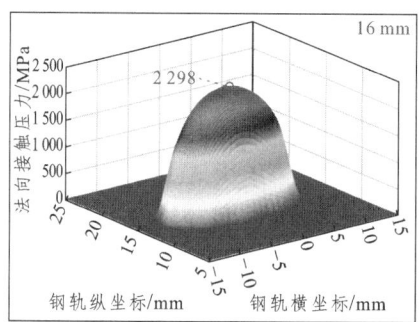
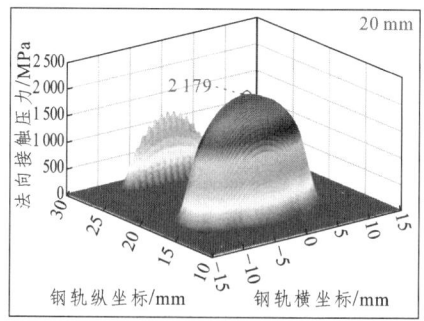

图 6-22 横向位移变化对 $R_{\text{cons-opt}}$ 廓形法向接触压力影响

图 6-23 所示为不同横向位移量下的轮轨接触斑分布，图 6-24 所示为不同轮对横移量下的接触斑面积、最大 Mises 应力、最大法向接触应力的变化曲线。

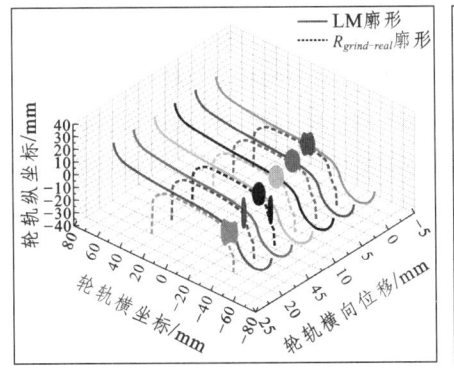

（a）LM/$R_{grind-real}$ 轮轨接触斑分布情况

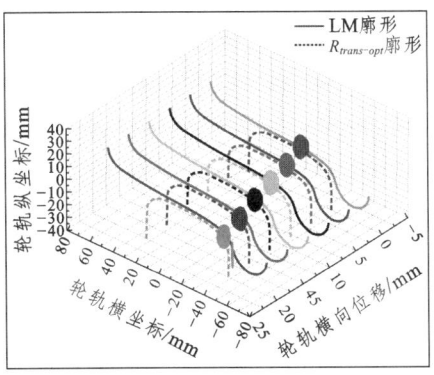

（b）LM/$R_{trans-opt}$ 轮轨接触斑分布情况

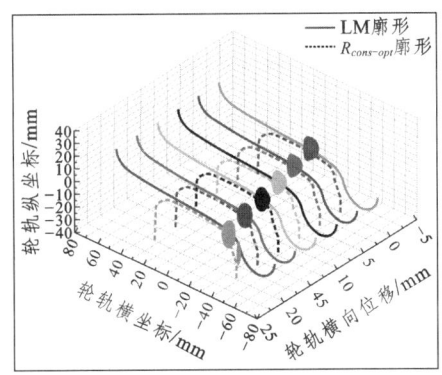

（c）LM/$R_{cons-opt}$ 轮轨接触斑分布情况

图 6-23　不同轮对横移量下轮轨接触状态分布

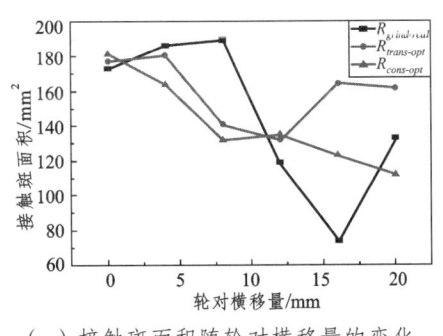

（a）接触斑面积随轮对横移量的变化

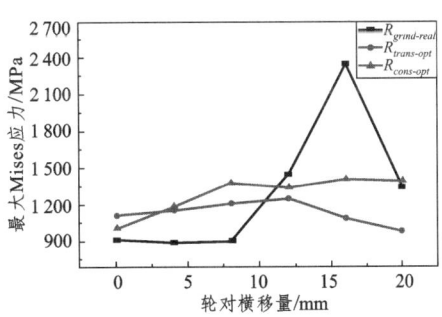

（b）最大 Mises 应力随横移量的变化

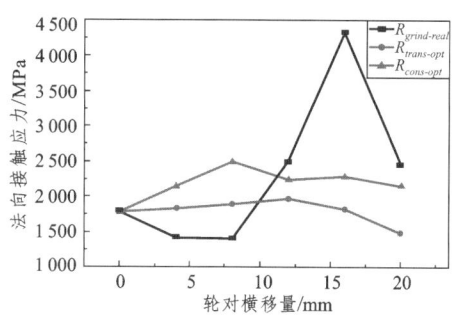

（c）最大法向接触应力随横移量的变化

图 6-24　变化曲线

由图 6-23 分析可知，优化设计廓形前后接触斑面积大于传统单一打磨廓形接触斑面积；轮对横移量在 8~12 mm 时，$R_{grind-real}$ 廓形接触斑面积相对于 $R_{trans-opt}$ 廓形接触斑面积明显减小，这是由于车轮轮缘和钢轨距角处接触，造成曲率较小从而导致接触斑面积减少；$R_{grind-real}$ 廓形在 12 mm 处出现两点接触，由于钢轨侧磨严重，轮缘与轨距角之间的间隙明显增大，使得 $R_{trans-opt}$、$R_{cons-opt}$ 廓形在轮对横移量 20 mm 时出现轮缘和轨距角处接触，引起两点接触，甚至出现共形接触，尽管在一定程度上降低了轮轨法向应力，但是会进一步加速轮轨接触表面的磨耗伤损。

由图 6-24 分析可知，$R_{grind-real}$ 廓形引起的 Mises 应力和法向接触应力明显增加，轮对横移量为 16 mm 时分别达到最大值，Mises 应力为 2 357 MPa，最大法向接触应力为 4 332 MPa，而 $R_{trans-opt}$ 廓形和 $R_{cons-opt}$ 廓形接触斑面积、Mises 应力、法向接触应力均变化平稳，在轮对横移量为 16 mm 时，Mises 应力分别为 1 084 MPa 和 1 406 MPa，最大法向接触应力分别为 1 837 MPa、2 298 MPa，Mises 应力优化后分别降低 54.01% 和 40.35%，最大法向接触应力优化后分别降低 57.60% 和 46.95%；结合图 6-24 可知轮轨接触斑面积与 Mises 应力和法向接触应力成反比关系。

6.10.2　轴重对轮轨接触应力影响

车轮型面为标准 LM 磨耗型车轮踏面，钢轨廓形选取传统常用单一打磨

廓形 $R_{grind-real}$、优化设计廓形 $R_{trans-opt}$、$R_{cons-opt}$，不考虑摇头角，轴重分别取 10 t、15 t、20 t、25 t、30 t，且考虑横移量变化范围为 0~20 mm，分别计算轮对轴重变化对钢轨廓形的 Mises 应力及法向接触压力的影响。图 6-23~图 6-25 分别为轴重取 10 t、15 t、20 t、25 t、30 t，且考虑横移量变化范围 0~20 mm 时的轮对接触斑面积、最大 Mises 应力、最大法向接触应力的变化曲线。

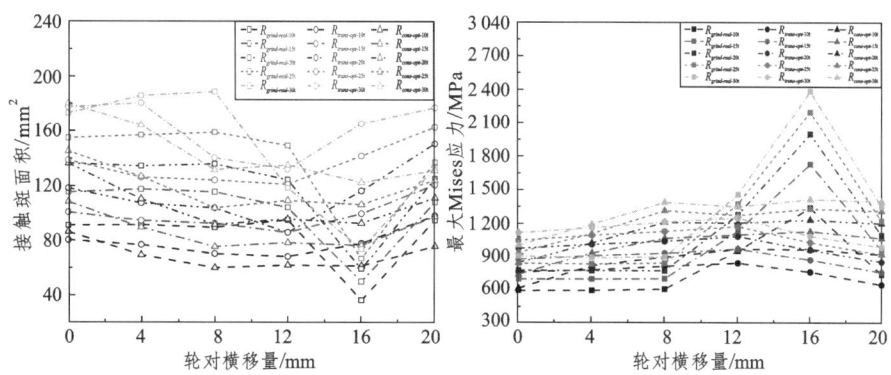

（a）接触斑面积随轮对轴重的变化　　（b）最大 Mises 应力随轮对轴重的变化

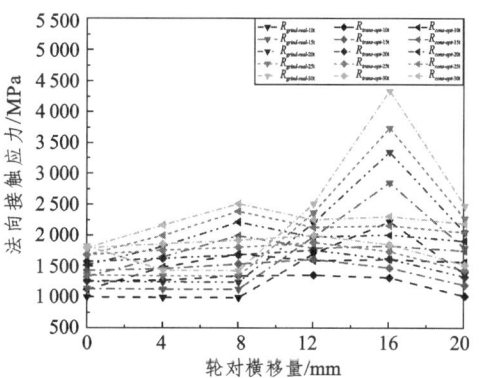

（c）最大法向接触应力随轮对轴重的变化

图 6-25　轴重对轮轨接触应力变化曲线

在仿真分析中，曲线区优化设计廓形 $R_{trans-opt}$、$R_{cons-opt}$ 及传统常用单一打磨廓形 $R_{grind-real}$ 随着轮轨横向位移、轮对轴重的变化，轮轨接触斑的形状和面积、最大 Mises 应力、最大法向接触应力也各不相同。由图 6-25（a）分析可知，从总体来看，$R_{grind-real}$、$R_{trans-opt}$、$R_{cons-opt}$ 廓形接触斑面积均随着轴重的增加而增大,且 $R_{\text{trans-opt}}$、$R_{\text{cons-opt}}$ 作为优化设计廓形在轮轨接触斑在轮对横移量 [0,20]mm 范围内均保持稳定变化,而传统常用单一打磨廓形 $R_{\text{grind-real}}$ 随着轮对横移量的增大,较优化设计廓形提前出现轮轨接触点跳跃现象,导致轮轨出现两点接触,使得轮缘与钢轨轨距角部位发生钢轨侧磨,加速轮轨损伤;当轴重保持固定值时,接触斑面积随着轮对横移量的增加呈现出先减小后增大的现象,在轮对横移量 [0,8] mm 范围内,$R_{\text{grind-real}}$、$R_{\text{trans-opt}}$、$R_{\text{cons-opt}}$ 廓形接触斑面积保持稳定或减小趋势,这是由于在轮轨接触磨耗初期,由于轮轨材料的切削原因,导致轮轨表面仅有少量的轮廓峰相互接触,使得表面所产生的应力与接触斑面积成反比的规律,在轮对横移量 [8,16] mm 范围内,$R_{\text{grind-real}}$ 接触斑面积减小速率远大于 $R_{\text{trans-opt}}$、$R_{\text{cons-opt}}$ 廓形,这是轮对横移量为 12 mm 时,由于采用传统常用的单一打磨廓形 $R_{\text{grind-real}}$ 进行打磨后,在一些曲率变化较快的曲线路段易发生轮缘接触,从而导致车轮轮缘与钢轨轨距角接触发生两点接触现象,而当轮对横移量为 16 mm 时,对应不同轮对轴重,$R_{\text{grind-real}}$ 廓形接触斑面积均减小至最小值,分别为 36.74 mm^2、50.38 mm^2、59.60 mm^2、67.36 mm^2、74.16 mm^2,但是随着轴重的不断增加,其减小值逐渐放缓,放缓速率分别为 37.13%、18.30%、13.02%、10.10%,这是由于轴重的不断增加,导致轮轨磨耗加剧使得轮轨轨距角处两点接触提前向共形接触过渡;$R_{\text{trans-opt}}$、$R_{\text{cons-opt}}$ 及 $R_{\text{grind-real}}$ 在轮对横移量为 20 mm 时,均出现不同程度的共形接触,且呈现出随着轮对轴重的不断增大 $R_{\text{trans-opt}}$ 接触斑面积最大,$R_{\text{cons-opt}}$ 次之、$R_{\text{grind-real}}$ 最小,这是由于 $R_{\text{trans-opt}}$ 廓形轨距角处磨耗较小,$R_{\text{grind-real}}$ 作为传统单一打磨廓形(选取曲线区段所有磨耗钢轨廓形中,磨耗最深的区段作为打磨廓形,即使用单一的打磨目标廓形),在列车保持相同行驶状态下,轮缘与轨距角处接触程度不同所导致。

由图 6-25 继续分析可知,曲线区优化设计廓形 $R_{\text{trans-opt}}$、$R_{\text{cons-opt}}$ 及传统常用单一打磨廓形 $R_{\text{grind-real}}$ 最大 Mises 应力、最大法向接触应力均随着轴重的增加不断增大,且与轮轨接触斑面积趋势相反,由仿真结果可知,对传统常用单一打磨廓形 $R_{\text{grind-real}}$ 进行三次 NURBS 曲线优化设计,得到新的打磨廓形,有效地消除了由于轮轨接触不均匀而产生的局部应力集中现象,降低了轮轨间最大 Mises 应力及最大法向接触应力,使得优化设计廓形在轮对横移量 [0,20] mm 范围内应力均变化平稳,有效地克服了人工经验打磨所带来的打磨误差。

6.10.3 摇头角对轮轨接触应力影响

车轮型面为标准 LM 磨耗型车轮踏面,钢轨廓形选取传统常用单一打磨廓形 $R_{\text{grind-real}}$、优化设计廓形 $R_{\text{trans-opt}}$、$R_{\text{cons-opt}}$,轮对横移量变化取 8 mm 处,轴重取 30 t,轮对摇头角变化范围取 0~0.9°,分别计算轮对横向位移变化对钢轨廓形的 Mises 应力及法向接触压力的影响。

图 6-26、图 6-27 分别为在不同轮对摇头角下的轮轨接触状态分布、接触斑面积、最大 Mises 应力、最大法向接触应力的变化曲线。

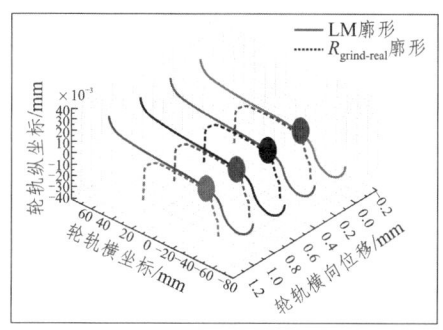 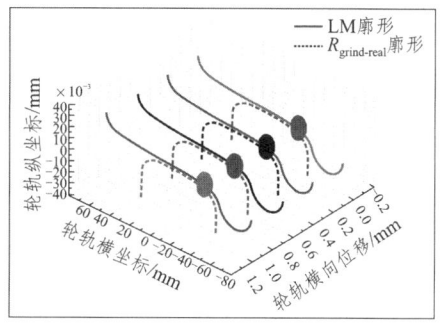

(a) LM/$R_{\text{grind-real}}$ 轮轨接触斑分布情况　　(b) LM/$R_{\text{trans-opt}}$ 轮轨接触斑分布情况

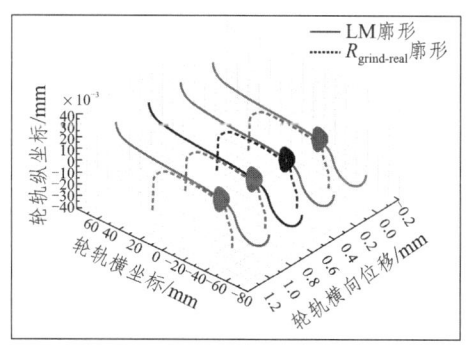

(c) LM/$R_{\text{cons-opt}}$ 轮轨接触斑分布情况

图 6-26　不同轮对摇头角下轮轨接触状态分布

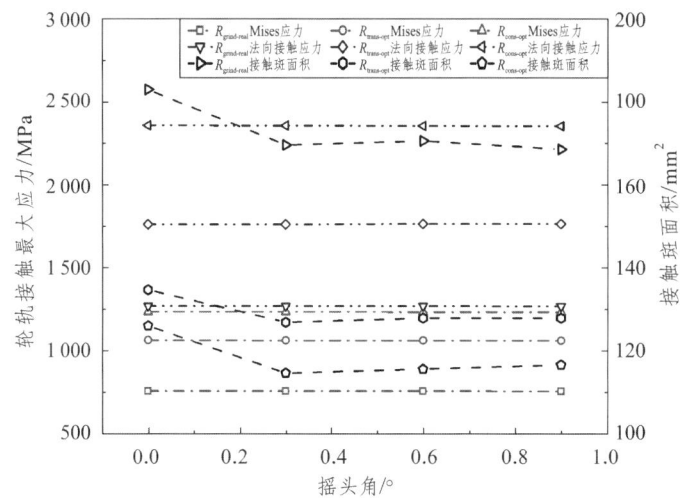

图 6-27 不同轮对摇头角下接触斑面积、Mises 应力及法向接触压力变化

由图 6-26、图 6-27 分析可知，在轮对横移量为 8 mm 时，曲线区优化设计廓形 $R_{\text{trans-opt}}$、$R_{\text{cons-opt}}$ 及传统常用单一打磨廓形 $R_{\text{grind-real}}$ 随着轮对摇头角的不断增加，轮轨接触斑面积略有减小，当摇头角为 0.9°时，$R_{\text{grind-real}}$、$R_{\text{trans-opt}}$、$R_{\text{cons-opt}}$ 廓形所对应的接触斑面积为 174.34 mm^2、133.65 mm^2、122.40 mm^2，接触斑内相应的 Mises 应力及法向接触压力情况基本保持稳定状态或保持缓慢减小状态，这主要是因为，当固定列车轴重时，轮滚接触斑位置、形状受轮对摇头角变化影响较小。经分析可以知道，影响轮轨接触斑内接触应力的主要因素是列车的轴重，而轮对摇头角的变化对接触应力的影响不明显。

第 7 章

道岔区钢轨打磨廓形优化设计

7.1 转辙区钢轨打磨廓形优化设计

7.1.1 辙叉区轮轨接触状态

在高速列车过岔运行时，车轮会和道岔发生强烈的轮轨作用力，强烈的作用力导致轨道的磨耗极度加剧，道岔因为其特殊的结构，在过岔时不可避免地轮缘和轨道侧磨，使得道岔服役寿命缩短，打磨维护的问题也较其他位置要求更高，同时轨道运营服役收入也受影响[106]。图 7-1 所示为列车过岔时的常见三种接触方式。其中，道岔辙叉区钢轨由翼轨和心轨两部分组成。一般来说，优化区域范围大于接触区域范围。按不同截面位置分别进行不同优化方案，车轮与道岔接触主要有以下 3 种形式：单点接触、两点接触、共形接触。

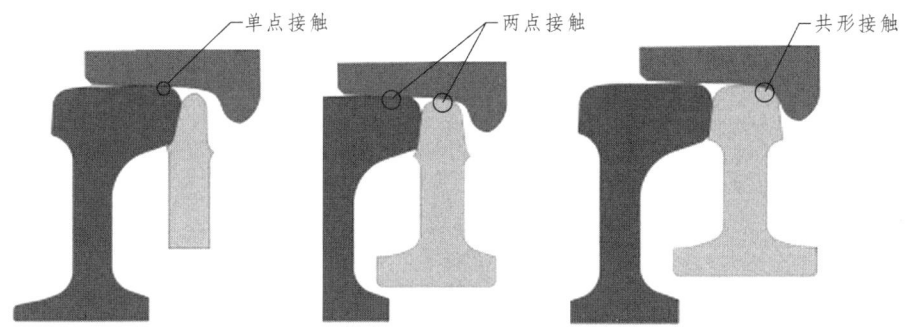

图 7-1 辙叉区轮轨接触状态

单点接触一般发生在列车刚进入辙叉区区域和离开辙叉区区域，车轮踏面和道岔接触只存在一个接触点；两点接触一般发生在列车过岔时同时接触心轨和翼轨，此时因为降低值较小，正好心轨能接触到轮缘，且踏面还在和翼轨接触，从而形成两点接触；当轮缘靠近心轨内侧时，轮缘与轨肩相互磨损，长时间的磨耗过程中容易形成共形接触，然而从列车的安全运行来看，共形接触和两点接触都要避免存在[107]。

7.1.2 道岔尖轨磨耗数据的获取

在复杂的轮轨激扰条件下，道岔不同位置的磨耗情况不同。选取 18 号道岔转辙器区直尖轨为研究对象，使用线激光传感器在直尖轨顶宽 0~50 mm 的区间进行扫描，获取道岔磨耗数据。根据直尖轨顶宽的变化，取 31 个直尖轨磨耗截面作为设计对象，进行道岔打磨廓形设计。

图 7-2 所示为直尖轨关键截面磨耗情况分析对比，当列车通过量为 50MT 时，取顶宽为 0 mm、5 mm、20 mm、35 mm、50 mm 处的道岔截面廓形为研究对象，对其磨耗情况进行对比分析。可知，顶宽为 0 mm 的截面中，基本轨的垂直磨耗深度为 2.43 mm，侧面磨耗深度很小，可忽略不计，直尖轨磨耗量为 0，说明列车通过时未与直尖轨接触，由基本轨完全承受车辆载荷。

顶宽为 5 mm 的截面廓形中，基本轨的垂直磨耗深度为 2.41 mm，几乎没有产生侧面磨耗，直尖轨出现侧面磨耗，其深度为 1.43 mm，可知，列车通过时轮缘会与直尖轨产生侧磨。顶宽为 20 mm 的截面中，基本轨的垂直磨耗深度为 0.94 mm，直尖轨的侧面磨耗为 1.27 mm，说明随着直尖轨顶宽的增加，车辆载荷逐渐向直尖轨进行过渡，直尖轨的测量磨耗逐渐增大，基本轨的垂直磨耗逐渐减小。

顶宽为 35 mm 的截面中，基本轨的垂直磨耗深度为 1.13 mm，直尖轨的侧面磨耗为 1.32 mm，可知车辆载荷由基本轨和直尖轨共同承担，总体磨耗量与顶宽 20 mm 截面相比变化不大；当顶宽为 50 mm 截面时，基本轨与直尖轨都产生垂直磨耗，其中基本轨的磨耗深度为 0.79 mm，直尖轨的磨耗深度大于基本轨为 2.56 mm，可知，基本轨磨耗减轻，直尖轨磨耗变得严重，此时由直尖轨承担车辆大部分载荷。

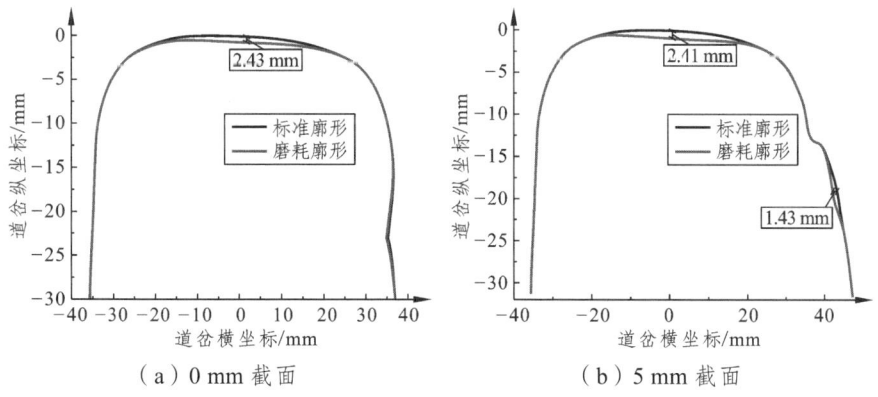

（a）0 mm 截面　　　　　　（b）5 mm 截面

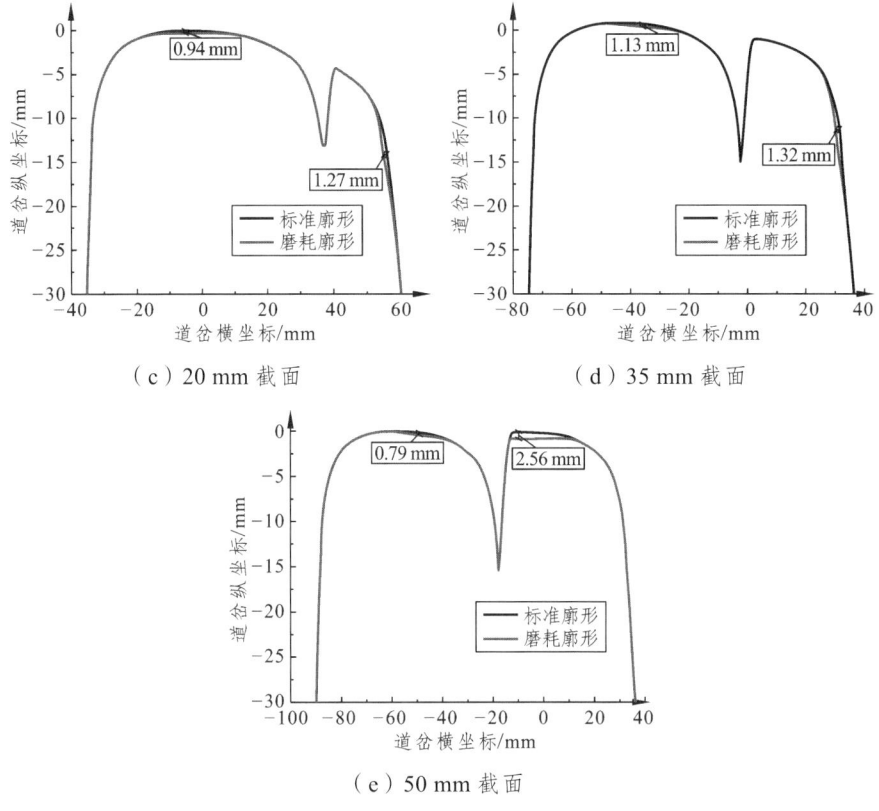

图7-2 直尖轨关键截面磨耗情况对比

通过上述对道岔直尖轨各个关键截面的磨耗情况分析，本书依据NURBS双三次曲面理论对道岔直尖轨打磨廓形进行设计。

7.1.3 道岔尖轨磨耗廓形NURBS曲面描述

本书将实测获得的31个直尖轨磨耗型面离散为数据点，以此31个磨耗型面数据作为基础输入值，借助Matlab软件，采用NURBS双三次曲面理论对磨耗型面进行NURBS曲线插值点描述。

以道岔直尖轨横截面方向为U方向，纵截面方向为V方向。通过对比分析直尖轨标准型面与NURBS拟合设计的曲线的相关性，同时为了更好地对拟合曲线进行柔性控制，在U方向的所有曲线上取19个插值点。通过前文所述的控制点反求算法，计算出 U 方向上的每条曲线的节点矢量，计算得出每条截面曲线所对应的所有控制点。再以 U 方向的所有控制顶点作为 V 方向上的插值点，以同样的方法求得 V 方向上所有的控制顶点。

控制点的重要程度可以通过权因子反映出来，控制点的权因子值的大小与曲面和控制点的距离成正比。控制点的权因子越大说明此控制点对附近点和曲面的影响程度越大，反之亦然。由于道岔直尖轨为变截面形状，每一个截面的磨耗情况不同，本书在磨耗严重部位设定权因子范围为[0.9, 1]，其余部位权因子设定范围为[0.5, 0.7]。以构造的 NURBS 曲面上的控制点权因子为因变量，通过设置每一个控制点的权因子的值来调整道岔直尖轨磨耗廓形的形状，获取道岔直尖轨打磨设计廓形，最后通过蒙皮面法生成三维曲面。

7.1.4 道岔直尖轨设计打磨廓形的生成

由于本次计算所生成的截面较多，无法将每一个截面的计算过程都详细地表述出来。因此，本书只取 U 方向的 35 mm 道岔直尖轨截面曲线为例，使用 NURBS 双三次曲面算法对直尖轨磨耗廓形进行打磨廓形设计，具体计算步骤如下：

1. 插值点的确定

如图 7-2 所示，为了可以更加精确地控制拟合曲线的形状，在道岔直尖轨磨耗严重区域取密集插值点，在磨耗较小区域取稀疏插值点。在磨耗型面中选取 19 个插值点 Q_i，坐标数据见表 7-1。

表 7-1 顶宽 35 mm 截面曲线插值点

序号	x/mm	y/mm	z/mm
1	−54.1	20.01	60
2	−50.97	26.23	60
3	−43.85	30.40	60
4	−34.56	31.72	60

续表

序号	x/mm	y/mm	z/mm
5	-25.08	31.99	60
6	-15.60	31.81	60
7	-6.14	31.29	60
8	3.13	29.91	60
9	11.31	26.77	60
10	15.62	20.91	60
11	16.86	17.33	60
12	18.50	23.88	60
13	20.30	30.27	60
14	29.75	29.72	60
15	39.01	28.27	60
16	46.91	24.83	60
17	50.83	18.84	60
18	52.41	12.29	60
19	54.1	5.76	60

2. 控制点反求算法

根据之前选定的一组型值点,采用弦长参数化法公式(7-6)得到参数值 $\bar{u}_k$ 及拟合曲线各段弦长为

$$|Q_1-Q_0|,|Q_2-Q_1|,\cdots,|Q_{18}-Q_{17}|$$
$$=(6.96,8.21,9.39,9.47,9.49,9.49,9.35,8.79,7.27,3.79,6.75,$$
$$6.52,9.57,9.37,8.57,7.07,6.76,6.75) \quad (7\text{-}1)$$

进而得到总弦长 l=143.57 mm。

根据节点矢量的计算方法,得到拟合曲线的节点矢量如下:

$$U=\begin{bmatrix}0,0,0,0,0.0485,0.1057,0.1711,0.2371,0.3032,0.3692,0.4344,0.4956,\\ 0.5462,0.5726,0.6196,0.6650,0.7317,0.7969,0.8566,0.9059,0.9530\end{bmatrix}$$

(7-2)

将参数值 $\bar{u}_k$ 代入控制点反算公式得到拟合曲线的控制点 P_i 见表 7-2。

表 7-2 顶宽 35 mm 截面曲线控制点

序号	x/mm	y/mm	z/mm
1	−54.1	20.01	60
2	−54.78	23.05	50.99
3	−50.68	26.74	60.01
4	−43.75	31.12	59.99
5	−34.47	31.67	60.04
6	−25.09	31.99	59.63
7	−15.60	31.75	59.64
8	−6.15	31.25	60.95
9	2.92	30.44	59.86
10	11.46	27.52	60.06
11	15.39	22.84	59.88
12	17.18	14.51	60.03
13	18.73	24.59	59.47
14	19.14	32.49	59.86
15	30.34	29.19	60.55
16	38.61	28.83	60.95
17	46.93	25.72	60.39
18	51.43	19.12	59.62
19	51.23	12.02	59.14

上述详细说明了直尖轨顶宽 35 mm 截面 U 方向控制点计算过程。同理，重复以上步骤，可得到 31 个道岔截面曲线在 U、V 两个方向上构造 NURBS 曲面所需的所有控制顶点。部分道岔截面曲线在 U 方向上的可视化如图 7-3 所示。

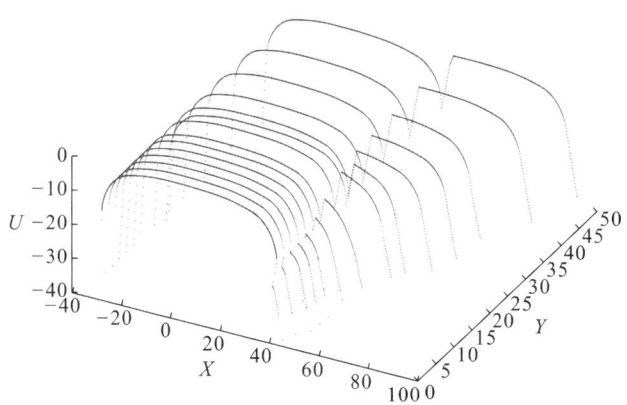

图 7-3 部分 U 方向道岔截面曲线

3. 目标函数

以车轮与道岔有限元接触应力的分布作为优化条件,将接触应力的最大值作为主优化目标函数,见公式(7-3):

$$\Delta MS = MS_{OPzj} - MS_{BZzj} \tag{7-3}$$

式中,MS_{OPzj} 为轮对与打磨廓形接触应力的最大值;MS_{BZzj} 为轮对与标准廓形接触应力的最大值;ΔMS 为接触应力之差,以 $\Delta MS > 0$ 作为优化目标。

选取道岔直尖轨磨耗型面为函数 $f_{wornzj}(x)$,设计打磨目标型面为函数 $f_{OPzj}(x)$,取道岔直尖轨标准型面为函数 $f_{BZzj}(x)$,与标准型面相比,道岔直尖轨截面材料去除面积之差为 ΔS,建立次目标函数,见公式(7-4):

$$\begin{cases} \Delta S = \Delta S_{OPzj} - \Delta S_{BZzj} \leqslant 0 \\ \Delta S_{OPzj} = \left| \int_a^b f_{wornzj}(x)dx - \int_a^b f_{OPzj}(x)dx \right| \\ \Delta S_{BZzj} = \left| \int_a^b f_{wornzj}(x)dx - \int_a^b f_{BZzj}(x)dx \right| \end{cases} \tag{7-4}$$

式中,ΔS_{OPzj} 和 ΔS_{BZzj} 分别为打磨成设计打磨目标型面 $f_{OPzj}(x)$ 及打磨成标准型面 $f_{BZzj}(x)$ 后的道岔直尖轨截面材料去除的面积;a、b 为直尖轨型面的起点和终点。

4. 约束条件

以道岔直尖轨的标准型面和磨耗最大值型面为设计打磨目标型面的约束

上下边界条件：

$$C_{down}(y_i) \leqslant y_i \leqslant C_{up}(y_i) \quad i \in (1,2,\cdots,13) \tag{7-5}$$

式中，$C_{down}(y_i)$、$C_{up}(y_i)$分别为磨耗最大值型面和道岔直尖轨标准型面。

道岔直尖轨磨耗型面设计打磨目标型面，以轮轨脱轨系数为次约束条件。根据 Nadal 公式，建立脱轨系数约束条件公式如下：

$$f_c = \left(\frac{H}{G}\right) \leqslant \frac{\tan\alpha_1 - \lambda_1}{1 + \lambda_1 \tan\alpha_1} \tag{7-6}$$

$$\Delta f_c = f_{c,OPzj} - f_{c,BZzj} \leqslant 0 \tag{7-7}$$

式中，H、G为轮轨横向力和轮轨垂向力；α_1为轮缘角；λ_1为轮缘处的摩擦系数；$f_{c,OPzj}$为打磨廓形脱轨系数；$f_{c,BZzj}$为道岔直尖轨标准型面脱轨系数；Δf_c为打磨廓形脱轨系数与标准廓形脱轨系数差。

5. 设计打磨廓形的生成

采用 NURBS 双三次曲面理论及蒙皮面法原理，依据设计打磨型面的主目标及次目标函数，在约束条件下调整整个曲面的控制点权因子的值，得到道岔直尖轨 0~50 mm 区段的设计打磨廓形的拟合曲面，如图 7-4 所示。

图 7-4 所示为道岔直尖轨打磨设计廓形曲面拟合，从图中可以看出，以尖轨顶宽为标准，将道岔分为 0~3 mm、3~5 mm、5~20 mm、20~35 mm、35~50 mm 5 个区段分别进行 NURBS 双三次曲面拟合，最终得出各个区段的设计打磨廓形。

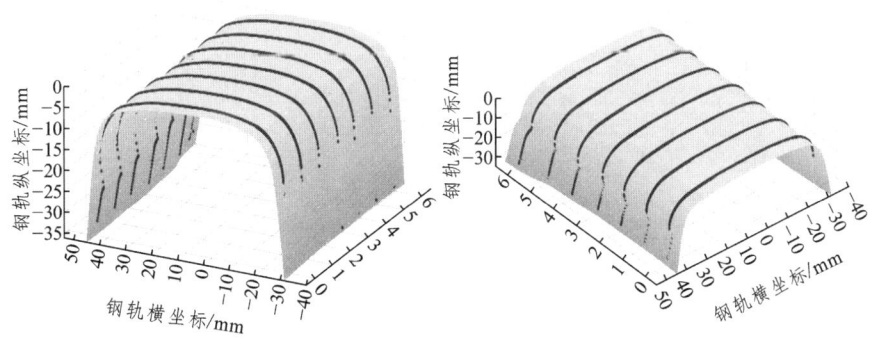

（a）尖轨顶宽 0~3 mm 区段

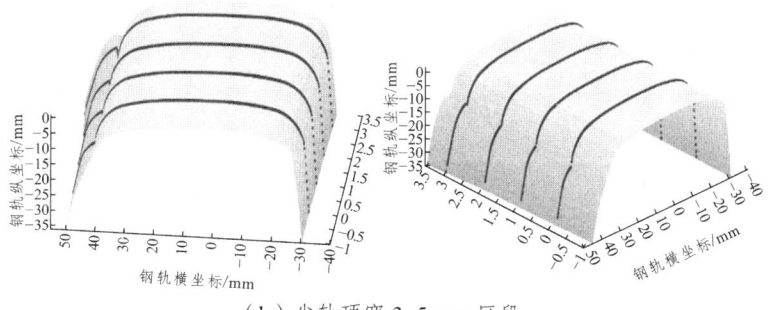

（b）尖轨顶宽 3~5 mm 区段

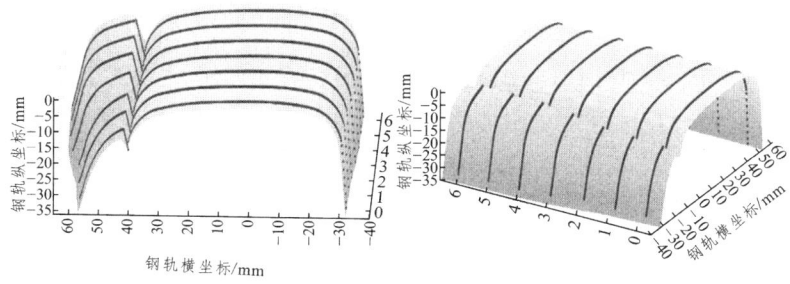

（c）尖轨顶宽 5~20 mm 区段

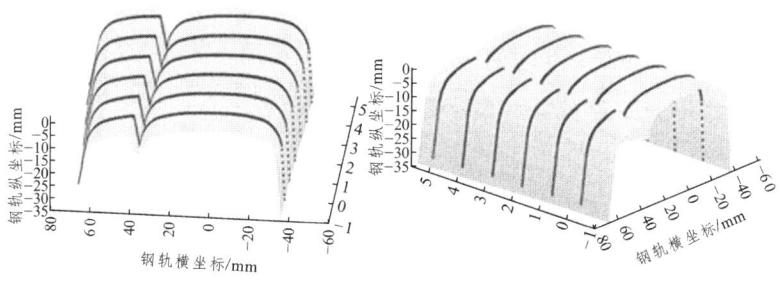

（d）尖轨顶宽 20~35 mm 区段

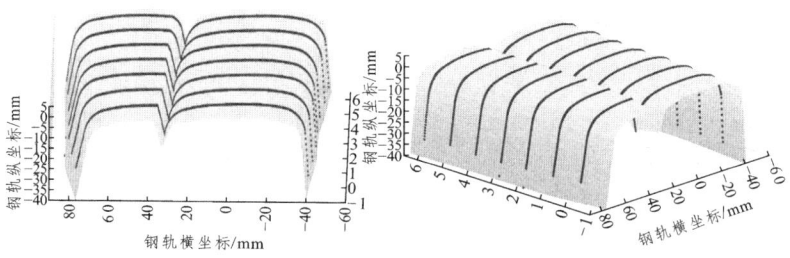

（e）尖轨顶宽 35~50 mm 区段

图 7-4 道岔直尖轨打磨设计廓形曲面拟合

6. 道岔设计打磨廓形中关键截面的提取

通过上述 NURBS 双三次曲面算法,得到道岔直尖轨设计打磨廓形曲面拟合图,然后以拟合曲面为基础,采用 Matlab 软件编写截面廓形提取程序。在拟合曲面中以直尖轨顶宽作为条件变量,提取顶宽为 0 mm、5 mm、20 mm、35 mm、50 mm 5 个关键截面的离散数据点,在 CAD 软件中生成截面廓形,如图 7-5 所示。从图中可以看出,道岔直尖轨关键截面打磨设计廓形保持了标准廓形的曲率,以型面磨耗位置作为廓形设计起始点,对整个磨耗廓形进行修复。

后续以这 5 个关键截面为基础,进行轮轨接触几何关系分析及磨耗预测分析。以下取打磨廓形为 OP_{zj},标准廓形为 BZ_{zj}。

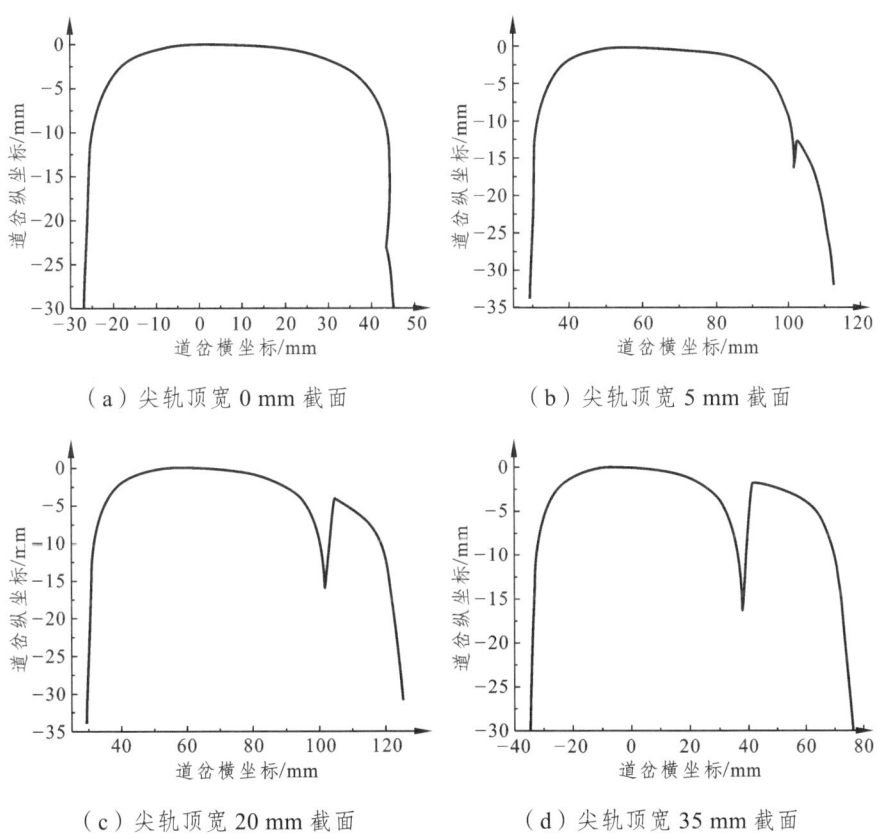

(a) 尖轨顶宽 0 mm 截面

(b) 尖轨顶宽 5 mm 截面

(c) 尖轨顶宽 20 mm 截面

(d) 尖轨顶宽 35 mm 截面

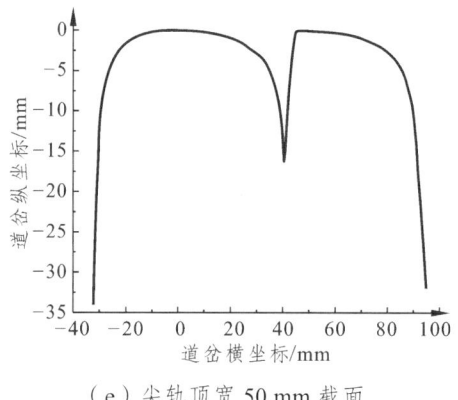

（e）尖轨顶宽 50 mm 截面

图 7-5　道岔直尖轨关键截面打磨设计廓形

7.2　转辙器区轮岔接触规律

7.2.1　转辙器区轮轨接触状态

当列车通过道岔转辙器区时，轮轨间的作用力明显增大，这种状态发生在车轮与道岔钢轨接触面积较小、接触压力较大的情况下。由于接触面积小，轮轨之间的压力分布会比较集中，从而会对轮轨造成较大的压力，进而可能导致轮轨疲劳损伤和变形，降低了道岔服役寿命，同时，对轨道运营服役收益有一定影响[108]。其中，道岔转辙器区域钢轨包括基本轨与尖轨，在这两种结构形式下，为了减少车辆通过时因接触压力而造成的磨损及疲劳破坏，通常采用一种或多种措施来改善该部位的受力状况。一般情况下，确保优化区域范围比接触区域范围大，在设计过程中，需要根据实际情况确定最小接触角，以保证轮轨接触处的稳定性和安全性，为了实现优化效果，需要根据不同的截面位置制定不同的优化方案，并综合考虑接触面和轨道弯曲半径等因素，车轮与道岔接触主要3种形式如图7-6所示：图（a）接触状态Ⅰ为单点接触，图（b）接触状态Ⅱ为两点接触，图（c）接触状态Ⅲ为共形接触[109]。

单点接触一般发生在列车刚进入转辙器区和离开转辙器区时；两点接触一般发生在列车过岔时同时接触尖轨和基本轨，此时由于曲尖轨的顶宽不断加宽，恰好尖轨可以触及轮缘，并且此时车轮还未离开基本轨，由此产生了两点接触；当轮缘靠近尖轨轨距角时，车轮与道岔钢轨磨耗急剧增大，随着通过总量的增加，容易产生共形接触，尽管共形接触不可避免[110]，但从列车安全运行的角度来看，共形接触和两点接触等现象对于列车的安全运行仍然存在风险，因此应尽量减少此类现象的发生。

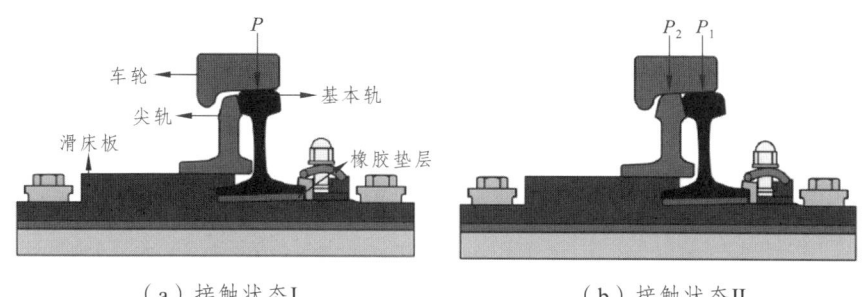

(a) 接触状态 I　　　　　　　(b) 接触状态 II

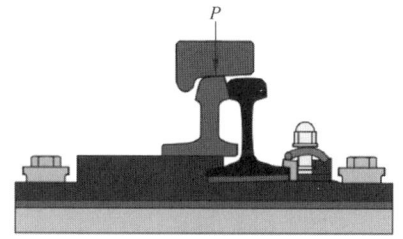

(c) 接触状态 III

图 7-6　转辙器区轮轨接触状态

7.2.2　轮-岔静态接触点分布

在不考虑尖轨和基本轨相对运动的情况下，用基于迹线法原理编写 Matlab 程序，计算转辙器区轮轨静态接触的几何关系和接触点的分布情况。选取道岔直尖轨顶宽 0 mm、5 mm、20 mm、35 mm、50 mm 5 个端面位置作为研究对象，轮对横移范围为（-10,10）mm，对比分析标准 LMA 车轮与道岔直尖轨标准廓形（BZ_{zj}）和设计打磨廓形（OP_{zj}）的匹配接触情况，具体计算结果如下图 7-7 所示。

图 7-7 所示为直线工况下车轮-道岔静态接触点分布对比，从图中可以看出，当直尖轨顶宽为 0 mm 时，轮轨接触为单点接触，轮轨接触点的位置均位于基本轨上，当轮对横移量为 10 mm 时会出现轮缘和基本轨接触，打磨廓形

（OP_{zj}）与 LMA 车轮匹配的接触点分布宽度和密度大于 LMA 车轮匹配标准廓形（BZ_{zj}）。当直尖轨顶宽为 5 mm 时，基本轨承受轮对载荷，当轮对横移量为 10 mm 时，轮缘与尖轨出现接触；LMA/OP_{zj} 接触匹配在轮对横移量[-10, 8] mm 的范围内接触点分布宽度大于 LMA/BZ_{zj} 接触匹配；LMA/OP_{zj} 接触匹配的接触点的密度也大于 LMA/BZ_{zj} 接触匹配。在直尖轨顶宽为 20 mm 时，轮轨主要接触位置分布在基本轨上，与 LMA/BZ_{zj} 接触匹配相比，LMA/OP_{zj} 接触匹配在轮对横移量为 10 mm 时，避免了轮缘部位与直尖轨的接触。在直尖轨顶宽为 35 mm 时，轮轨接触位置在横移量为[-10, 8] mm 时出现在基本轨，当横移量为 10 mm 时，轮缘为尖轨发生接触；与 LMA/BZ_{zj} 接触匹配相比，LMA/OP_{zj} 接触匹配在轮对横移量为 10 mm 时，轮缘与尖轨接触点减少，车轮踏面与基本轨接触宽度增大。当轮对与直尖轨顶宽 50 mm 截面进行接触匹配时，轮对与道岔接触位置主要分布在尖轨上，在横移量为 10 mm 时，出现轮缘与尖轨接触；与 LMA/BZ_{zj} 接触匹配相比，LMA/OP_{zj} 接触匹配具有更大的接触点分布宽度和接触点分布密度。通过上述对比分析，可知与 BZ_{zj} 相比，OP_{zj} 具有更好的轮轨接触特性，接触点的分布密度和接触区域的分布宽度皆有所提高。

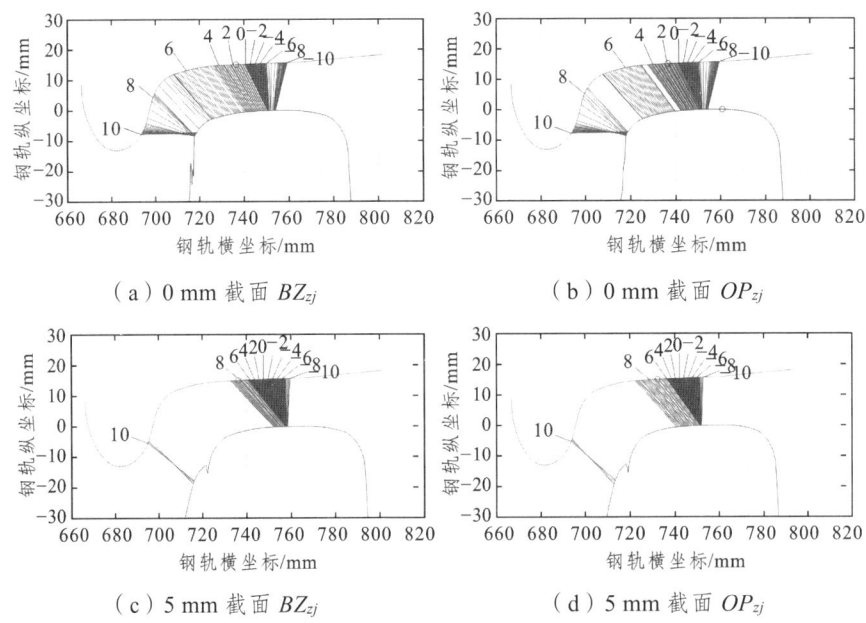

（a）0 mm 截面 BZ_{zj}

（b）0 mm 截面 OP_{zj}

（c）5 mm 截面 BZ_{zj}

（d）5 mm 截面 OP_{zj}

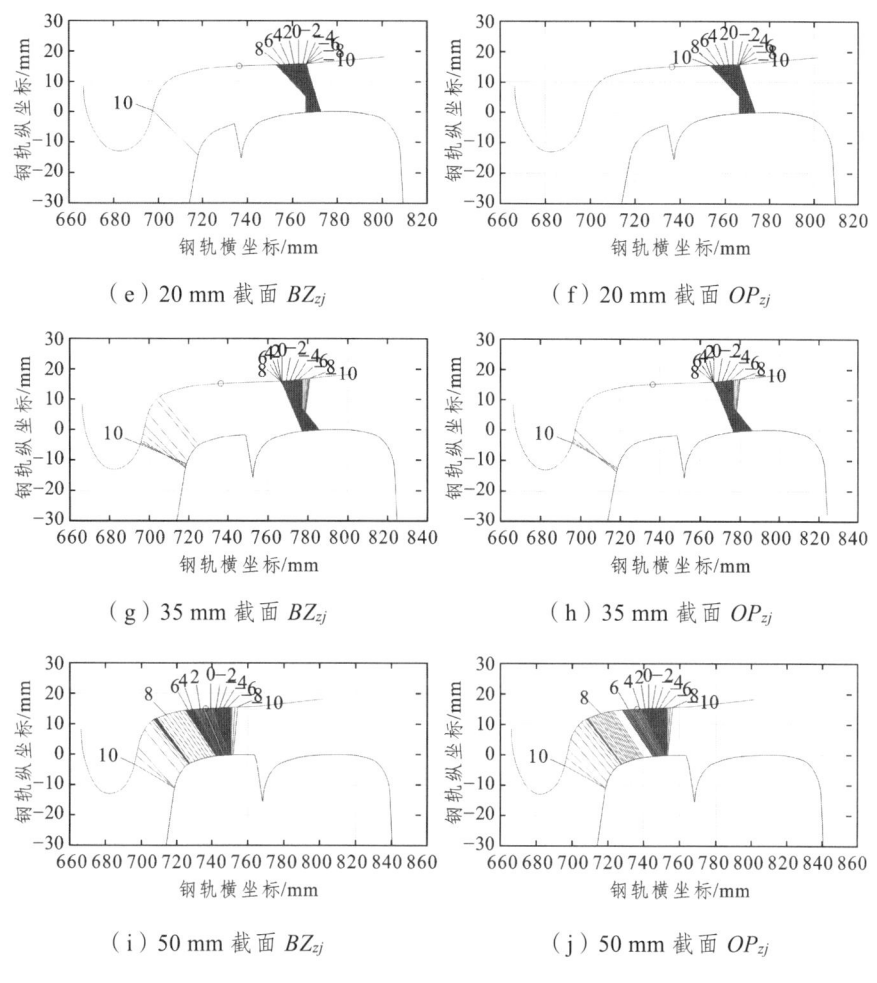

（e）20 mm 截面 BZ_{zj}　　　　（f）20 mm 截面 OP_{zj}

（g）35 mm 截面 BZ_{zj}　　　　（h）35 mm 截面 OP_{zj}

（i）50 mm 截面 BZ_{zj}　　　　（j）50 mm 截面 OP_{zj}

图 7-7　车轮-道岔静态接触点分布对比

通过三维线激光传感器对道岔直尖轨磨耗廓形数据进行提取，然后运用 NURBS 双三次曲面构造技术对道岔直尖轨磨耗廓形进行三维曲面描述，以控制点权因子为设计变量对道岔直尖轨打磨廓形进行设计，提取打磨廓形中的关键截面，分析了转辙器区车轮与道岔的接触规律，依据迹线法原理对比分析标准 LMA 车轮与道岔直尖轨标准廓形（BZ_{zj}）和设计打磨廓形（OP_{zj}）的匹配接触情况。通过分析可知，与 BZ_{zj} 相比，OP_{zj} 具有更好的轮轨接触匹配特性。

7.3 辙叉区钢轨打磨廓形优化设计

基于列车过岔时不同位置的轮轨接触关系不同，分别选取车轮踏面与翼轨接触的 20 mm 截面、车轮踏面与心轨翼轨同时接触的 35 mm 截面、心轨单独承受列车载荷的 50 mm 截面和 60 mm 截面。考虑到心轨截面在 50 mm 截面之后还存在顶宽和降低值的变化，选取 60 mm 截面进行对比优化分析；为方便后文阐述，对关键截面命名如图 7-8 所示，同时从图中可以看出 4 个道岔辙叉区截面的廓形，4 个选取的截面在辙叉区的分布位置如图 7-9 所示。

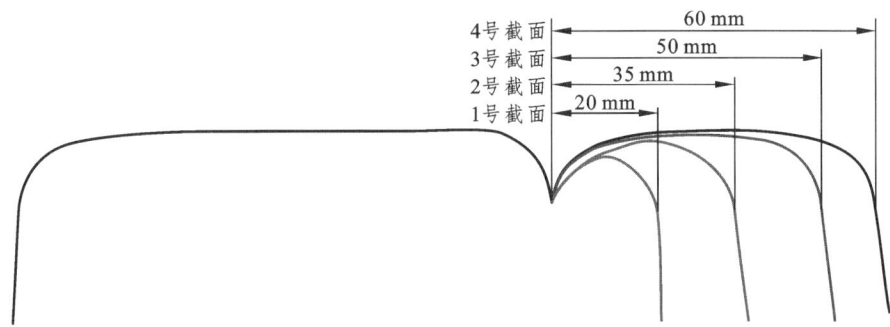

图 7-8 道岔辙叉区选取截面廓形

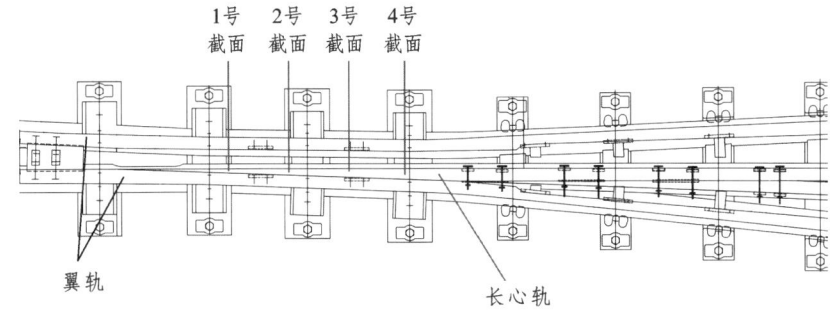

图 7-9 选取的截面分布位置

7.3.1 圆弧曲线道岔廓形描述方法

道岔廓形与车轮廓形接触主要是翼轨顶部及心轨顶部及肩部，从图 7-10 中可知，道辙叉区截面廓形由多段圆弧及之间段组成，将主要接触区域优化为多段圆弧曲线，结合道岔廓形自身的组成轮廓，其中道岔和车轮主要接触区域由 10 段圆弧组成，这 10 段接触圆弧为 $\overset{\frown}{BC}$、$\overset{\frown}{CD}$、$\overset{\frown}{DE}$、$\overset{\frown}{EF}$、$\overset{\frown}{FG}$、$\overset{\frown}{GH}$、$\overset{\frown}{HI}$、$\overset{\frown}{IJ}$、$\overset{\frown}{JK}$ 和 $\overset{\frown}{KL}$，A、F 和 N 为固定点，保证道岔截面的基本尺寸框架不变，$\overset{\frown}{AB}$ 和 $\overset{\frown}{LM}$ 作为道岔两端的圆弧，随着接触位置的圆弧优化而动。

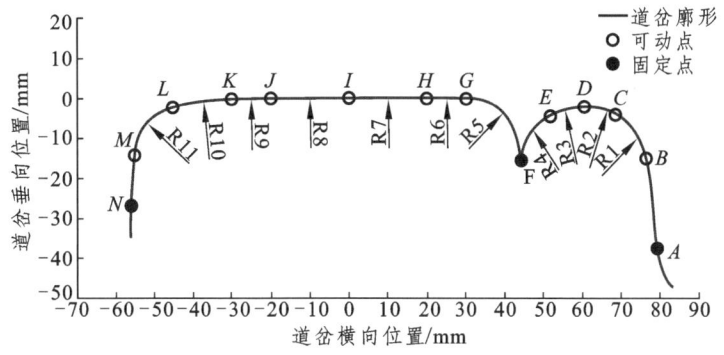

图 7-10 圆弧曲线描述的道岔截面

图 7-10 中 A、N 点为左右端点，保证道岔截面宽度不变，F 点为心轨与翼轨贴合点，左端到 N 点为翼轨截面，右端到 A 点为心轨截面，在优化过程中设置 F 点位置不变，且在实际应用中，只有当心轨和翼轨贴合情况产生变化时，F 点才会发生变化，本优化不考虑此种情况。

图 7-10 中 A~N 的坐标分别是 (x_a, y_a)、(x_b, y_b)、……、(x_n, y_b)。A~M 点右端极限位置点分别为 A_0~M_0 点，坐标分别为 (x_{a0}, y_{a0})、(x_{b0}, y_{b0})、……、(x_{m0}, y_{m0})。$\overset{\frown}{AB}$、$\overset{\frown}{BC}$、$\overset{\frown}{CD}$、$\overset{\frown}{DE}$、$\overset{\frown}{EF}$、$\overset{\frown}{FG}$、$\overset{\frown}{GH}$、$\overset{\frown}{HI}$、$\overset{\frown}{IJ}$、$\overset{\frown}{JK}$、$\overset{\frown}{KL}$ 和 $\overset{\frown}{LM}$ 对应的 12 段圆弧的圆心坐标分别是 $O_1(x_{r1}, y_{r1})$、$O_2(x_{r2}, y_{r2})$、……、$O_{12}(x_{r12}, y_{r12})$。对应的半径为 r_1~r_{12}。

A~M 点相对应的斜率为 k_a~k_m，x_θ、$x_{\theta 0}$、y_θ、$y_{\theta 0}$ 分别对应坐标 x_a~x_m、x_{a0}~x_{m0}、y_a~y_m、y_{a0}~y_{m0}，表达式为

$$k_\theta = \frac{\Delta y}{\Delta x} = \frac{y_\theta - y_{\theta 0}}{x_\theta - x_{\theta 0}} \quad (\theta = a, b, c, d, e, f, g, h, i, j, k, l) \qquad (7\text{-}8)$$

从 A 点作 A 点切线的垂线，再作 A、B 两点的中垂线，则：

$$y = -\frac{1}{k_a}(x - x_a) + y_a \tag{7-9}$$

$$y = \frac{y_b - y_a}{x_a - x_b} \cdot \left(x - \frac{x_a + x_b}{2}\right) + \frac{y_a + y_b}{2} \tag{7-10}$$

整理得：

$$x_{r1} = \frac{\dfrac{x_a}{k_a} + \dfrac{y_a - y_b}{2} + \dfrac{x_a^2 - x_b^2}{2(y_b - y_a)}}{\dfrac{1}{k_a} + \dfrac{x_a - x_b}{y_b - y_a}} \tag{7-11}$$

$$y_{r1} = \frac{\dfrac{x_a}{k_a} + \dfrac{y_a - y_b}{2} + \dfrac{x_a^2 - x_b^2}{2(y_b - y_a)}}{\dfrac{x_a - x_b}{k_a(y_a - y_b)} - \dfrac{1}{k_a^2}} + \frac{x_a}{k_a} + y_a \tag{7-12}$$

由此得 $\widehat{AB}$ 的圆心 O_1 为 x_{r1}，y_{r1}。由此可得 $\widehat{AB}$ 半径 r_1 为

$$r_1 = \sqrt{(x_a - x_{r1})^2 + (y_a - y_{r1})^2} \tag{7-13}$$

$\widehat{AB}$ 的方程为

$$y_1 = y_{r1} + \sqrt{r_1^2 - (x - x_{r1})^2} \tag{7-14}$$

从上推导出 $\widehat{BC}$、$\widehat{CD}$、$\widehat{DE}$、$\widehat{EF}$、$\widehat{FG}$、$\widehat{GH}$、$\widehat{HI}$、$\widehat{IJ}$、$\widehat{JK}$、$\widehat{KL}$ 的圆心坐标为：。其中 $i \in [1,12]$；$j \in (b、c、d、e、f、g、h、i、j、k)$。

$$x_{ri} = \frac{\dfrac{x_b}{k_b} + \dfrac{y_b - y_c}{2} + \dfrac{x_b^2 - x_c^2}{2(y_c - y_b)}}{\dfrac{1}{k_b} + \dfrac{x_b - x_c}{y_c - y_b}} \tag{7-15}$$

$$y_{ri} = \frac{\dfrac{x_b}{k_b} + \dfrac{y_b - y_c}{2} + \dfrac{x_b^2 - x_c^2}{2(y_c - y_b)}}{\dfrac{x_b - x_c}{k_b(y_b - y_c)} - \dfrac{1}{k_b^2}} + \frac{x_b}{k_b} + y_b \quad (7\text{-}16)$$

得到 $\overset{\frown}{BC}$、$\overset{\frown}{CD}$、$\overset{\frown}{DE}$、$\overset{\frown}{EF}$、$\overset{\frown}{FG}$ 对应的半径 r_2、r_3、r_4、r_5、r_6 及方程表达式为

$$r_2 = \sqrt{(x_b - x_{r2})^2 + (y_b - y_{r2})^2} \quad (7\text{-}17)$$

为保证圆弧 $\overset{\frown}{LM}$ 的终点 M 与固定区域具有相同的斜率，则限制 M 处的位置与后半段连接位置斜率相等。

$$\lim_{\Delta x \to 0^+} \frac{f(x_m + \Delta x) - f(x_m)}{\Delta x}$$
$$= \lim_{\Delta x \to 0^-} \frac{f(x_m + \Delta x) - f(x_m)}{\Delta x} = k_m = k_n \quad (7\text{-}18)$$

通过斜率和最后固定点位置确定最终固定段的线段方程：

$$y_s = k_m \cdot x + (y_m - k_m \cdot x_m) \quad (7\text{-}19)$$

经点 L 作垂线方程，且该垂线过 O_{12}（x_{r12}, t_{r12}），则该垂线方程为

$$y = -\frac{1}{k_l}x + y_l + \frac{1}{k_l} \cdot x_l \quad (7\text{-}20)$$

经点 L 作垂直于最终段的垂线，则有交点 P，其方程为

$$y = -\frac{1}{k_m} \cdot x + \left(y_l + \frac{1}{k_l} \cdot x_l\right) \quad (7\text{-}21)$$

得交点 Q，连接 LP 和 QL，则由三角形相似定理得：

$$\frac{LP}{MO} = \frac{QL}{QO} \quad (7\text{-}22)$$

式中，线段点 MO 长度为半径 r_{12} 的长度，通过计算可得：

$$r_{12} = \frac{1}{\dfrac{1}{GP} - \dfrac{1}{QG}} \tag{7-23}$$

则 $O_{12}(x_{r12}, t_{r12})$ 坐标为

$$x_{r12} = x_m + \frac{1}{\sqrt{(1+k_m^2)}} \cdot r_{12} \tag{7-24}$$

$$y_{r12} = y_m - \frac{k_m}{\sqrt{(1+k_m^2)}} \cdot r_{12} \tag{7-25}$$

得 $\overparen{LM}$ 的方程式为

$$y_{12} = y_{r12} + \sqrt{r_{12}^2 - (x - x_{r12})^2} \tag{7-26}$$

因此，可以用圆弧端点坐标（$x_b, y_b, x_c, y_c, ..., x_m, y_m$）作为设计变量，绘画出道岔廓形。

7.3.2 优化方案流程

如图 7-11 所示，以获取的磨耗道岔截面廓形作为初始廓形，通过上文设定的轮轨接触区域圆弧作为优化的区域，不接触的区域保持不变，不会随着优化的区域的改变而改变，通过改变圆弧端点位置坐标（$x_b, y_b, x_c, y_c, ..., x_m, y_m$）调整初始温度，变化范围作为模拟退火算法的初始温度设置，基于圆弧端点坐标的变化拟合圆弧廓形，从而得到由优化区域和固定区域组成的道岔截面优化打磨廓形。道岔优化廓形设计出来后，通过验证是否满足所设置的约束条件，如果不满足约束条件，重新调整圆弧端点的坐标重新优化，只有当满足约束条件，才进行计算目标函数值 $f(T)$，以此循环优化，生成新的目标函数 $f(T')$，计算差值 $\Delta = f(T) - f(T')$，如果 $\Delta T > 0$，则接受 $f(T')$ 作为新的当前解，一直迭代 M 次，直到优化再无新解产生或达到迭代次数，从而生成最优解参数，优化出最优圆弧道岔廓形 $f(T)$。

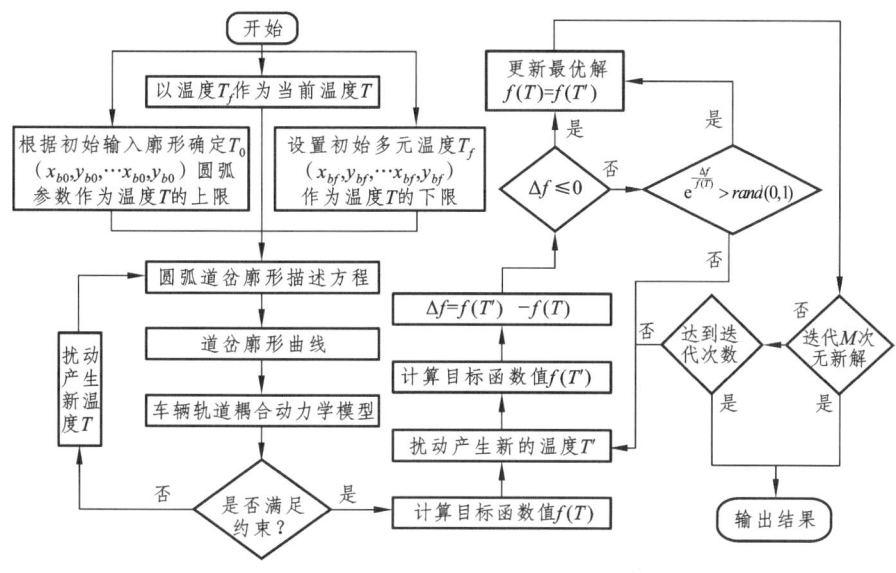

图 7-11 优化流程

7.3.3 优化模型

7.3.3.1 目标函数

1. 降低道岔预测磨耗

在某线路上测得各截面处的磨耗廓形曲线方程 $C_{worn}(y)$。相比于将磨耗廓形打磨成标准廓形曲线方程 $C_{sta}(y)$，将磨耗廓形打磨成优化廓形曲线方程 $C_{opt}(y)$ 所产生的道岔截面材料去除面积更小，并由此建立目标函数表达式，取道岔辙叉区 4 个关键截面，文中分别命名为 1 号、2 号、3 号、4 号，见式（7-27）：

$$\begin{cases} S_1 = |S_{worn} - S_{sta}| \\ S_2 = |S_{worn} - S_{opt}| \\ \Delta S = S_2 - \Delta S_1 \leqslant 0 \end{cases} \quad (7\text{-}27)$$

式中，S_{worn} 为截面磨耗廓形曲线 $C_{worn}(y)$ 与坐标轴围成的面积；S_{sta} 为截面标准廓形曲线 $C_{sta}(y)$ 与坐标轴围成的面积；S_{opt} 为截面优化廓形曲线 C_{opt}

（y）与坐标轴围成的面积；S_1 为截面磨耗廓形曲线和坐标轴围成面积 S_{worn} 与标准廓形曲线和坐标轴围成面积 C_{sta} 的面积之差；S_2 为截面磨耗廓形曲线和坐标轴围成面积 S_{worn} 与优化廓形曲线和坐标轴围成面积 S_{opt} 的面积之差；ΔS 为 S_1 与 S_2 的差。

2．脱轨系数

为了保证优化后的道岔廓形具有较好的列车动力学安全性，通过脱轨系数对优化后的性能进行评判，则根据《机车车辆动力学性能评定及试验鉴定规范》（GB/T 5599—2019）规定，脱轨系数的限值见表 7-3。

表 7-3 脱轨系数限值表

车种	脱轨系数 Q/P	
	曲线半径 R=[250, 400] m	曲线半径 R>400 m
客车、动车组	≤1.0	≤0.8

7.3.3.2 约束条件

1．间隙约束

图 7-12 所示为车轮与道岔辙叉区接触过程中接触点处的法向间隙。当轮对横移量 y_w 一定时，列车驶过辙叉区，与不同截面之间接触位置将发生变化，首先以每一个单独截面的接触点单独优化，优化后的前一个截面的位置带入后一个截面中优化，接触位置虽然有变化，也存在相交的地方，但会优化出较为平缓的翼轨。具体的优化步骤如下：首先选取横向位移为 0 的接触基点 C_k，分别取接触点左右两端的接触斑最端点距接触基点的距离 a_1 和 a_2，为保证基点离 a_1 和 a_2 的距离适合等分，选取的距离可略小于接触斑的短半轴，从而获得一个等距的轮轨法向切分值 d_{ki}（$i = 1, 2, 3, ..., n$），平均值 $\overline{D_k}$ 计算公式如下：

$$\overline{D_k} = \frac{\sum_{i=1}^{n} d_{ki}}{n} \tag{7-28}$$

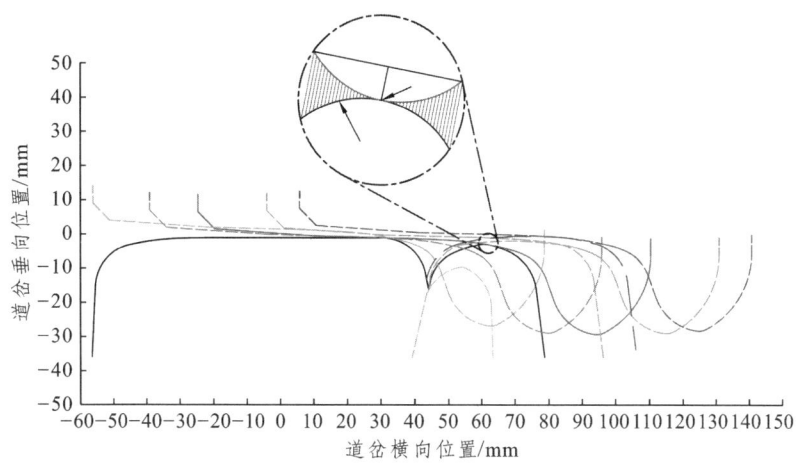

图 7-12 道岔廓形法向间隙约束范围

为保证拟合后的各个关键截面能平顺拟合为道岔廓形，当列车进入辙叉区时，轮轨接触位置一直在变化，从翼轨逐渐过渡到心轨，从心轨顶宽 0 mm 开始逐步优化到 20 mm、35 mm、50 mm 和 60 mm 的接触位置，在 0 mm 接触位置优化的截面圆弧廓形代入 20 mm 截面进行代入优化，优化后的廓形再返回 1 号截面进行进一步优化，达到两个优化截面间的平衡；同理后面的截面优化都代入前面优化好的位置，从而达到翼轨廓形优化一致性，使优化后拟合的廓形表面平顺过渡，使每个单独的关键截面优化不独立，与前后廓形有关联，既能满足顶宽小的截面又能满足顶宽大的截面。

通过在不同横移量的位置处重新计算法向间隙值 d_{ki} 和平均间隙值 $\overline{D_k}$，从而再计算平均法向间隙值 $\overline{D_k}$，计算法向间隙和 X 轴围成的面积。即：

$$S = \frac{\sum_{k=1}^{j-1} h\left[\overline{D_k}(v_1, v_2, \ldots, v_n) + \overline{D_{k+1}}(v_1, v_2, \ldots, v_n)\right]}{2} \quad (7\text{-}29)$$

式中，j 为对应的平均间隙值个数；h 为每次轮对横移的步长。

2. 道岔廓形凹凸性约束

为了防止优化的廓形出现倒圆弧，对优化的廓形进行凸曲线约束，即 $\overset{\frown}{AB}$、$\overset{\frown}{BC}$、$\overset{\frown}{CD}$、$\overset{\frown}{DE}$、$\overset{\frown}{EF}$、$\overset{\frown}{FG}$、$\overset{\frown}{GH}$、$\overset{\frown}{HI}$、$\overset{\frown}{IJ}$、$\overset{\frown}{JK}$、$\overset{\frown}{KL}$ 和 $\overset{\frown}{LM}$ 为凸曲线，

并需要满足如下的限制条件：

$$\lim_{\Delta x \to 0^-} \frac{f(x_\theta + \Delta x) - f(x_\theta)}{\Delta x} < \frac{y_\theta - y_{\theta+1}}{x_\theta - x_{\theta+1}} < 0 \qquad (7\text{-}30)$$

式中，$\theta = a, b, c, d, e, f, g, h, i, j, k, l$。

3. 轮轨横向力约束

较大的轮轨横向力会严重影响列车的安全性，同时还会造成轮轨损伤。由《机车车辆动力学性能评定及试验鉴定规范》（GB/T 5599—2019）可知：

$$\begin{cases} Q \leqslant 29 + 0.3 P_{st} \text{（危险限度）} \\ Q \leqslant 19 + 0.3 P_{st} \text{（容许限度）} \end{cases} \qquad (7\text{-}31)$$

由《客运专线道岔暂行技术条件》所要求，在道岔最高限速条件下的轮轨横向力最大值为 65 kN。

7.3.4 模拟退火寻优计算

图 7-13 所示为优化廓形的优化，优化的廓形圆弧曲线衔接平顺、无突变点；且在优化廓形的左上段翼轨肩部位置存在优化过程中圆弧与圆弧衔接时过优化问题，但随着优化趋于最优解的过程中，过优化的问题在此解决。

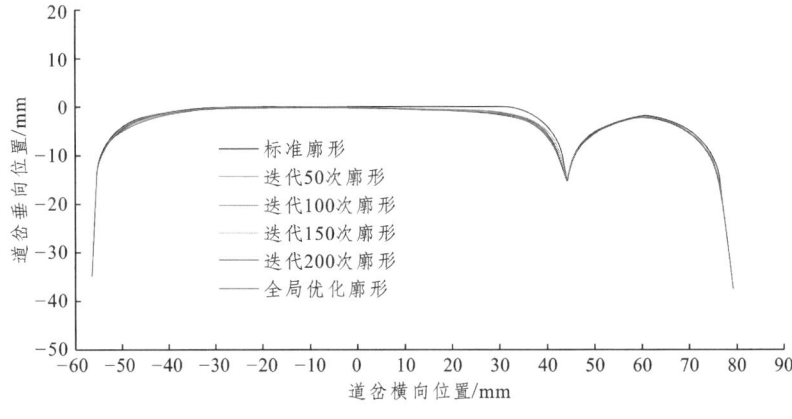

图 7-13 优化过程部分廓形

在循环迭代 252 次之后，计算结果在之后的 200 次函数值中变化范围仅在 1.2% 以内，达到强收敛条件。图 7-13 所示为优化过程中的部分廓形曲线，从图中可以看出，进行优化打磨位置主要集中在靠近心轨的翼轨顶部和心轨顶端左侧，这两个位置是车辆接触的主要位置，表 7-4 展示的是优化过程部分解及目标函数值和约束函数值，由表可知，优化进行到 50 次之后，求解均满足条件，通过优化结果的数值可以看出，优化到 200~300 次时，求解的数值也基本无变化，所以本书最后取值第 252 次产生的全局最优解。

表 7-4 优化过程部分解及目标函数值和约束函数值

	预测磨耗 /mm²	脱轨系数	上下界	凹凸性	轮轨横向力 /kN
迭代 50 次局部最优	18.32	0.657	符合	符合	40.58
迭代 100 次局部最优	14.21	0.583	符合	符合	37.02
迭代 150 次局部最优	10.33	0.581	符合	符合	37.55
迭代 200 次局部最优	10.21	0.541	符合	符合	36.45
迭代 300 次全局最优	10.18	0.547	符合	符合	36.05

7.3.5 优化结果分析

如图 7-14 所示，以道岔辙叉区 2 号截面优化前后廓形曲线为例，图中廓形的优化区域主要集中在 $x \in [0, 45] \cup [60, 77]$ mm，该区域为主要的轮轨接触点位置，廓形在标准廓形之内，并且可以通过有限的打磨获得；在其他区域内为非基础区域，几乎不存在磨耗，优化廓形与标准廓形接近一致，圆弧半径几乎保持不变。

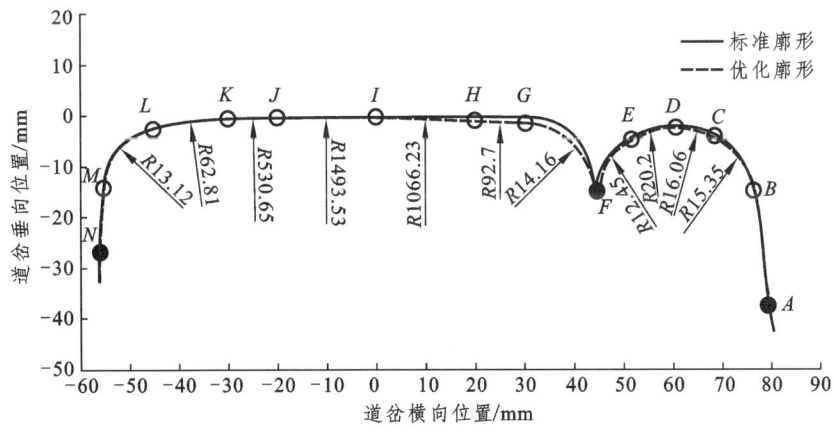

图 7-14 优化后道岔廓形曲线

根据优化的廓形进行三维廓形曲线差值拟合成三维曲面，得到了辙叉区钢轨优化廓形，如图 7-15 所示。

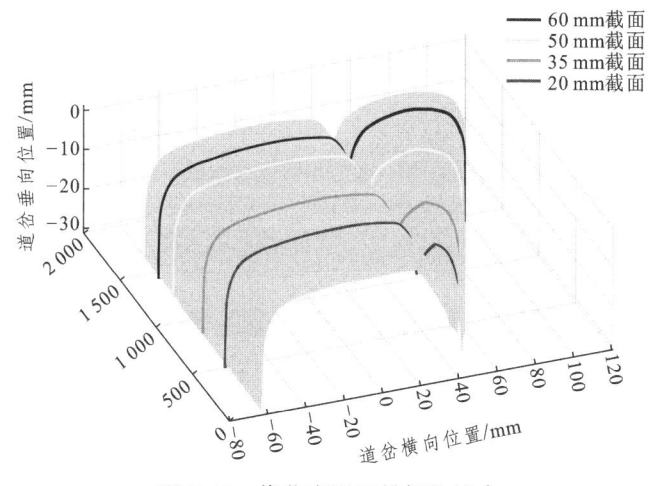

图 7-15 优化廓形三维插值拟合

7.4 道岔优化廓形对比分析

建立的车辆-道岔动力学模型，通过对比分析列车侧逆向过岔时标准道岔廓形和优化打磨廓形下列车的动力学性能，分析在不同过岔速度和不同轴重等参数影响下的动力学性能变化；建立车轮道岔有限元接触模型，分析标准廓形和优化廓形的接触力学性能，对比不同轴重和横移量对接触力学性能的影响。

7.4.1 接触点匹配分析

图 7-16 所示为 4 个截面的标准廓形与优化廓形的接触点对比。由图 7-16（a）中 1 号截面可知，标准廓形中横移量[-10, 2] mm 的接触点的位置主要集中在横向坐标 742 mm 处，在翼轨顶端发生集中接触，容易使接触应力增大，磨耗加剧，而在优化廓形的位置上只有横移量[-2, 2] mm 处产生集中接触，在[-10, -4] mm 横移量下的道岔上接触情况较好，可延长道岔使用寿命；由图 7-16（b）中 2 号截面可知，当轮对横移量在[4, 10] mm 范围内时，心轨顶部产生接触，当横移量在[-10, 2] mm 时，标准道岔的翼轨接触区域出现较为明显的接触点集中状况，易使局部磨耗增大，优化后的截面接触点在翼轨区域

接触分散，减少道岔翼轨磨耗，且接触位置移动到了翼轨轨顶中央处，延长了翼轨区域寿命；由图 7-16（c）中 3 号截面可知，此时轮轨接触点全部集中在横向坐标[725, 740] mm 的心轨上，可见标准廓形上轮对横移量在[-2, 0] mm 范围内时，有较为明显的接触点跳跃，接触点跳跃会对列车平稳性产生影响，而在优化后的截面上，接触点横移变得均匀连续，且接触位置与车辆廓形接近，产生共形接触，从而降低心轨的磨耗；由图 7-16（d）中 4 号截面可知，优化后的廓形分散了接触集中的问题，由心轨顶端横向坐标[740, 750] mm 的横向接触分布分散成[730, 750] mm 的接触位置，接触分布范围的变广有利于降低轨面集中磨耗，使产生的接触带分布更均匀。

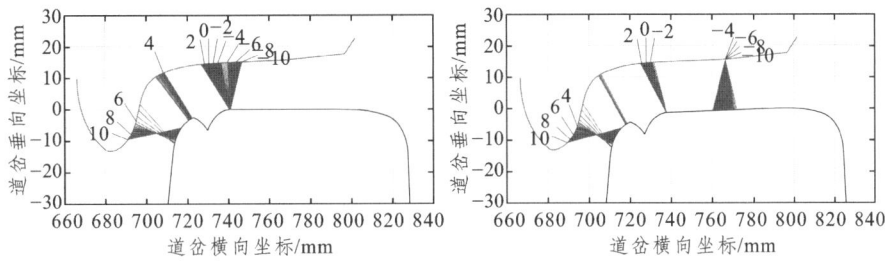

（a）1 号截面的标准廓形与优化廓形

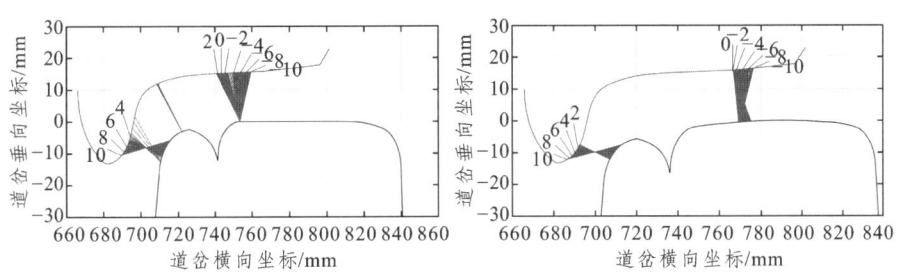

（b）2 号截面的标准廓形与优化廓形

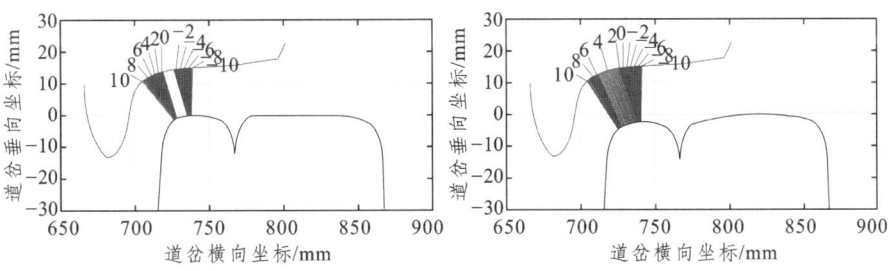

（c）3 号截面的标准廓形与优化廓形

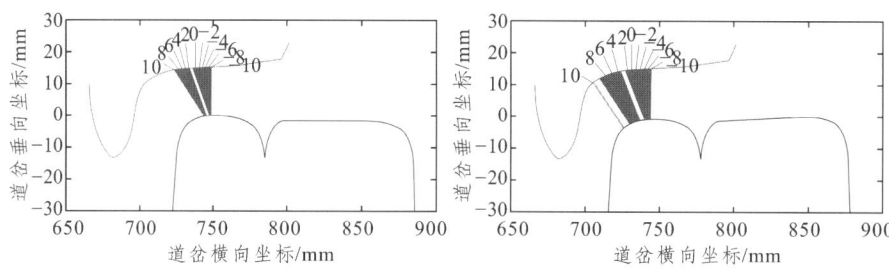

（d）4号截面的标准廓形与优化廓形

图 7-16 辙叉区钢轨关键截面轮轨接触点

7.4.2 动力学响应分析

图 7-17 所示为列车进入道岔心轨前端 6 m 内的各动力学参数响应，由图可知，列车各动力学性能均发生了大幅度的变化。其主要原因是由于列车刚进入辙叉区，随着心轨顶宽变宽和降低值的减小导致列车轮载位置一直发生变化，随着列车的前行，列车接触位置逐渐由翼轨转移到心轨，从而产生较为显著的动力学响应及车体振动，使得列车脱轨系数及轮重减载率的增加，且当 6 mm 以后列车逐渐驶过长心轨区域，动力学性能则趋于稳定。

从图 7-17 中可以看出，优化廓形的动力学响应与标准廓形的动力学响应变化趋势相似；从图 7-17（a）可以看出，在列车过岔这一过程中，列车的轮轨系统遭受到极大的横向冲击，轮对的轮缘外部将会与钢轨产生擦边和冲击；在优化廓形下产生的最大横向力为 48.3 kN，相比于标准廓形的 54.8 kN 下降了 11.9%；从图 7-17（b）中可以看出，由于车轮接触截面的道岔后，轮重减载率迅速变大，随后产生较大的波动，并在一定范围内波动。在优化后的辙叉区道岔上时，轮重减载率最大值为 0.312，相比于标准廓形 0.346 下降了 9.8%；从图 7-17（c）中可以看出，列车刚进入辙叉区时，脱轨系数就迅速达到峰值，随后的过程中车轮轮缘和心轨部位发生激烈的相互作用，导致脱轨系数在一定范围内升到极值，驶过这个阶段，列车的脱轨系数也稳定下来，通过对比发现优化后的脱轨系数最大值为 0.723，相比于标准道岔廓形的 0.782 下降了 7.5%；从图 7-17（d）中可以看出，车体在进入辙叉区后先是有一定的振动，随即振动加速度迅速增大，但整体变化范围均处于一个安全限值内，由图可知，优化廓形的车体横向振动加速度最大值由 0.301 m/s² 降低至 0.254 m/s²，下降了 15.6%；由图 7-17（e）可知，列车通过到道岔辙叉区这一过程中，产生极大的高低不平顺，其主要原因是列车载荷的转移，由翼轨单独承载，到翼轨心轨同时承载，再到心轨单独承载，在这过程中心轨还存在降低值，从而对轮轨垂向力影响较大，从图中可以发现，轮轨垂向力最大值为 86.1 kN，相比于标准廓形 91.3 kN 降低了 2.7%。

总的来说，通过采用优化后的道岔打磨廓形，列车过岔时的动力学性能都得到一定的优化，使得在列车过岔时其安全性得到了较好的保障。在此之外，打磨后的优化廓形能够使列车过岔时动力学响应后延，这对道岔心轨的尖端能产生较好的保护作用，可以处长心轨寿命。

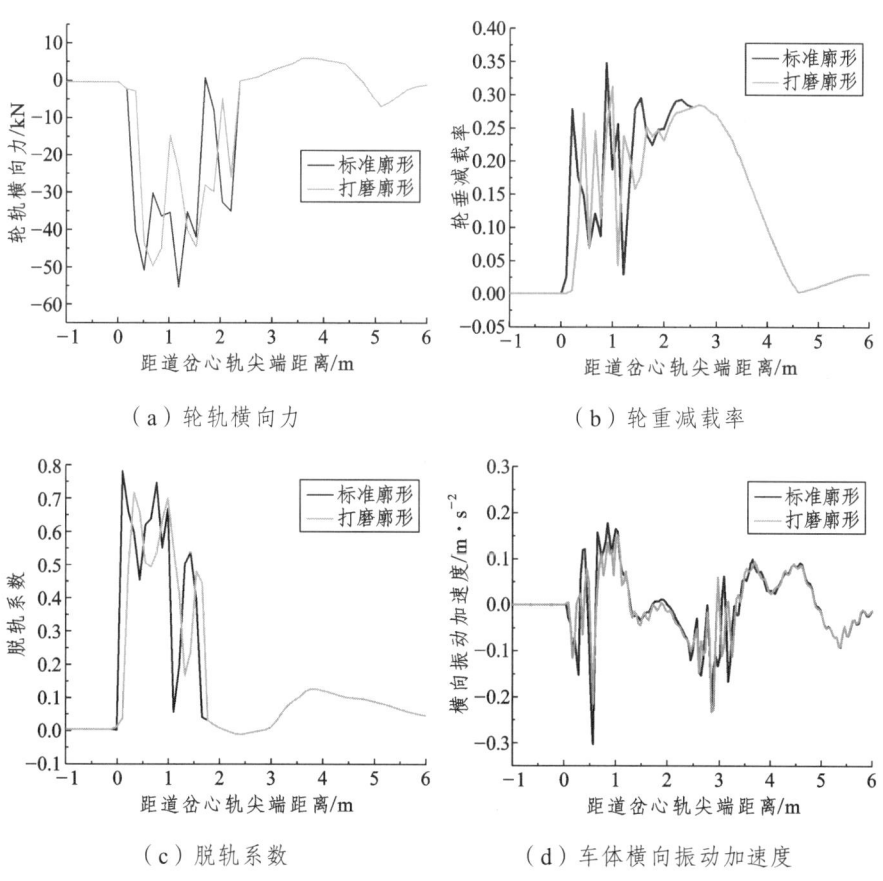

（a）轮轨横向力　　　　　　　　（b）轮重减载率

（c）脱轨系数　　　　　　　　（d）车体横向振动加速度

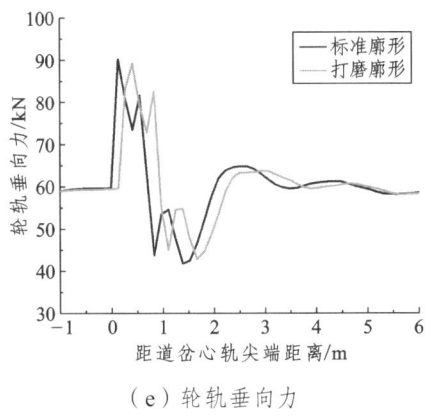

(e)轮轨垂向力

图 7-17 列车逆侧向通过辙叉区的动力学响应

7.4.3 标准廓形与打磨廓形轮轨接触有限元对比分析

通过 CATIA 软件对 LMA 车轮廓形、标准道岔廓形、设计打磨廓形进行建模并分别进行装配，再通过有限元软件 Workbench 2020R2 建立各关键截面廓形的轮轨接触模型。

1. Von-Mises 应力分析

图 7-18 为在没有横移条件下的标准 LMA 车轮踏面分别与标准辙叉区截面和优化打磨辙叉区的截面的 1 号截面（顶宽 20 mm）、2 号截面（顶宽 35 mm）、3 号截面（顶宽 50 mm）、4 号截面（顶宽 60 mm）的 Mises 应力分析。由图 7-18（a）可知，当横移量为 0 时，在 1 号截面处，接触点在翼轨上，此时接触位置较为理想，所以标准廓形下的 Mises 应力为 622 MPa，而优化后的 1 号截面上的 Mises 应力为 567 MPa，相对标准廓形降低了 8.8%，其主要原因是在优化过程中结合标准车轮廓形进行优化；当接触点来到 2 号截面时，如图 7-18（b）所示，此时接触位置随着心轨顶宽的增大逐渐转移到心轨、翼轨共同承载，此截面下的标准廓形 Mises 应力为 648 MPa，而优化廓形为 599 MPa，相对标准廓形减小了 49 MPa，降幅达 7.6%，优化后的廓形改善了心轨上的受力；图 7-18（c）为辙叉区的 3 号截面，此时列车的轴重由心轨单独承载，且由于此时心轨顶宽较小，接触状态不佳，心轨在此时受力较大，

标准下的 3 号截面承受 706 MPa 的 Mises 应力，在优化廓形下同样承受 621 MPa 的 Mises 应力，下降了 12%，且 3 号截面的 Mises 应力也是最大的；由图 7-18（d）可知，4 号截面的受力规律与 3 号截面相似，其主要原因是 4 号截面相对于 3 号截面仅仅是心轨顶宽变大了，因此 Mises 应力也相对变小了，相比于标准廓形，打磨廓形的 Mises 应力由 684 MPa 降低至 621 MPa，减小了 63 MPa，降幅为 9.2%。

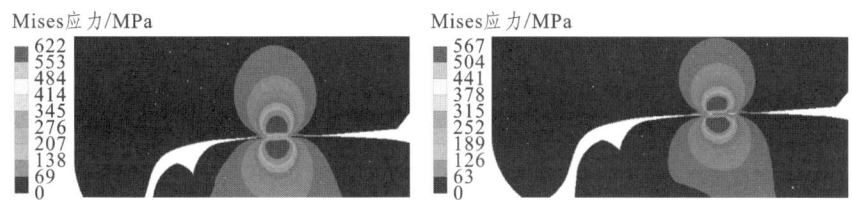

（a）1 号截面的标准廓形与优化廓形

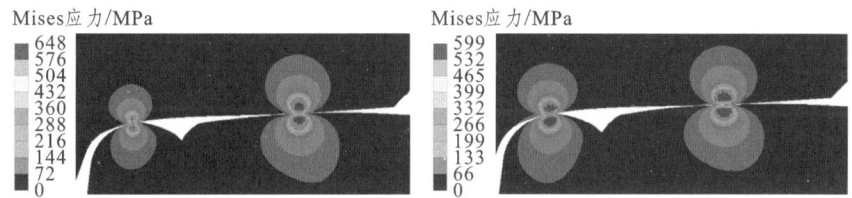

（b）2 号截面的标准廓形与优化廓形

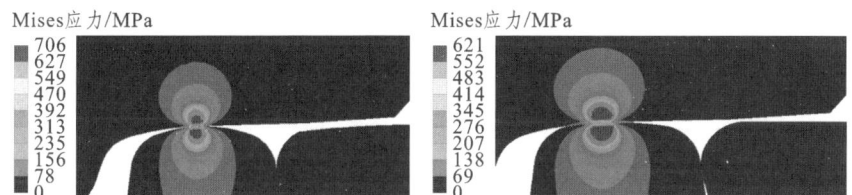

（c）3 号截面的标准廓形与优化廓形

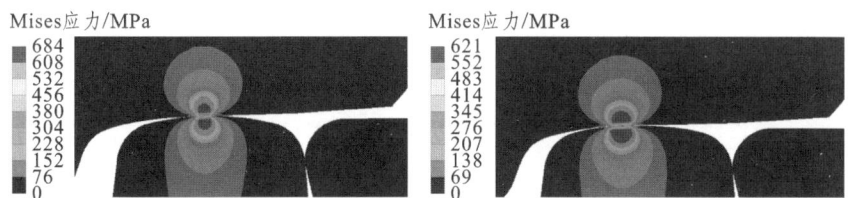

（d）4 号截面的标准廓形与优化廓形

图 7-18　轮轨接触 Von-Mises 应力对比

2. 接触应力分析

图7-19为在没有横移条件下的标准LMA车轮踏面分别与标准辙叉区截面和优化打磨辙叉区的截面接触应力分析。由图可知,当横移量为0时,在1号截面处,接触点在翼轨上,此时接触位置较为理想,所以标准廓形下的接触应力为1 222 MPa,而优化后的1号截面上的接触应力为1 064 MPa,相对于标准廓形降低了12.9%,其主要原因是在优化过程中结合标准车轮廓形进行优化;当接触点来到2号截面时,此时接触位置随着心轨顶宽的增大逐渐转移到心轨、翼轨共同承载,此截面下的标准廓形接触应力为1 332 MPa,而优化廓形为1 231 MPa,相对标准廓形减小了101 MPa,降幅达7.6%,优化后的廓形改善了心轨上的受力;在3号截面时,此时列车的轴重由心轨单独承载,且由于此时心轨顶宽较小,接触状态不佳,心轨在此时受力较大,标准廓形下的3号截面承受1 463 MPa的接触应力,在优化廓形下承受1 199 MPa的接触应力,下降了18%,且3号截面的接触应力也是最大的;4号截面的受力规律与3号截面相似,其主要原因是4号截面相对于3号截面仅仅是心轨顶宽变大了,因此接触应力也相对变小了,相比于标准廓形,打磨廓形的接触应力由1 400 MPa降低至1 170 MPa,减小了230 MPa,降幅为16.4%。

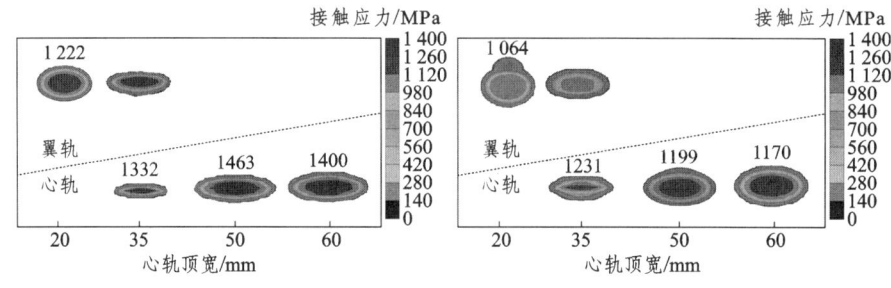

图7-19 轮轨接触应力对比

7.5 动力学响应影响因素分析

在本节中,通过前文建立的车辆-道岔耦合动力学模型,探究在不同轴重、速度等因素的影响下，列车逆侧向过岔动力学响应变化规律。

7.5.1 不同速度下的辙叉区动力学性能分析

列车在线路上运行，以及列车进出站到发线的慢速过岔等因素影响，加之随天气及调度的要求，列车可能存在不同的过岔速度，针对速度不同对过岔的影响本节通过探究在 50 km/h、60 km/h、70 km/h、80 km/h 的列车运行工况下对列车过岔性能影响。

图 7-20 所示为列车不同过岔速度的动力学性能指标。图中可以看出当列车运行速度增大时，各动力学参数均有显著增加。

由图 7-20（a）可知，列车速度从 50 km/h 增加到 80 km/h，标准廓形的轮轨横向力分别为 39.1 kN、42.6 kN、44.5 kN 和 55.1 kN，不同速度下的横向力增幅分别为 8.2%、4.3%和 19.2%，均方根值增值分别为 10.5%、7.3%、18.8%，与之相比较优化后的廓形在不同速度下的横向力分别为 33.8 kN、36.5 kN、38.6 kN 和 47.9 kN，同比下降了 13.6%、14.3%、13.2%和 13.1%，平均下降了 13.55%，优化后均方根值平均降低了 12.5%，且从优化前后可以明显看出，当速度提升到 80 km/h 时，横向力发生显著增大。

由图 7-20（b）可知，轮轨垂向力主要增长规律与横向力类似，标准廓形的轮轨垂向力分别为 114.1 kN、113.5 kN、125.7 kN 和 132 kN，不同速度下的垂向力增幅分别为-0.5%、10.7%和 5%，轮轨垂向力均方根值分别为 83.4 kN、84 kN、86.1 kN 和 86.7 kN，不同速度下的均方根值增幅分别为 0.7%、2.5%和 0.7%；与之相比较优化后的廓形在不同速度下的垂向力分别为 109.2 kN、114.8 kN、116.3 kN 和 120.6 kN，随着速度的增大垂向力的增幅分别为 5.1%、1.3%和 3.7%，优化廓形的垂向力均方根值为 79.8 kN、80.6 kN、81.5 kN 和 82.1 kN，不同速度下的均方根值增幅分别为 1%、1.1%和 0.7%，与横向力相比，垂向力随速度的变化波动较小，垂向力更趋于稳定。

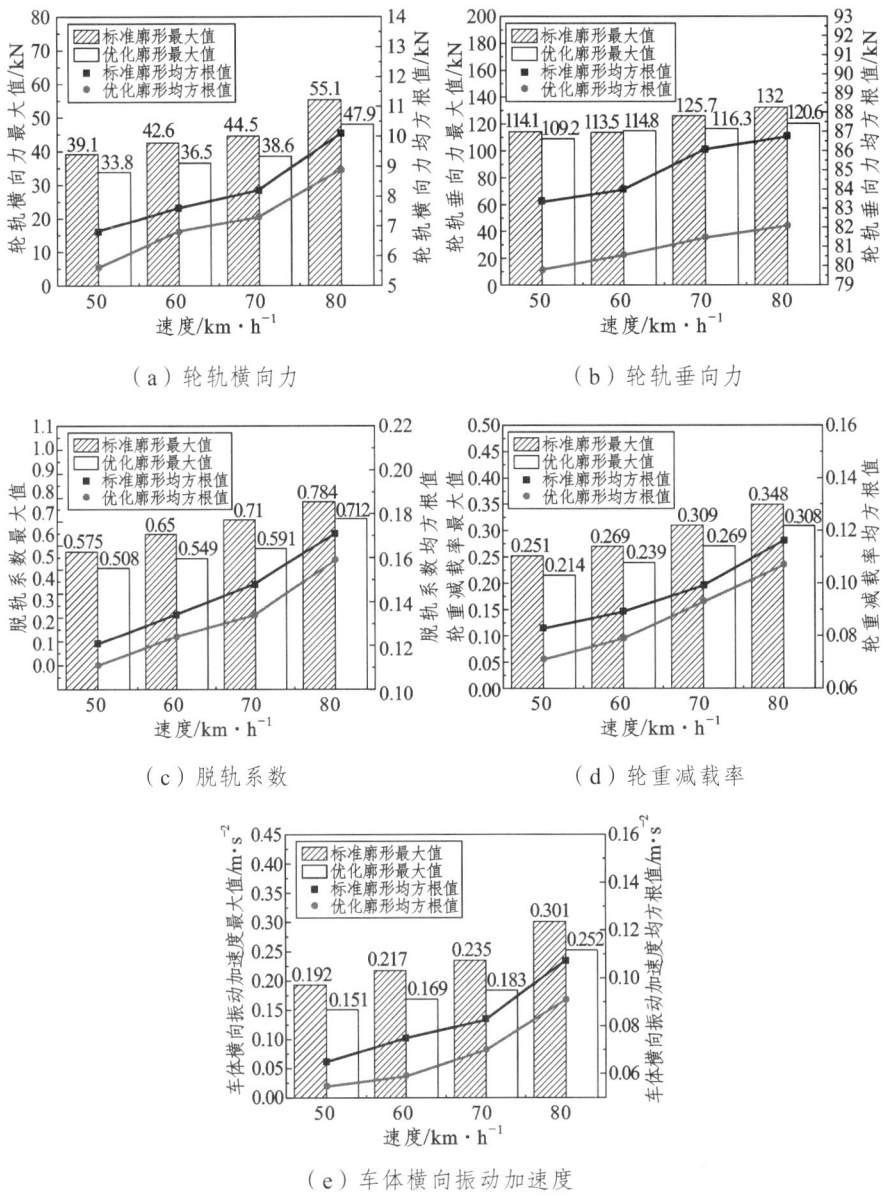

图 7-20 不同速度下动力学响应变化

由图 7-20（c）、图 7-20（d）、图 7-20（e）可知，脱轨系数优化前后的最大增幅为 13% 和 20.5%，优化后脱轨系数最大值平均降幅达 13.2%，均方根值的最大降幅为 15.5%和 18.6%，优化后均方根值平均降低 8%；轮重减载率优化前后的最大增幅为 14.9%和 14.5%，优化后轮重减载率最大值平均降幅达 12.5%，均方根值的最大增幅为 17.2%和 17.7%，优化后均方根值平均降低 9.6%；车体横向振动加速度最大降幅为 28.1%和 37.7%，优化后车体横向振动加速度最大值平均降幅为 20.1%，均方根值的最大增幅为 28.9%和 30%，优化后车体横向振动加速度均值平均降幅为 16.7%，基于以上分析可知，各动力学参数随速度的增长频率均越来越大，当速度达到 80 km/h 时，列车运行速度已经达到列车侧逆向过岔的限制速度，从而对各动力学参数均有显著的影响。对于轮轨垂向力，增幅相对于其他动力学参数较小，说明运行速度的变化对轮轨垂向力的影响较为稳定。

由图中标准廓形与优化廓形趋势线可知，优化的打磨廓形与标准廓形随速度的变化规律是极其相似的，且在标准廓形的基础上各动力学参数数值均有所下降，对于图 7-20（a）、图 7-20（c）、图 7-20（d）、图 7-20（e）中的参数，变化规律上的差值也接近一致，说明优化后的廓形也具有不同速度下的适应性。对于轮轨垂向力，虽然在部分速度段优化效果不如标准廓形，但是在整体上的均方根值优化效果还是达到了预期效果。

7.5.2 不同轴重下的辙叉区动力学性能分析

列车在实际运行过程中并非全为额定轴重运行，所以本节考虑在不同轴重的条件下对列车过岔性能的影响，分析列车在运行速度为 80 km/h、轴重为 12~18 t 条件下的动力学性能。

图 7-21 所示为列车在不同轴重条件下的过岔动力学性能。从图中可以看出，随着轴重的增加，列车的受力情况均有所增加，在 12~18 t 的轴重区间内，标准廓形的轮轨横向力分别为 42.4 kN、52.7 kN、55.3 kN 和 60.1 kN，随着轴重的增大，横向力最大值的增幅分别为 24.3%、4.9%和 8.7%，优化后的廓形横向力分别为 42.9 kN、46.1 kN、48.5 kN 和 53.9 kN，优化后横向力最大值的增幅为 7.5%、5.2%和 11.1%，对比优化前后，优化后的横向力最大值相对于优化前降低了 7.7%；轮轨垂向力为 106.1 kN、119.2 kN、132 kN

和 138.4 kN，随着轴重的增大，垂向力的增幅为 12.3%、10.7%和 4.8%，优化后的廓形轮轨垂向力分别为 66.2 kN、76.5 kN、86.7 kN 和 96.9 kN，优化后的垂向力最大值增幅为 14%、14.2%和 4.9%，对比优化前后，优化后的垂向力最大值相对于优化前降低了 8.7%；标准廓形的横向力均方根值分别为 8.5 kN、9.6 kN、10.1 kN 和 10.8 kN，随着轴重的增加，横向力均方根值的增幅为 12.9%、5.2%和 6.9%，优化后，优化廓形的横向均方根值分别为 7.9 kN、8.4 kN、8.9 kN 和 9.7 kN，随着轴重的增加，优化后的廓形横向力均方根值的增幅为 6.3%、6%和 9%，对比优化前后，优化后的横向力均方根值相对于优化前降低了 10.5%；标准廓形的垂向力均方根值分别为 66.2 kN、76.5 kN、86.7 kN 和 96.9 kN，随着轴重的增加，垂向力均方根值的增幅为 15.6%、13.3%和 11.8%，优化后，优化廓形的垂向均方根值分别为 60.1 kN、70.2 kN、83.4 kN 和 91.3 kN，随着轴重的增加，优化后的廓形垂向力均方根值的增幅为 16.8%、18.8%和 9.5%，对比优化前后，优化后的垂向力均方根值相对于优化前降低了 6.5%。

由图 7-21（c）、图 7-21（d）、图 7-21（e）可知，脱轨系数、轮重减载率、车体横向振动加速度随着轴重的增加而减小，在图 7-21（c）中，不同轴重下的脱轨系数最大值降幅为 2.7%、1.9%、14.9%，优化后的脱轨系数最大值降幅为 3.3%、3%、16.5%，对比优化前后，脱轨系数的最大值减低了 8.5%；不同轴重下的脱轨系数均方根值的降幅为 7.5%、7.6%、9.4%，优化后的脱轨系数均方根值为 7.9%、7.5%、11.2%，对比优化前后，脱轨系数的均方根值降低了 6.2%；在图 7-21（d）中，不同轴重下的轮重减载率最大值降幅为 8.7%、10.3%、9.8%，优化后的廓形轮重减载率最大值降幅为 9.4%、3.8%、16.6%，对比优化前后，轮重减载率最大值降低了 9.5%；不同轴重下的轮重减载率均方根值的降幅为 7.2%、9.4%、11.2%，优化后的轮重减载率均方根值降幅为 11.4%、5.1%、13.5%，对比优化前后，轮重减载率均方根值降低了 6%；在图 7-21（e）中，不同轴重下的车体横向振动加速度最大值的降幅为 1.6%、0、8%，优化后的车体横向振动加速度的降幅为 7.7%、3%、5.9%，对比优化前后，车体横向振动加速度最大值降低了 11.5%；不同轴重下的车体横向振动加速度均方根值为 13.6%、6.1%、7.5%，优化后车体横向振动加速度均方根值的降幅为 12.8%、10.8%、8.8%，对比优化前后，车体横向振动加速度的均方根值降低了 13.1%。

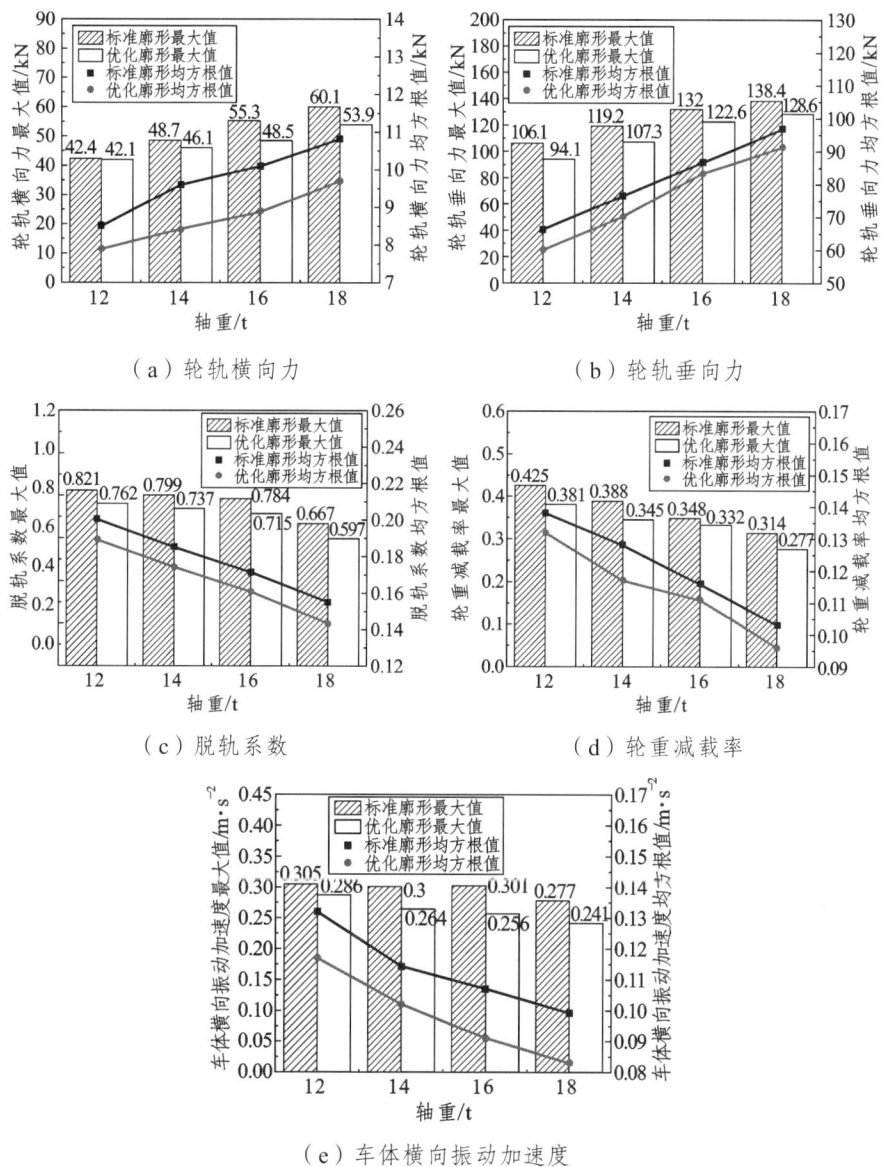

图 7-21　不同轴重下动力学响应变化

可见在轴重的影响下，优化后的廓形相对于标准廓形其各项动力学性能均有所优化，各性能参数变化规律趋于一致且均随着轴重的增加而变化，轮轨横向力和垂向力随轴重的增加而增加，轮重减载率、脱轨系数、车体横向振动加速度均随着轴重的增加而减小，优化廓形虽然最大值的降幅不大，但其均值降低较明显，总体上来说还是有不少提升。

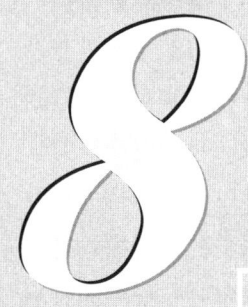

第 8 章

钢轨打磨模式设计

本章主要研究打磨石对磨耗轨的作用规律，并且根据上文所设计的打磨型面对选取的磨耗轨代表型面进行打磨仿真计算。钢轨打磨主要是以目标廓形为目标对磨耗轨进行打磨，使其两者差异达到最小。为了实现对钢轨损伤部位的特定去除以及实现打磨目标型面，需要对打磨工具的打磨模式进行设定。打磨模式的选取对打磨后的钢轨表面精度以及钢轨打磨效率具有直接的关联，打磨模式一般需要设定打磨石角度分布、打磨遍数、打磨进给压力、打磨速度等几个参数。目前，我国均从国外引进轨道打磨设备对钢轨进行打磨维护，因此，采用的打磨模式基本都是在引进打磨设备上的打磨模式进行改进。我国不同路局之间线路磨耗情况千差万别，难以制定一个统一的打磨模式和打磨标准。因此，在国内打磨施工过程中，通常由操作人员根据人为经验对打磨参数进行设置，这就可能导致钢轨打磨精度不高、打磨效果不理想，经常需采取多次数的钢轨打磨方式，这样不仅会增加钢轨打磨的成本，还因对钢轨的过度打磨进一步缩短了钢轨使用寿命。目前，我国对钢轨打磨参数的研究是十分迫切的，因此不少国内学者开始对打磨模式进行深入研究，并提出了适应我国的打磨模式。曹垚鑫依托 GMC96 型钢轨打磨车，得出打磨头、钢轨曲率以及打磨精度之间的关系：钢轨型面曲率与打磨头分布密度成正相关。何娟娟为了消除多打磨头的干涉影响，提出了将多打磨头单遍打磨转化为单打磨头多遍打磨思路，然后得出了打磨后光带宽度、打磨面积与打磨去除量的关系并给出了单打磨头打磨量的精确计算方法。智少丹等人建立了 CHN60 钢轨的数学模型，基于该数学模型对打磨模式中的砂轮分布规律与钢轨廓形的关系进行研究。林强基于 96 头钢轨打磨车，研究了单个砂轮打磨量与打磨参数之间的关系，给出了钢轨预打磨中打磨砂轮的偏转角度。刘月明针对砂带打磨方式进行了研究，根据钢轨材料去除量与打磨石角度关系，以打磨深度最大值来对打磨砂带的角度分布进行设置。

8.1 单打磨石磨削作用几何简化

打磨电机驱动打磨石对钢轨进行磨削作用时，打磨电机不仅给打磨石提供磨削钢轨动力，还可以为打磨石提供一定角度的偏转。单打磨石对磨耗轨进行磨削的原理如图 8-1 所示。打磨石以一定的角度 α（α 角度为逆时针旋转为正，顺时针为负）对钢轨进行磨削时，当打磨深度为 H 时，会在钢轨表面产生一个宽度为 L 的打磨光带，以及产生一定的材料去除量 S。

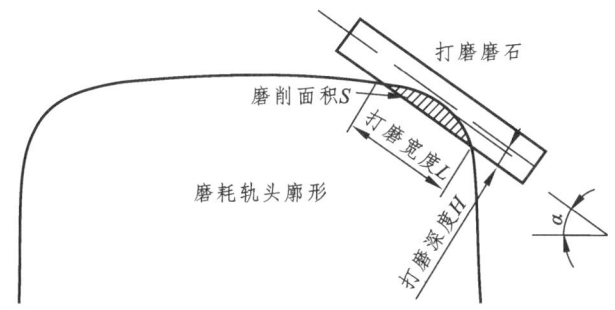

图 8-1　打磨简化原理

打磨面宽度 L 和磨削面积 S 分别与打磨石摆角 α 及磨削深度 H 密切相关：打磨宽度 L 与磨削深度 H 成正相关，与打磨石摆角 α 成负相关。打磨面的宽度 L 是打磨后钢轨型面的直接体现，它反映了打磨石与钢轨在切削过程中的作用面积。打磨面宽度越大则打磨石的作用面积越大，而过大的切削面积容易造成钢轨顶面出现表面发蓝；过小的切削面积则容易导致打磨石出现局部损伤。因此，打磨面宽度是钢轨切削过程中的重要评估参数。

为了研究单打磨石对钢轨的磨削作用规律，采用几何学原理对钢轨切削作用进行等效。通过建立打磨量数学计算模型，对钢轨打磨深度与磨削面积的关系进行研究。采用轨迹线法对打磨石与钢轨的作用进行简化表示。由于打磨石的直径远大于钢轨的宽度，因此可以将钢轨与打磨石分别简化为一条曲线与一条直线。所以打磨石对钢轨的磨削作用可以简化为一条直线与曲线的求解问题，如图 8-2 所示。

打磨开始时，打磨石以设定的角度 α 进行打磨进给。因此，打磨石可以用数学表达式进行表示：

$$L_0 : y_{gd} = kx + b_0 \tag{8-1}$$

式中，k 是打磨石斜率，其值为打磨石角度的正切值；b_0 为初始状态时打磨

石与 y 轴的截距。钢轨选取上文的磨耗代表廓形数据,其具体可以用一个矩阵方程表示:

$$R_{钢轨} = \begin{bmatrix} x_1, y_1 \\ x_2, y_2 \\ \vdots \quad \vdots \\ x_n, y_n \end{bmatrix} \quad (n\text{为测点个数}) \quad (8\text{-}2)$$

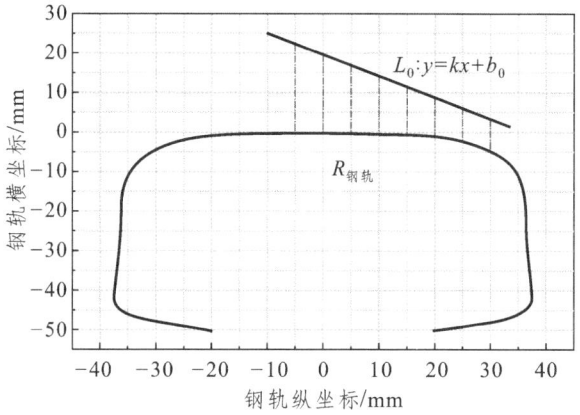

图 8-2　打磨原理

磨削开始时,打磨电机将打磨石向钢轨沿着一定角度往里推进,因此,可以简化为一条直线保持斜率不变向钢轨平移。当两者接触时,直线到钢轨曲线之间的距离最小为 0,打磨石对钢轨的磨削作用就是求解直线到曲线的距离 d。所以,打磨石的直线表达式可以更新为

$$y_{gd} = kx + b_0 - d_{\min} - d_{grind} \quad (8\text{-}3)$$

式中,$d_{\min}$ 是接触点与砂轮初始位置的距离即钢轨与砂轮间的最小垂向距离;d_{grind} 为打磨石的打磨深度值。

对于打磨面积的部分计算:在获取打磨深度 d_{grind} 情况下,打磨石直线与磨耗轨型面的两个交点坐标 $jd_1(x_1, y_1)$ 和 $jd_2(x_2, y_2)$,其原理如图 8-3 所示,通过对两交点之间所围成的面积进行微积分计算:

$$S_{\text{grind}} = \int_{x_1}^{x_2} [y_{\text{rail}}(x) - y_{\text{gd}}(x)] \mathrm{d}x \qquad (8\text{-}4)$$

式中，$y_{\text{rail}}(x)$、$y_{\text{gd}}(x)$ 分别为线性插值磨耗钢轨曲线、打磨石直线。

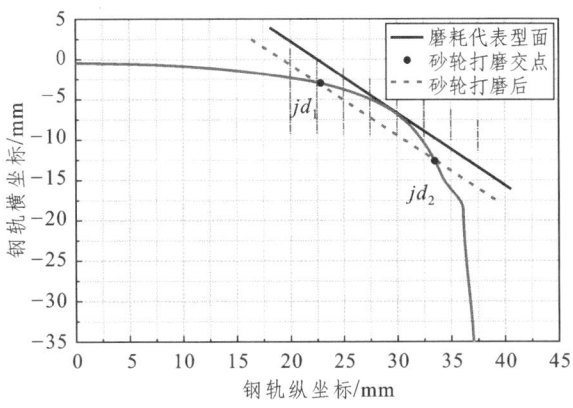

图 8-3　打磨面积计算原理示意

由上文对打磨石与磨耗轨的几何关系分析可知，钢轨的打磨深度、磨削面积、打磨光带宽度与打磨石的角度具有十分密切的关系。以打磨石在 −70°~20° 分布范围为研究对象，求解出不同打磨角度下的打磨量，进而对打磨石分布进行指导。图 8-4 是对所得的磨耗代表左、右轨型面进行磨削作用时，打磨石的分布示意，同时得出了单打磨石对磨耗代表廓形打磨规律统计表，见表 8-1 和 8-2。

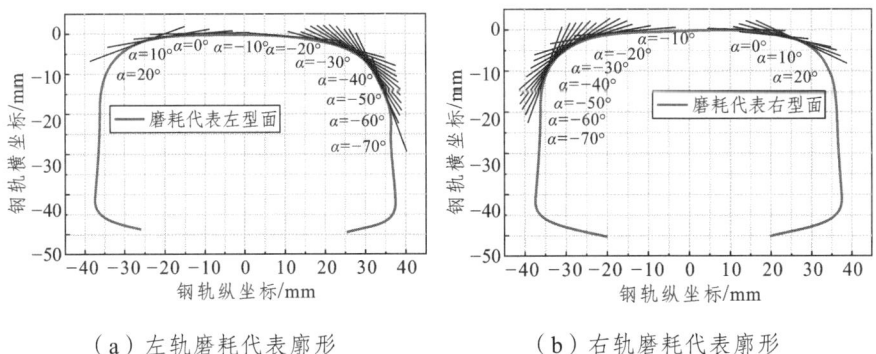

（a）左轨磨耗代表廓形　　　　（b）右轨磨耗代表廓形

图 8-4　打磨石磨削钢轨作用

由表 8-1、8-2 可知，随着打磨角度的变化，打磨石与钢轨的接触区域也在不断变化。随着打磨角度的增大，打磨石不断地往钢轨的外侧移动。打磨石的打磨能力与其打磨弧段的曲率有关，其打磨的弧段曲率越大，则其打磨的能力越大，反之则越小。

表 8-1 单打磨石对磨耗代表左型面打磨规律统计

打磨深度/mm	0.1		0.2		0.3	
打磨角度/°	打磨面宽度/mm	磨削面积/mm²	打磨面宽度/mm	磨削面积/mm²	打磨面宽度/mm	磨削面积/mm²
-70	1.62	0.10	2.38	0.31	3.06	0.57
-65	3.18	0.20	6.45	0.70	11.11	1.50
-60	3.46	0.24	4.69	0.65	5.71	1.17
-55	3.29	0.23	4.99	0.64	6.11	1.20
-50	3.98	0.29	5.14	0.75	6.10	1.31
-45	3.04	0.19	4.58	0.58	5.73	1.08
-40	3.13	0.21	4.45	0.59	5.61	1.11
-35	3.71	0.27	4.93	0.70	5.79	1.24
-30	3.35	0.23	4.54	0.63	5.50	1.13
-25	2.58	0.17	4.05	0.48	5.44	0.98
-20	3.72	0.20	5.40	0.67	6.52	1.26
-15	4.06	0.23	8.36	0.89	9.83	1.80
-10	7.13	0.55	11.21	1.45	13.17	2.68
-5	6.70	0.45	10.67	1.30	13.90	2.53
0	14.05	1.04	18.31	2.66	21.91	4.69
5	7.24	0.51	9.93	1.38	12.21	2.48
10	6.99	0.49	9.43	1.31	11.28	2.34
15	3.80	0.25	5.67	0.72	7.22	1.37
20	3.47	0.23	4.93	0.65	6.12	1.21

表 8-2 单打磨石对磨耗代表右型面打磨规律统计

打磨深度 /mm	0.1		0.2		0.3	
打磨角度 /°	打磨面宽度 /mm	磨削面积 /mm²	打磨面宽度 /mm	磨削面积 /mm²	打磨面宽度 /mm	磨削面积 /mm²
−70	4.07	0.27	5.23	0.75	6.13	1.30
−65	3.44	0.22	4.92	0.64	5.86	1.12
−60	2.60	0.16	3.87	0.49	4.97	1.01
−55	2.71	0.18	3.84	0.49	4.77	1.02
−50	2.92	0.19	4.12	0.54	5.06	1.00
−45	3.22	0.21	4.66	0.61	5.79	1.13
−40	4.15	0.27	5.79	0.76	7.00	1.41
−35	4.67	0.31	6.39	0.86	7.57	1.57
−30	3.87	0.26	5.40	0.72	6.59	1.32
−25	3.09	0.20	4.46	0.58	5.59	1.09
−20	2.80	0.18	4.25	0.53	5.51	1.04
−15	3.86	0.24	5.68	0.72	7.00	1.36
−10	5.86	0.38	8.45	1.10	9.96	2.02
−5	6.56	0.35	10.84	1.27	14.24	2.46
0	8.30	0.41	19.78	1.97	25.89	4.35
5	7.59	0.54	10.31	1.44	12.40	2.57
10	6.96	0.48	9.39	1.31	11.23	2.34
15	4.43	0.28	6.60	0.84	8.31	1.58
20	3.51	0.24	4.96	0.66	6.14	1.22

本书采用微积分的方法将打磨面积微分为多个小矩形，求得打磨的面积。具体的计算流程如图 8-5 所示。

分别对所设计的左右钢轨打磨型面、左右磨耗轨代表型面进行打磨量分析，其打磨量分布如图 8-6 所示。

由图 8-6 可知，采用设计打磨廓形对曲线左侧进行打磨时，其打磨去除量 S_L 为 51.09 mm²，而对右侧钢轨进行打磨时，其打磨去除量 S_R 为 20.91 mm²。

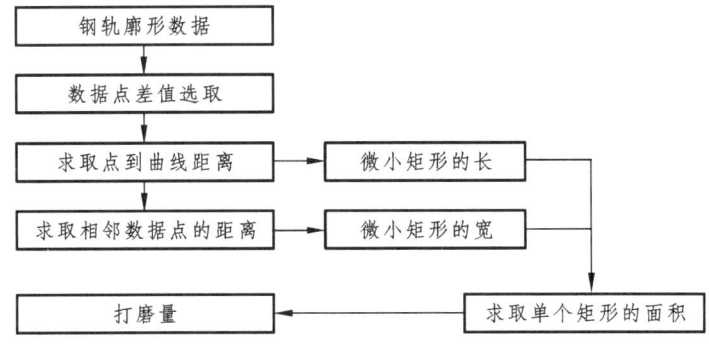

图 8-5 打磨去除量计算流程

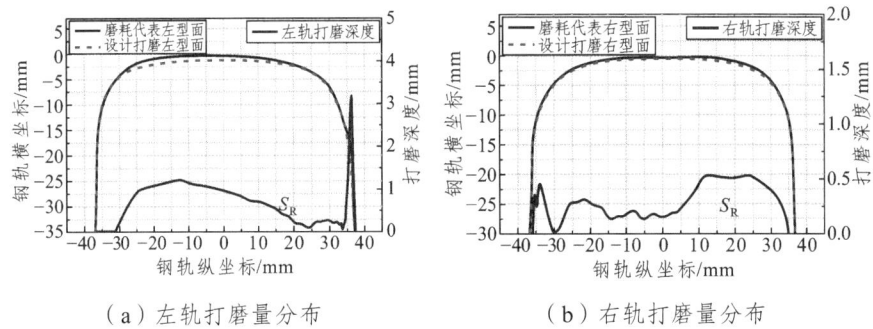

(a) 左轨打磨量分布　　　　　(b) 右轨打磨量分布

图 8-6 左右轨打磨量分布

8.2 多打磨石对磨耗轨型面打磨模式研究

打磨列车对钢轨的磨削作用主要是通过多个打磨石对钢轨表面进行磨削，为了实现钢轨的打磨目标型面设计，需要对多打磨石的作用规律进行研究。多打磨石对钢轨进行磨削作用时，需要沿钢轨纵向依次排序并按照一定的摆角在横向上进行排布，然后通过打磨石对该部位的磨削作用，逐渐缩小磨耗轨型面与目标型面的差距，同时打磨完成后，需要对钢轨的表面质量进行评估分析。打磨石在横向上的布置角度以及打磨深度决定了钢轨打磨后的目标型面，纵向上的砂轮排布决定了打磨石的顺序，钢轨表面质量取决于打磨石的打磨精度。

打磨石横向作用时，主要考虑打磨石的角度设置。通过以不同角度、深度的打磨石对磨耗轨进行剪切作用，最后形成一个目标包络型面，其打磨石的横向作用效果以及 GMC96 型打磨车打磨石角度分布范围如图 8-7 所示。

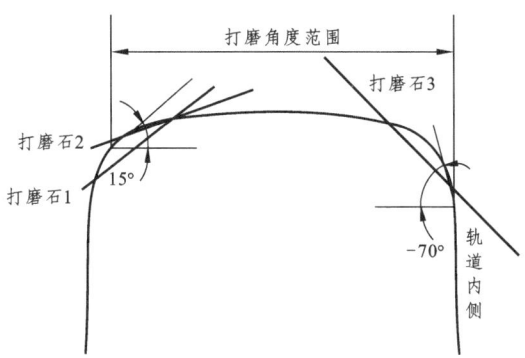

图 8-7　打磨石对钢轨的横向作用

在钢轨打磨过程中，打磨石按照一定模式在钢轨横向上以一定角度进行排布，但钢轨打磨作用并非直接对钢轨横向上进行直接叠加，而是按照一定的打磨次序对钢轨型面进行有序的作用，最终形成打磨目标型面。因此，打磨石的作用次序即为打磨纵向排列，其决定了打磨石每次对钢轨的作用状态。如图 8-8 所示，打磨石 2 在打磨石 1 的基础上对钢轨进行磨削作用，因此，打磨石 2 的作用状态受打磨石 1 的作用影响。

采用多个磨石对磨耗轨进行磨削作用，每个相邻的打磨石之间会存在打磨间隙，如图 8-9 中的 d 所示，打磨后会在钢轨表面形成一道道脊线。因此，在对钢轨打磨时，将该间隙定义为打磨精度 ε，多打磨石对钢轨进行磨削作用时，可以将打磨精度的值作为终止条件。即当某个打磨石对钢轨进行作用后，廓形之间的差值的最大值必须小于打磨精度，则停止运算。

根据上述多打磨石作用原理以及上节单打磨石对钢轨磨削作用的分析，在其基础上得出多打磨石对钢轨的作用模式。主要通过对单个打磨石的横向排布、打磨深度以及打磨次序来实现多目标打磨石的作用。其具体实施步骤如下：

第 1 步　首先通过磨耗轨代表型面与打磨设计型面来确定钢轨的理论磨削范围；

第 2 步　对两者型面数据进行差值拟合，得到新的廓形数据序列；

第 3 步　对打磨石总数 N，打磨遍数 K 以及打磨石序号 i 分别进行定义，且初始打磨遍数与打磨序号设置为 1；

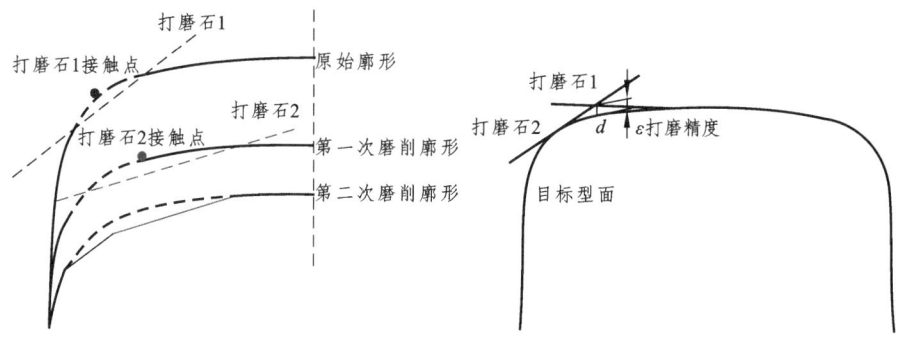

图 8-8　打磨石顺序作用效果　　　图 8-9　打磨精度示意

第 4 步　计算判定第 i 个磨石的打磨角度 θ、打磨量 S 以及打磨深度 H。对于第 i 个打磨石，搜索打磨石分布范围内钢轨型面差异点最大位置，计算该点处出型面之间的距离，如果距离值小于设置的打磨精度阈值 ε，则程序运算终止，输出计算参数值；如果距离值大于设置打磨精度阈值 ε，则该点为第 i 个打磨石的打磨初始点，如图 8-10 中的 P 所示，分别计算该点处的打磨石的角度、打磨深度以及打磨去除量。打磨石直线从初始位置向目标廓形沿着其法向方向进行平移，往里平移的深度即为打磨深度。理论上，打磨石的最终位置应该是与设计打磨型面直接相切，且切点如图 8-10 中的 Q 点所示，打磨深度为 d_{PQ}。但根据打磨光带宽度以及上节单个打磨石对钢轨的作用规律研究，打磨石打磨深度 d_{PQ} 不能过大。本书设置打磨角度在 -70°~-15° 范围内，

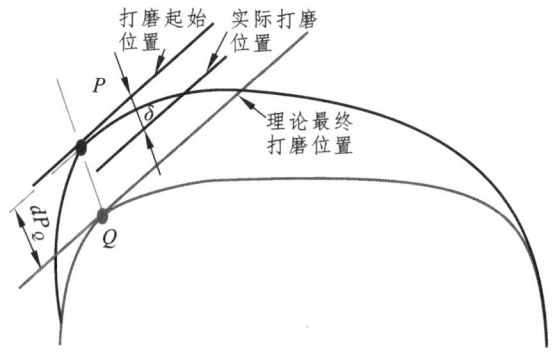

图 8-10　打磨深度确定示意

打磨深度限值 δ 为 0.3 mm，-15°~5°，打磨深度限值 δ 为 0.1，5°~15°，打磨深度限值 δ 为 0.2 mm。当理论打磨深度 $d_{PQ} \leqslant \delta$，其打磨深度为 d_{PQ}，当理论打磨深度 $d_{PQ} > \delta$，其打磨深度为 δ；

第 5 步　更新钢轨型面，重复第 4 步，循环计算 N 次；

第 6 步　遍数 S 加 1，重复第 4 步、第 5 步、第 6 步；

第 7 步　结束，分别输出每遍下的打磨石参数。

多打磨石算法流程如图 8-11 所示。

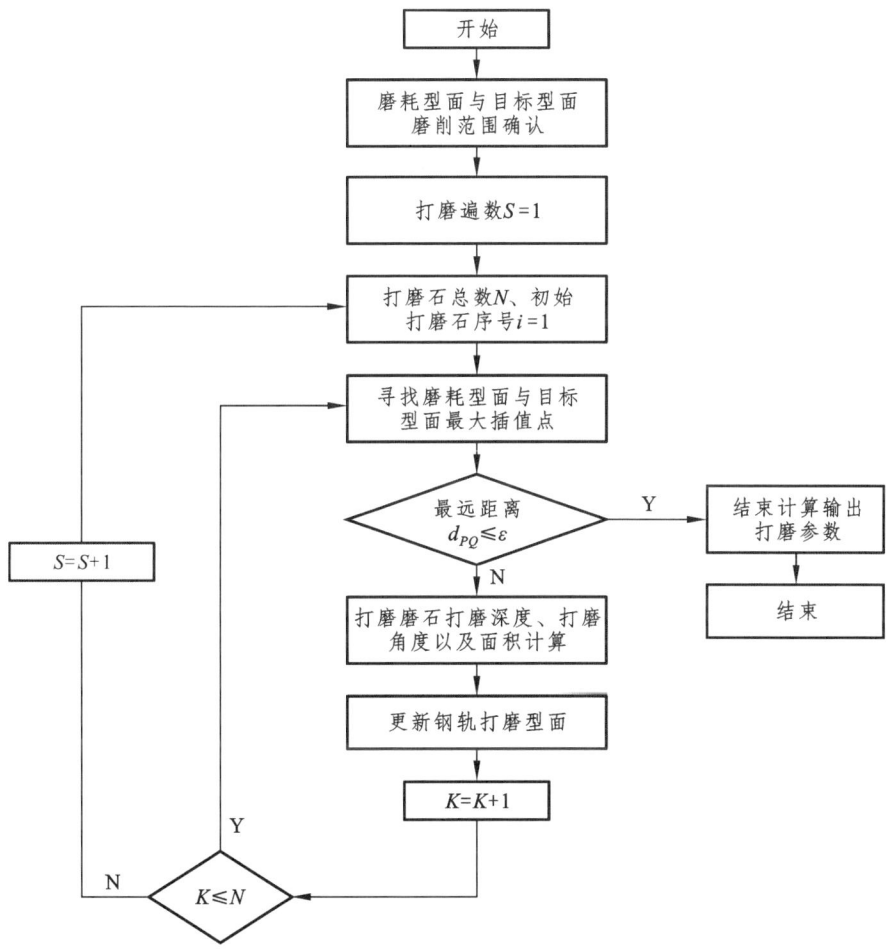

图 8-11　多打磨石算法流程

8.3 钢轨打磨结果分析

根据上述打磨设计流程，编制了钢轨的多打磨石算法。将磨耗代表左右型面以及设计打磨型面样本数据输入计算，以 GMC96 打磨列车布置打磨角度，其打磨角度范围-70°~15°，打磨列车打磨石总数为 96 个，单边打磨石总数为 48 个，同时根据重载线路表面粗糙度最大高度为 90 μm，因此本书将打磨精度 ε 设置为 50 μm。运行程序分别得到左右钢轨的打磨参数表：对左轨型面算法总共运行了 2 遍，即通过 2 次打磨才可以得到目标型面；而右轨型面算法运行了 1 遍即得到了目标型面。同时，为了对打磨前后型面差异进行评估，对打磨后型面与目标型面之间的法向距离进行计算得到差值曲线图。

图 8-12、8-13 分别为磨耗代表左轨型面经过第一、二次打磨前后的钢轨型面及差值曲线。打磨最终目标是实现打磨后的钢轨型面与设计型面完全重合，因此两者之间的差值曲线应该是一条数值为 0 的水平线，但由于打磨方法缘故，两者之间一定会产生打磨差值，因此打磨后，两者之间差值曲线最大值不应超过打磨精度阈值。由图 8-12 可以看出，打磨 1 遍后的钢轨型面与打磨前的钢轨型面仍然具有很大差别，因此需要第二次打磨。由图 8-13 第 2 遍打磨后可以看出，除了钢轨两侧，其差值曲线最大值不超过打磨精度限值 0.05 mm，达到了标准。而钢轨两侧的差值过大是由于打磨的角度限值导致打磨盲区出现，因此工程上一般需要通过人工手推打磨机方式对打磨轨边缘修饰打磨。

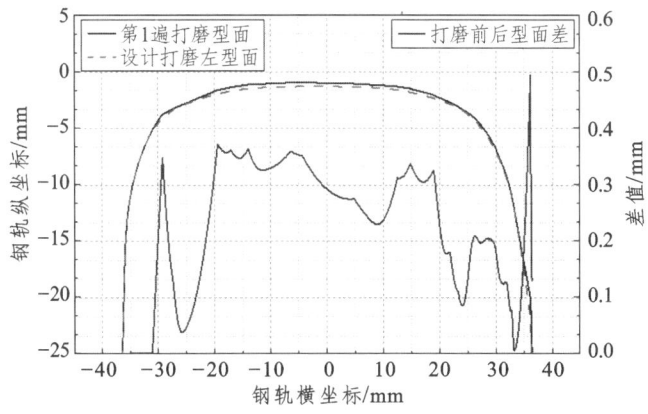

图 8-12 左轨第 1 遍打磨后钢轨型面及差值曲线

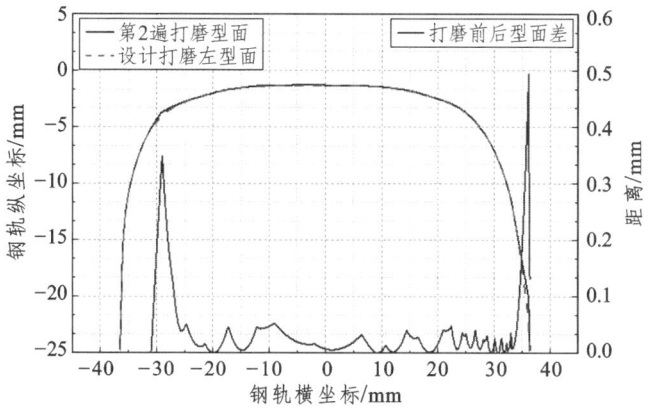

图 8-13 左轨第 2 遍打磨后钢轨型面及差值曲线

表 8-3 是左轨第 1 遍打磨的打磨石参数,计算得到第 1 遍打磨需要的打磨石数量为 48 个。

表 8-3 左轨第 1 遍打磨的打磨石参数

打磨序号	打磨角度/°	打磨深度/mm	打磨量/mm²	打磨序号	打磨角度/°	打磨深度/mm	打磨量/mm²
1	2.13	0.10	0.37	25	-1.06	0.10	0.41
2	3.56	0.20	1.16	26	0.39	0.10	0.94
3	0.64	0.10	0.44	27	-3.97	0.10	0.28
4	-0.22	0.10	0.63	28	1.85	0.10	0.45
5	7.81	0.20	0.95	29	14.38	0.20	0.83
6	11.20	0.20	0.56	30	3.01	0.10	0.31
7	0.08	0.10	0.38	31	5.84	0.20	1.10
8	5.11	0.20	1.03	32	-4.95	0.10	0.28
9	8.71	0.20	1.32	33	-0.31	0.10	0.60
10	4.21	0.10	0.80	34	0.88	0.10	0.60
11	1.51	0.10	0.51	35	9.62	0.20	0.51
12	0.15	0.10	0.72	36	-8.17	0.10	0.25
13	-0.97	0.10	0.53	37	-3.54	0.10	0.29
14	0.69	0.10	1.58	38	-0.74	0.10	0.76

续表

打磨序号	打磨角度/°	打磨深度/mm	打磨量/mm²	打磨序号	打磨角度/°	打磨深度/mm	打磨量/mm²
15	1.65	0.10	0.41	39	0.29	0.10	0.76
16	8.24	0.20	1.50	40	4.18	0.10	0.26
17	−70.00	0.30	6.08	41	−8.69	0.10	1.21
18	0.58	0.10	1.21	42	−4.55	0.10	0.30
19	−0.69	0.10	0.61	43	1.29	0.10	0.38
20	−3.23	0.10	0.35	44	−7.61	0.10	0.23
21	4.79	0.20	0.70	45	−1.70	0.10	0.38
22	15.00	0.20	0.29	46	−69.78	0.22	0.99
23	0.00	0.10	0.92	47	14.89	0.20	0.92
24	1.46	0.10	0.32	48	11.92	0.10	0.98

表 8-4 为计算得到的第 2 遍打磨的砂轮参数，可以看出第 2 遍打磨只需要 36 个打磨石即可实现打磨目标型面。

表 8-4 左轨第 2 遍打磨的打磨石参数

打磨序号	打磨角度/°	打磨深度/mm	打磨量/mm²	打磨序号	打磨角度/°	打磨深度/mm	打磨量/mm²
1	2.13	0.10	0.37	19	−1.06	0.10	0.41
2	3.56	0.20	1.16	20	0.39	0.10	0.94
3	0.64	0.10	0.44	21	−3.97	0.10	0.28
4	−0.22	0.10	0.63	22	1.85	0.10	0.45
5	7.81	0.20	0.95	23	14.38	0.20	0.83
6	11.20	0.20	0.56	24	3.01	0.10	0.31
7	0.08	0.10	0.38	25	5.84	0.20	1.10
8	5.11	0.20	1.03	26	−4.95	0.10	0.28
9	8.71	0.20	1.32	27	−0.31	0.10	0.60
10	4.21	0.10	0.80	28	0.88	0.10	0.60

续表

打磨序号	打磨角度/°	打磨深度/mm	打磨量/mm²	打磨序号	打磨角度/°	打磨深度/mm	打磨量/mm²
11	1.51	0.10	0.51	29	9.62	0.20	0.51
12	0.15	0.10	0.72	30	−8.17	0.10	0.25
13	−0.97	0.10	0.53	31	−3.54	0.10	0.29
14	0.69	0.10	1.58	32	−0.74	0.10	0.76
15	1.65	0.10	0.41	33	0.29	0.10	0.76
16	8.24	0.20	1.50	34	4.18	0.10	0.26
17	−70.00	0.30	6.08	35	−8.69	0.10	1.21
18	0.58	0.10	1.21	36	−4.55	0.10	0.30

图 8-14 所示为磨耗代表右轨型面经过第 1 遍打磨后钢轨型面及差值曲线，可以看出经过第 1 遍打磨后，即实现了设计目标型面。但是在横坐标 30 mm 处仍出现了较大的差异，这是由于打磨车打磨石角度分布限值导致了该区域属于打磨盲区。

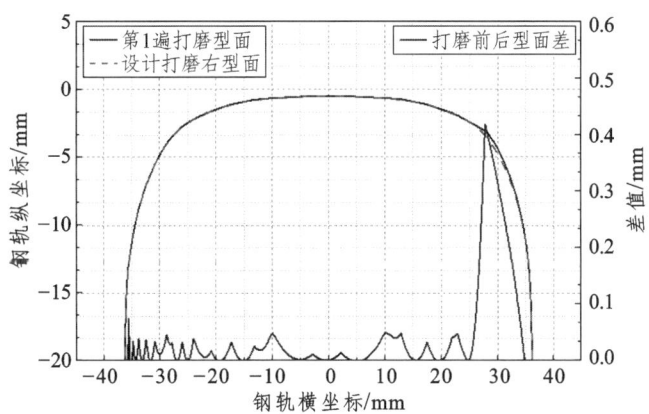

图 8-14 右轨第 1 遍打磨后钢轨型面及差值曲线

表 8-5 为计算得到右轨第 1 遍打磨的打磨石参数，可以看出只需要 37 个打磨石即可实现打磨目标型面。

表 8-5　右轨第 1 遍打磨的打磨石参数

打磨序号	打磨角度/°	打磨深度/mm	打磨量/mm²	打磨序号	打磨角度/°	打磨深度/mm	打磨量/mm²
1	10.00	0.20	1.42	20	8.24	0.17	0.62
2	9.03	0.20	0.95	21	13.07	0.18	0.77
3	0.64	0.10	0.20	22	−7.10	0.10	0.30
4	1.05	0.10	0.51	23	0.00	0.10	0.74
5	6.66	0.20	1.01	24	−10.36	0.10	0.27
6	15.00	0.20	0.63	25	−23.07	0.16	0.21
7	10.65	0.20	0.54	26	−61.64	0.17	0.25
8	0.07	0.10	0.34	27	−0.31	0.10	0.53
9	−11.16	0.10	0.39	28	−1.19	0.10	0.50
10	−7.45	0.10	0.35	29	−44.81	0.12	0.14
11	−15.31	0.26	0.75	30	−4.69	0.09	0.23
12	−53.26	0.23	0.64	31	−8.16	0.07	0.15
13	0.69	0.10	10.57	32	1.13	0.08	0.91
14	−9.73	0.10	0.21	33	−69.51	0.09	0.17
15	3.21	0.10	0.31	34	−27.97	0.04	0.02
16	1.59	0.10	0.50	35	−0.13	0.05	0.13
17	−1.63	0.10	0.59	36	1.91	0.02	0.02
18	4.80	0.18	0.93	37	10.24	0.02	0.01
19	−4.77	0.10	0.25				

8.4　本章小结

本章主要是研究打磨石对钢轨的磨削作用，对其磨削过程进行几何简化，并以实际磨耗廓形为打磨对象，分析单个打磨石在不同打磨深度情况下的打磨角度、打磨光带宽度以及磨削面积的规律。同时针对打磨设计廓形分别计算了左右钢轨的打磨去除量分别为 S_L=51.09 mm²，S_R=20.91 mm²，为完整打磨模式设计提供指导。基于 GMC96 打磨车，以设计的非对称型面为指导，磨耗轨代表型面进行打磨仿真设计。针对左右磨耗轨代表型面分别给出打磨石的打磨顺序、打磨角度、打磨深度以及打磨去除量，最终为实际打磨列车打磨模式设置提供参数。

参考文献

[1] 曹雅丽. 国家铁路局："八纵八横"高铁网正形成[N]. 中国工业报, 2021-08-27（001）.

[2] 王雄. 中国速度：中国高速铁路发展纪实[M]. 北京：外文出版社, 2016.

[3] 王立奇. 大秦铁路提高货车运用效率与效益研究[D]. 西南交通大学, 2013.

[4] 吴雄琼. 重载列车纵向动力学仿真研究[D]. 湘潭大学, 2016.

[5] 刘建新，蔡久凤. 改革开放 40 年中国重载铁路的发展[J]. 长安大学学报（社会科学版）, 2018, 20（06）：68-79.

[6] 林凤涛, 邓卓鑫, 庞华飞, 等. 过度磨耗钢轨的打磨廓形设计方法[J]. 交通运输工程学报, 2022, 22(02): 111-122

[7] 张继恩. 钢轨廓形打磨技术在神朔线小半径曲线的应用研究[J]. 山西建筑, 2018, 44（15）：120-123.

[8] 李根旺. 250 km/h 客货共线铁路平面最小曲线半径和缓和曲线长度的确定[C]. 中国铁道学会工程分会第七届线路专委会第二次会议. 0. 2017.

[9] Zhi S, Jianyong L I, Zarembski A M. Modelling of dynamic contact length in rail grinding process[J]. Frontiers of Mechanical Engineering, 2014, 9（3）.

[10] 马超智, 辛涛, 高亮, 等. 基于改进摩擦功模型的轮轨滚动接触磨耗研究[J]. 铁道学报, 2019, 41（12）：49-55.

[11] 贺振中. 国外钢轨打磨技术的应用与思考[J]. 中国铁路, 2000（10）：38-40.

[12] 周亮节. 钢轨打磨形面研究[D]. 西南交通大学, 2009.

[13] 中国国家铁路集团有限公司工电部. 钢轨打磨手册[M]. 北京：中国铁道出版社, 2020.

[14] 中国铁路总公司. 普速铁路钢轨打磨指导意见：运工线路函[2014]227号[A]. 北京：中国铁路总公司, 2014.

[15] 中国铁路总公司. 高速铁路钢轨打磨管理办法：铁总运[2014]357 号[A]. 北京：中国铁路总公司, 2014.

[16] 中华人民共和国铁道部. 工务作业第 22 部分: 钢轨、道岔打磨车作业: TB/T 2658.22-2010[S]. 北京: 中国铁道出版社, 2010.

[17] 中国铁路总公司. 高速铁路钢轨与道岔大型机械打磨验收技术规范: Q/CR 681-2018[S]. 北京: 中国铁道出版社, 2018.

[18] 樊文刚, 刘月明, 李建勇. 高速铁路钢轨打磨技术的发展现状与展望[J]. 机械工程学报, 2018, 54 (22): 184-193.

[19] 刘真兵, 胡军科, 王清标, 等. 钢轨铣磨车恒力磨削的内模控制研究[J]. 铁道科学与工程学报, 2013, 10 (01): 117-122.

[20] 王文玺, 李建勇, 樊文刚, 等. 基于赫兹接触的钢轨砂带打磨温度建模研究[J]. 铁道学报, 2019, 41 (07): 141-146.

[21] 贺振中. 国外钢轨打磨技术的应用与思考[J]. 中国铁路, 2000, (10): 38-40.

[22] R. Caldwell. J. Kalousek. Wheel/rail interface study at MRS. Interim LORAM Maintenance of Way Report. 2001.

[23] Silva F C M, Vidon Jr W, Caldwell R, Preventive-gradual on-cycle grinding: a first for MRS inBrail[C]. Proceedings of the 8" International Heavy Conference, Brazil. 2005: 435-445.

[24] 杜星. 基于轮轨几何特征的钢轨打磨应用研究[D]. 西南交通大学, 2011.

[25] John Stanford, Peter Sroba, Eric Megel. Burlington Northern Santa Fe preventive gradual grinding initiative[R]. AREMA, 1999, (9).

[26] 国际重载协会. 国际重载铁路最佳应用指南轮轨关系[M]. 北京: 中国铁道出版社, 2009.

[27] Kevin Swaley, Richard Reiff The way to longer lasting wheels and rail, Railway Age. Academic Research Library, 1999, 7: 44.

[28] Stanford, Kalousek, Sroba P. Railroad rethinking grinding practices [J]. Railway Track & Structures, 1999, 95 (7): 55-57.

[29] Zarembski. Does Rail Grinding Reduce Rail Defects? Railway Track and

Structures, 2011, 107（2）: 32-35.

[30] M. Zarembski, 宋忠明, 胥金荣. 钢轨磨削的效果[J]. 轨道交通装备与技术, 2014（5）: 51-52.

[31] 开文. 德国铁路努力实现钢轨寿命 40 年目标[J]. 现代城市轨道交通, 2011（4）: 118-118.

[32] Taubert, Marce, Puschel, Ailo. High-speed grinding passes the test in Germany, International Railway Journal, Jul 2009, 49, 7.

[33] 郭福安, 张梅. 客运专线钢轨打磨的思考[J]. 中国铁路, 2008（03）: 53-54.

[34] 雷晓燕. 钢轨打磨原理及其应用[J]. 铁道工程学报, 2000, 65（01）: 28-33.

[35] 金学松, 杜星, 郭俊, 等. 钢轨打磨技术研究进展[J]. 西南交通大学学报, 2010, 45（01）: 1-11.

[36] 刘新明. 机车车辆弧形踏面外形研制[J]. 铁道车辆, 2000（02）: 28-32+3.

[37] 叶娟. 车轮踏面形状设计的科学化[J]. 国外内燃机车, 2000, 03: 39-43.

[38] 周杰. 重载铁路个性化钢轨廓形打磨技术研究[J]. 科学中国人, 2017（17）.

[39] R. Smallwood, J. C. Sinclair, K. l. Sawley. An optimization technique to minimize rail contact stresses[J]. Wear, 1991, 144（s 1-2）: 373-384.

[40] Eric E Magel, Joseph Kalousek. The application of contact mechanics to rail profile design and rail grinding[J]. Wear, 2002, 253（1）: 308-316.

[41] Magel E, Kalousek J, Caldwell R. A numerical simulation of wheel wear[J]. Wear, 2005, 258（7.8）: 1245-1254.

[42] Persson I, Nilsson R, Bik U, et al. Use of a genetic algorithm to improve the rail profile on Stockholm underground[J]. Vehicle System Dynamics, 2010, 48（sup1）: 89-104.

[43] Ha-Young Choi, Dong-Hyong Lee, Chang Yong Song, Jongsoo Lee. Optimization of Rail Profile to Reduce Wear on Curved track[J]. International Journal of Precision Engineering and Manufacturing. 2013. 14

（4）：619-625.

[44] 崔大宾, 李立, 金学松, 等. 铁路钢轨打磨目标型面研究[J]. 工程力学, 2011, 28（04）：178-184.

[45] 崔大宾, 李立, 金学松, 等. 基于轮轨法向间隙的车轮踏面优化方法[J]. 机械工程学报, 2009, 45（12）：205-211.

[46] 肖杰灵. 客货混跑铁路钢轨非对称打磨的理论与试验研究[D]. 西南交通大学, 2011.

[47] 周骏, 刘林芽, 万鹏. 客运专线铁路曲线段钢轨型面优化[J]. 铁道标准设计, 2014, 58（07）：20-23.

[48] 周清跃, 刘丰收, 俞喆, 等. 我国铁路钢轨型面优化研究[J]. 中国铁路, 2017,（12）：7-12+34.

[49] 钱瑶, 王健, 王平, 等. 不同钢轨廓形下高速铁路轮轨型面匹配[J]. 西南交通大学学报, 2017, 52（02）：232-238.

[50] 周亮节, 刘建新, 崔大宾, 等. 铁路钢轨预防性打磨型面及其对车辆运行性能的影响[J]. 铁道机车车辆, 2010, 30（05）：34-39.

[51] 毛鑫, 沈钢. 基于轮径差函数的曲线钢轨打磨廓形设计[J]. 同济大学学报（自然科学版）, 2018, 46（02）：253-259.

[52] 任娟娟, 赵华卫, 欧阳明. 高速铁路钢轨打磨对轮轨接触关系的影响[J]. 华中科技大学学报（自然科学版）, 2016, 44（04）：95-100.

[53] 张继恩. 钢轨廓形打磨技术在神朔线小半径曲线的应用研究[J]. 山西建筑, 2018, 44（15）：120-123.

[54] 李怡然, 丁军君, 王军平, 等. 小半径曲线钢轨型面优化对车辆动力学性能的影响研究[J]. 机车电传动, 2019（02）：66-70.

[55] 陈步琛, 沈钢. 基于平均踏面廓形的动力学最优钢轨廓形设计[J]. 齐齐哈尔大学学报（自然科学版）, 2019, 35（04）：30-35.

[56] 王军平, 单连琨, 丁军君等. 个性化钢轨廓形打磨方法分析[J]. 铁道建筑, 2015,（11）：131-133.

[57] 王军平. 个性化钢轨廓形打磨技术在高速铁路上的应用[J]. 铁道建筑, 2018, 58（05）：120-123.

[58] 丁军君, 吴朋朋, 王军平, 等. 基于轮轨关系的钢轨打磨代表廓形计算方法研究[J]. 铁道学报, 2019, 41（07）：135-140.

[59] 王军平, 沈钢, 毛鑫, 等. 基于多指标的钢轨打磨目标廓形设计[J]. 同济大学学报（自然科学版），2022, 50（03）：425-430.

[60] Wu L, Liu J, Dhanasekar M, et al. Optimization of Railhead Profiles for Curved Tracks using Improved Non-Uniform Rational B-Splines and Measured Profiles[J]. Wear, 2018, 418-419, 123-132.

[61] 吴磊, 康彦兵, 董勇, 等. 考虑打磨量的重载钢轨打磨廓形优化设计[J]. 西南交通大学学报, 2022, 57（04）：805-812.

[62] 张科元, 吴磊, 王文健, 等. 钢轨打磨车辆曲线通过性能研究[J]. 机械设计, 2016, 33（03）：48-52.

[63] 林凤涛, 史振帅, 杨洋, 等. 基于区段磨耗钢轨典型廓形的打磨设计方法[J]. 噪声与振动控制, 2021, 41(06): 49-55+196.

[64] Fengtao L, Songtao W, Hai Z, et al. Design method of rail grinding target profile based on non-uniform rational B-spline[J]. Proceedings of the Institution of Mechanical Engineers, Part F: Journal of Rail and Rapid Transit, 2021, 235(8): 946-956.

[65] Fengtao L, Liang Z, Yang Y, et al. Design method of worn rail grinding profile based on Frechet distance method[J]. Proceedings of the Institution of Mechanical Engineers, Part F: Journal of Rail and Rapid Transit, 2022, 236(8): 936-949.

[66] 林凤涛. 高速列车车轮磨耗及型面优化研究[D]. 中国铁道科学研究院, 2014.

[67] 林凤涛, 胡伟豪. 磨耗钢轨经济性打磨型面研究[J]. 铁道科学与工程学报, 2020, 17(10): 2493-2502.

[68] Fengtao L, Shuang Z, Xiaoqing D, et al. Design method of LM thin flange wheel profile based on NURBS[J]. Vehicle System Dynamics, 2021, 59(1): 17-32.

[69] 肖乾, 杨逸航, 黄碧坤. 基于轮轨滚动接触稳态特性优选客货列车共线铁路钢轨打磨廓形[J]. 中国铁道科学, 2016, 37（01）: 17-23.

[70] 翟婉明. 车辆-轨道耦合动力学[M]. 北京: 科学出版社, 2015: 337-346.

[71] 王文健, 陈明韬, 郭俊, 等. 高速铁路钢轨打磨技术及其应用[J]. 西南交通大学学报, 2007,（05）: 574-577.

[72] 郭俊. 轮轨滚动接触疲劳损伤机理研究[D]. 西南交通大学, 2006.

[73] 郭俊, 刘启跃, 王文健. 钢轨打磨对轮轨滚动接触斑行为影响研究[J], 铁道建筑, 2009. (12): 92-94.

[74] 郭战伟. 基于轮轨蠕滑最小化的钢轨打磨研究[J]. 中国铁道科学, 2011, 32（06）: 9-15.

[75] Palsson B A. Design optimization of switch rails in railway turnouts[J]. Vehicle System Dynamics. International Journal of Vehicle Mechanics and Mobility, 2013（51-8/12）.

[76] Wan C, Markine V L, Shevtsov I Y. Improvement of vehicle-turnout interaction by optimizing the shape of crossing nose[J]. Vehicle System Dynamics, 2014, 52（11）: 1517-1540.

[77] Bjorn A, Palsson. Design optimizing of switch rails in railway turnouts[J]. Vehicle System Dynamics, 2013, VOL. 51（10）: 1619-1639.

[78] BJÖRN A. PÅLSSON. Design optimization of switch rails in railway turnouts[J]. Vehicle System Dynamics, 2013, 51(10): 1619-1639.

[79] Ping W, Xiaochuan M, Jian W, et al. Optimization of Rail Profiles to Improve Vehicle Running Stability in Switch Panel of High-Speed Railway Turnouts[J]. Mathematical Problems in Engineering, 2017, 1-13.

[80] Wan C, Markine L V. Parametric study of wheel transitions at railway

crossings[J]. Vehicle System Dynamics, 2015, 53（12）：1876-1901.

[81] Wan C, Markine V, Dollevoet R. Robust optimizing of railway crossing geometry[J]. Vehicle System Dynamics, 2016, 54（5）：617-637.

[82] Nielsen C J, Pålsson A B , Torstensson T P. Switch panel design based on simulation of accumulated rail damage in a railway turnout[J]. Wear, 2016, 366-367, 241-248.

[83] 张鹏飞, 朱旭东, 雷晓燕, 等. 岔区轨件打磨对高速列车动力特性影响分析[J]. 振动与冲击, 2020, 39（18）：223-230.

[84] 王军平, 单连琨, 丁军君, 等. 个性化钢轨廓形打磨方法分析[J]. 铁道建筑, 2015, (11):1 31-133.

[85] 王军平. 个性化钢轨廓形打磨技术在高速铁路上的应用[J]. 铁道建筑, 2018, 58(05): 120-123.

[86] 王军平. 基于廓形打磨的小半径曲线钢轨磨耗控制方法研究[J]. 铁道学报, 2021, 43（01）：128-134.

[87] 陈迪来, 沈钢, 毛鑫. 基于轮轨接触特征的转辙器区钢轨廓形设计[J]. 同济大学学报（自然科学版）, 2019, 47（09）：1341-1349.

[88] 宗聪聪, 张让, 周云飞, 等. 道岔尖轨段打磨目标廓形优化研究[J]. 城市轨道交通研究, 2019, 22（01）：132-135.

[89] 林凤涛, 吴涛, 杨洋, 等. 高速铁路辙叉区钢轨打磨廓形设计方法[J]. 交通运输工程学报, 2021, 21(06): 124-135.

[90] 林凤涛, 翁涛涛, 杨洋, 等. 道岔辙叉区磨耗车轮动力学分析及摩擦因数影响[J]. 铁道科学与工程学报, 2023, 20(04): 1316-1325.

[91] 林凤涛, 庞华飞, 邓卓鑫, 等. 曲线区钢轨双打磨廓形设计方法[J]. 铁道科学与工程学报, 2022, 19(01): 87-99.

[92] 林凤涛, 胡伟豪, 王瑞涛, 等. 地铁小半径曲线钢轨型面打磨技术及评价[J]. 城市轨道交通研究, 2021, 24(12): 21-27.

[93] 徐井芒, 王平, 徐浩. 尖轨廓形对地铁道岔使用寿命的影响研究[J]. 铁

道学报, 2014, 36（03）: 75-79.

[94] Xu J, Wang P, Wang L, et al. Effects of profile wear on wheel-rail contact conditions and dynamic interaction of vehicle and turnout[J]. Advances in Mechanical Engineering, 2016, 8(1): 472-481.

[95] 王树国, 司道林, 杨东升, 等. 我国高速铁路道岔尖轨廓形研究[J]. 中国铁路, 2018,（01）: 15-19.

[96] 胡士桥. 单轮对黏着极限态动态行为的试验研究[D]. 西南交通大学, 2020.

[97] V. D G, E. J L S, Hao Q. Twin disc evaluation of third body materials in the wheel/rail interface[J]. Tribology - Materials Surfaces & Interfaces, 2021, 15（2）: 115-126.

[98] Bosso N, Gugliotta A, Somà A. Simulation of narrow gauge railway vehicles and experimental validation by mean of scaled tests on roller rig[J]. Mechanics: Journal of the Italian Association of Theoretical and Applied Mechanics, 2008, 43（2）: 211-223.

[99] Meymand S, Ahmadian M. Design development, and calibration of a force-moment measurement system for wheel-rail contact mechanics in roller rigs[J]. Measurement, 2016, 81: 113-122.

[100] Collette C, Preumont A. Laser measurement of torsional vibrations/ longitudinal creepage of a railway wheel set on a scaled test bench[J]. Optics and Lasers in Engineering, 2008, 47（3）: 385-389.

[101] Moder J, Grün F, Stoschka M, et al. A Novel Two-Disc Machine for High Precision Friction Assessment[J]. Advances in Tribology, 2017.

[102] Shin Y, You W, Hur H, et al. Semi-active control to reduce car body vibration of railway vehicle by using scaled roller rig[J]. Journal of Mechanical Science and Technology, 2012, 26（11）: 3423-3431.

[103] NISHIMURA K, TERUMICHI Y, MORIMURA T, et al. Experimental

Study on the Vehicle Safety by Earthquake Track Excitation with 1/10 Scale Vehicle and Roller Rig[J]. Journal of System Design and Dynamics, 2010, 4（1）：226-238.

[104] Li J, Xue J, Han K, et al. Experimental Analysis on Skid Damage of Roller Bearing with the Time-Varying Slip and Temperature Distribution[J]. Applied Sciences, 2019, 10（1）：9.

[105] Li H, Liu H, Qi S, et al. A high-speed rolling bearing test rig supported by sliding bearing[J]. Industrial Lubrication and Tribology, 2020, 72（7）：955-959.

[106] 昌超. 车轮型面磨耗对轮轨接触特性及轨道、桥梁振动特性影响分析[D]. 华东交通大学, 2018.

[107] 肖乾, 徐红霞, 成棣, 等. 不同轮轨冲角下高速轮轨稳态滚动接触的蠕滑特性[J]. 中国铁道科学, 2014, 35（01）：60-66.

[108] 马晓川, 王平, 王健, 等. 尖轨降低值超限对转辙器动力特性的影响研究[J]. 铁道学报, 2016, 38（03）：98-105.

[109] 翟婉明, 赵春发. 现代轨道交通工程科技前沿与挑战[J]. 西南交通大学学报, 2016, 51（02）：209-226.

[110] 金学松, 沈志云. 轮轨滚动接触力学的发展[J]. 力学进展, 2001（01）：33-46.